여러분의 합격을 응원하는
해커스공무원의 특별 혜택

FREE 공무원 국어 특강

해커스공무원(gosi.Hackers.com) 접속 후 로그인 ▶
상단의 [무료강좌] 클릭하여 이용

일일 한자 단어장[PDF]

해커스공무원(gosi.Hackers.com) 접속 후 로그인 ▶
상단의 [교재·서점 → 무료 학습 자료] 클릭 ▶
본 교재의 [자료받기] 클릭

해커스공무원 온라인 단과강의 20% 할인쿠폰

57B325AA2F868E7K

해커스공무원(gosi.Hackers.com) 접속 후 로그인 ▶ 상단의 [나의 강의실] 클릭 ▶
좌측의 [쿠폰등록] 클릭 ▶ 위 쿠폰번호 입력 후 이용

* 등록 후 7일간 사용 가능(ID당 1회에 한해 등록 가능)

합격예측 온라인 모의고사 응시권 + 해설강의 수강권

2974CC4735A3434M

해커스공무원(gosi.Hackers.com) 접속 후 로그인 ▶ 상단의 [나의 강의실] 클릭 ▶
좌측의 [쿠폰등록] 클릭 ▶ 위 쿠폰번호 입력 후 이용

* ID당 1회에 한해 등록 가능

해커스 매일국어 어플 이용권

NH99U5N20ZYG0TMP

구글 플레이스토어/애플 앱스토어에서 [해커스 매일국어] 검색 ▶
어플 다운로드 ▶ 어플 이용 시 노출되는 쿠폰 입력란 클릭 ▶ 위 쿠폰번호 입력 후 이용

▲ 매일국어 어플 바로가기

* 등록 후 30일간 사용 가능(ID당 1회에 한해 등록 가능)
* 해당 자료는 [해커스공무원 국어 기본서] 교재 내용으로 제공되는 자료로, 공무원 시험 대비에 도움이 되는 유용한 자료입니다.

쿠폰 이용 관련 문의 **1588-4055**

단기 합격을 위한 해커스공무원 커리큘럼

입문
탄탄한 기본기와 핵심 개념 완성!

누구나 이해하기 쉬운 개념 설명과 풍부한 예시로 부담없이 쌩기초 다지기

TIP 베이스가 있다면 **기본 단계부터!**

▼

기본+심화
필수 개념 학습으로 이론 완성!

반드시 알아야 할 기본 개념과 문제풀이 전략을 학습하고
심화 개념 학습으로 고득점을 위한 응용력 다지기

▼

기출+예상 문제풀이
문제풀이로 집중 학습하고 실력 업그레이드!

기출문제의 유형과 출제 의도를 이해하고 최신 출제 경향을 반영한
예상문제를 풀어보며 본인의 취약영역을 파악 및 보완하기

▼

동형모의고사
동형모의고사로 실전력 강화!

실제 시험과 같은 형태의 실전모의고사를 풀어보며 실전감각 극대화

▼

마무리
시험 직전 실전 시뮬레이션!

각 과목별 시험에 출제되는 내용들을 최종 점검하며 실전 완성

▼

PASS

* 커리큘럼 및 세부 일정은 상이할 수 있으며,
자세한 사항은 해커스공무원 사이트에서 확인하세요.

**단계별 교재 확인 및
수강신청은 여기서!**

gosi.Hackers.com

haveкерスス공무원
혜원국어
적중 여신의
체계적 어휘

공무원 시험 전문 해커스공무원
gosi.Hackers.com

"어휘, 그 조용하지만 분명한 합격의 분기점"
어휘 한 끗 차이가 합격과 불합격을 가른다.

공무원 국어 시험은 최근 몇 년간 확연한 변화를 겪고 있습니다.
독해 문제, 특히 비문학 지문이 시험의 중심에 서면서, 많은 수험생들이 독해 훈련에 전념하는 모습이 두드러집니다.

하지만 이 독해의 바탕에는 반드시 튼튼한 어휘력이 필요합니다.
단어 하나하나의 정확한 의미와 용법, 그리고 어문 규범과 고쳐쓰기 문제에 이르기까지,
어휘 영역은 시험에서 결코 가볍게 넘길 수 없는 핵심입니다.

어휘 문제는 단순히 단어 뜻을 묻는 데 그치지 않습니다.
그 속에는 의미론적 미묘한 차이, 문장의 논리와 맥락을 올바르게 이해하는 힘,
그리고 올바른 문장 구성을 위한 규범적 판단이 함께 요구됩니다.
이러한 문제들은 결국 합격과 불합격을 가르는 중요한 분기점으로 작용합니다.

많은 수험생이 어휘에 약한 이유는, 그 깊은 이해와 체계적 정리가 쉽지 않기 때문입니다.
또한 어휘는 한순간에 완성되는 영역이 아닙니다.
꾸준한 학습과 반복이 있어야 비로소 자신의 것이 됩니다.

《해커스공무원 혜원국어 적중 여신의 체계적 어휘》는
1. 어휘의 본질을 꿰뚫 수 있도록 뜻풀이부터 상세한 예문까지 제공합니다.
2. 출제 경향에 맞춘 핵심 어휘와 개념을 한 권에 담아냈습니다.
3. 필수 어휘를 통해 한 권으로 의미론, 규범, 고쳐쓰기 유형까지 아우를 수 있습니다.

이 책과 함께라면 단어 하나하나에 담긴 의미와 쓰임을 명확히 이해할 뿐 아니라,
문장과 지문의 맥락 속에서 어휘가 어떻게 작용하는지도 깊이 있게 살필 수 있을 것입니다.
시험장에서 맞닥뜨릴 수 있는 다양한 어휘 문제에 대비할 수 있도록 이 책이 도움을 줄 것입니다.

어휘는 겉으로 드러나지 않지만, 시험장에서 가장 강력한 무기가 되어줄 것입니다.
진지한 마음으로 어휘에 접근하는 모든 수험생에게 이 책이 든든한 길잡이가 되길 바랍니다.

끝까지 함께 걸어가겠습니다.
합격이라는 그날까지, 수험생 여러분의 성실한 노력이 결실을 맺기를 진심으로 기원합니다.

2025년 9월
고혜원

목차

이 책의 구성과 활용법   6

PART 1 어휘

Day 01	필수 어휘로 어휘력 끌어올리기 10	Day 11	필수 어휘로 어휘력 끌어올리기 96
Day 02	필수 어휘로 어휘력 끌어올리기 18	Day 12	필수 어휘로 어휘력 끌어올리기 104
Day 03	필수 어휘로 어휘력 끌어올리기 26	Day 13	필수 어휘로 어휘력 끌어올리기 112
Day 04	필수 어휘로 어휘력 끌어올리기 34	Day 14	필수 어휘로 어휘력 끌어올리기 120
Day 05	필수 어휘로 어휘력 끌어올리기 44	Day 15	필수 어휘로 어휘력 끌어올리기 128
Day 06	필수 어휘로 어휘력 끌어올리기 54	Day 16	필수 어휘로 어휘력 끌어올리기 136
Day 07	필수 어휘로 어휘력 끌어올리기 64	Day 17	필수 어휘로 어휘력 끌어올리기 144
Day 08	필수 어휘로 어휘력 끌어올리기 72	Day 18	필수 어휘로 어휘력 끌어올리기 152
Day 09	필수 어휘로 어휘력 끌어올리기 80	Day 19	필수 어휘로 어휘력 끌어올리기 160
Day 10	필수 어휘로 어휘력 끌어올리기 88	Day 20	필수 어휘로 어휘력 끌어올리기 168

PART 2 한자

Day 21	필수 한자어·한자 성어 정복하기	178	Day 31	필수 한자어·한자 성어 정복하기	198
Day 22	필수 한자어·한자 성어 정복하기	180	Day 32	필수 한자어·한자 성어 정복하기	200
Day 23	필수 한자어·한자 성어 정복하기	182	Day 33	필수 한자어·한자 성어 정복하기	202
Day 24	필수 한자어·한자 성어 정복하기	184	Day 34	필수 한자어·한자 성어 정복하기	204
Day 25	필수 한자어·한자 성어 정복하기	186	Day 35	필수 한자어·한자 성어 정복하기	206
Day 26	필수 한자어·한자 성어 정복하기	188	Day 36	필수 한자어·한자 성어 정복하기	208
Day 27	필수 한자어·한자 성어 정복하기	190	Day 37	필수 한자어·한자 성어 정복하기	210
Day 28	필수 한자어·한자 성어 정복하기	192	Day 38	필수 한자어·한자 성어 정복하기	212
Day 29	필수 한자어·한자 성어 정복하기	194	Day 39	필수 한자어·한자 성어 정복하기	214
Day 30	필수 한자어·한자 성어 정복하기	196	Day 40	필수 한자어·한자 성어 정복하기	216

[부록] 유형별 어휘 실전문제

출제 유형 01	문맥적 의미 파악	220	출제 유형 02	바꿔 쓸 수 있는 유사한 표현	236

이 책의 구성과 활용법

① 문해력을 끌어올리는 필수 어휘 학습으로 독해 실력 완성!

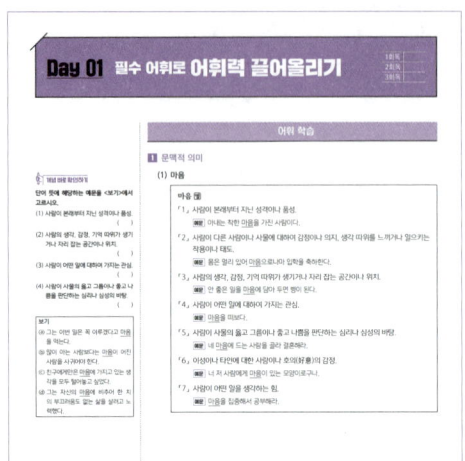

'어휘 학습' 코너를 통해 어휘의 문맥적 의미, 바꿔쓸 수 있는 어휘, 속담, 관용 표현을 제공하여 출제기조 전환 예시 문제 중 '고쳐쓰기' 유형의 학습에 직접적으로 도움이 되는 어휘를 학습할 수 있습니다.

② 풍부한 예문과 상세한 뜻풀이로 어휘의 쓰임 쉽게 체화하기!

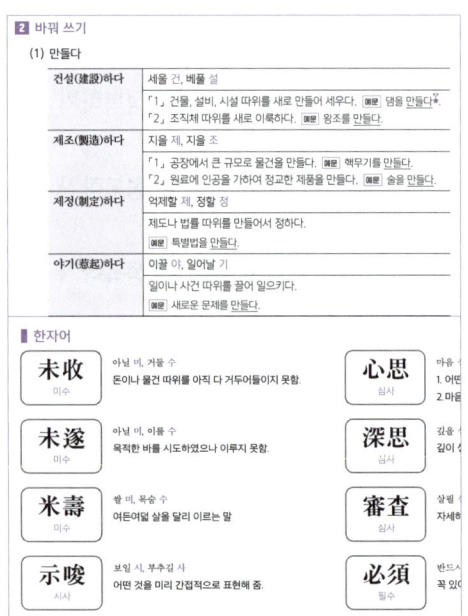

풍부한 예문
필수 어휘 관련 예문을 통해 어휘의 개념과 활용 양상을 함께 학습할 수 있어, 문장을 읽고 이해하는 능력을 단기간에 쉽게 끌어올릴 수 있습니다.

상세한 뜻풀이
일반 어휘부터 한자어·한자 성어까지 독해에 필요한 필수 어휘의 뜻풀이를 상세하기 표기하여 어휘의 쓰임을 쉽게 습득할 수 있습니다.

③ 단답형부터 4지선다까지 다양한 문제풀이를 통해 실전 대비까지!

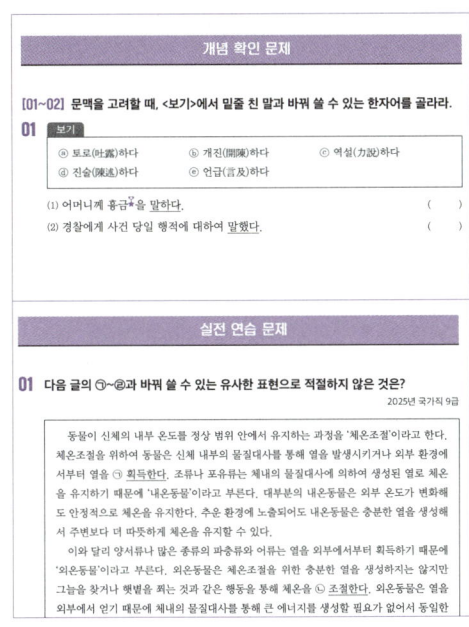

개념 확인 문제
학습한 개념을 단답형 문제를 통해 빠르고 확실하게 점검할 수 있습니다.

실전 연습 문제
실제 시험과 유사한 4지선다형 문제를 통해 실전 감각을 익힐 수 있습니다.

④ 부록 [유형별 어휘 실전문제]로 공무원 9급 신유형 어휘 문제 완벽 마스터!

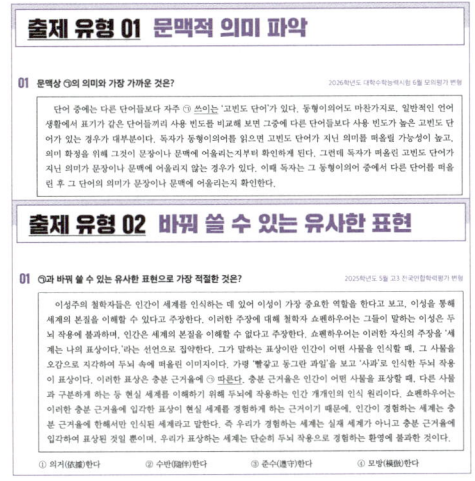

개편된 공무원 9급 출제 경향을 철저히 분석하여 어휘 문제를 2가지 유형으로 분류하였습니다. 각 유형에 해당하는 문제를 반복적으로 풀어보며 신유형 어휘 문제를 빠르게 체화할 수 있습니다.

공무원 시험 전문 해커스공무원
gosi.Hackers.com

해커스공무원 혜원국어 **적중 여신의 체계적 어휘**

PART 1
어휘

Day 01 필수 어휘로 어휘력 끌어올리기

1회독
2회독
3회독

어휘 학습

1 문맥적 의미

(1) 마음

마음 명
「1」 사람이 본래부터 지닌 성격이나 품성.
　예문 아내는 착한 마음을 가진 사람이다.
「2」 사람이 다른 사람이나 사물에 대하여 감정이나 의지, 생각 따위를 느끼거나 일으키는 작용이나 태도.
　예문 몸은 멀리 있어 마음으로나마 입학을 축하한다.
「3」 사람의 생각, 감정, 기억 따위가 생기거나 자리 잡는 공간이나 위치.
　예문 안 좋은 일을 마음에 담아 두면 병이 된다.
「4」 사람이 어떤 일에 대하여 가지는 관심.
　예문 마음을 떠보다.
「5」 사람이 사물의 옳고 그름이나 좋고 나쁨을 판단하는 심리나 심성의 바탕.
　예문 네 마음에 드는 사람을 골라 결혼해라.
「6」 이성이나 타인에 대한 사랑이나 호의(好意)의 감정.
　예문 너 저 사람에게 마음이 있는 모양이로구나.
「7」 사람이 어떤 일을 생각하는 힘.
　예문 마음을 집중해서 공부해라.

개념 바로 확인하기

단어 뜻에 해당하는 예문을 <보기>에서 고르시오.
(1) 사람이 본래부터 지닌 성격이나 품성. (　　)
(2) 사람의 생각, 감정, 기억 따위가 생기거나 자리 잡는 공간이나 위치. (　　)
(3) 사람이 어떤 일에 대하여 가지는 관심. (　　)
(4) 사람이 사물의 옳고 그름이나 좋고 나쁨을 판단하는 심리나 심성의 바탕. (　　)

보기
ⓐ 그는 이번 일은 꼭 이루겠다고 마음을 먹는다.
ⓑ 많이 아는 사람보다는 마음이 어진 사람을 사귀어야 한다.
ⓒ 친구에게만은 마음에 가지고 있는 생각을 모두 털어놓고 싶었다.
ⓓ 그는 자신의 마음에 비추어 한 치의 부끄러움도 없는 삶을 살려고 노력했다.

[정답]
(1) ⓑ　(2) ⓒ　(3) ⓐ　(4) ⓓ

(2) 듣다

듣다¹ 동

① 【…을】
「1」 사람이나 동물이 소리를 감각 기관을 통해 알아차리다.
  예문 음악을 듣다.
「2」 다른 사람의 말이나 소리에 스스로 귀 기울이다.
  예문 변명 따위는 듣고 싶지 않아.
「3」 수업이나 강의 따위에 참여하여 어떤 내용을 배우다.
  예문 외국어 수업을 듣다.
「4」 ('말', '말씀' 따위를 목적어로 하여) 다른 사람의 말을 받아들여 그렇게 하다.
  예문 아이가 말을 참 잘 듣는다.
「5」 (('말' 따위를 목적어로 하여)) 기계, 장치 따위가 정상적으로 움직이다.
  예문 운전 중에 브레이크가 말을 듣지 않아 사고가 날 뻔했다.

② 【…에서/에게서 …을】 ('…에서/에게서' 대신에 '…으로부터'나 '…에게'가 쓰이기도 한다)
「1」 【…에서/에게서 -고】 다른 사람에게서 일정한 내용을 가진 말을 전달받다.
  예문 그렇게 해 가지고도 나한테서 좋은 소리 듣기는 어렵다.
「2」 주로 윗사람에게 꾸지람을 맞거나 칭찬을 듣다.
  예문 선생님에게서 칭찬을 듣다.

③ 【…을 …으로】【… 을 -게】
어떤 것을 무엇으로 이해하거나 받아들이다.
  예문 그는 선생님의 말씀을 잔소리쯤으로 듣는 성향이 있다.

④ 【…에/에게】
주로 약 따위가 효험을 나타내다.
  예문 두통에 잘 듣는 약.

듣다² 동

【…에】
눈물, 빗물 따위의 액체가 방울져 떨어지다.
  예문 빗방울이 지붕에 듣는다.

개념 바로 확인하기

단어 뜻에 해당하는 예문을 <보기>에서 고르시오.

(1) 다른 사람의 말이나 소리에 스스로 귀 기울이다. ( )
(2) ('말' 따위를 목적어로 하여) 기계, 장치 따위가 정상적으로 움직이다. ( )
(3) 주로 윗사람에게 꾸지람을 맞거나 칭찬을 듣다. ( )
(4) 주로 약 따위가 효험을 나타내다. ( )

보기
ⓐ 그 약은 다른 약보다 나에게 잘 듣는다.
ⓑ 부장에게 꾸중을 들었는데, 기분이 좋겠어.
ⓒ 정치가는 국민의 소리를 들을 줄 알아야 한다.
ⓓ 말 잘 듣던 청소기가 오늘따라 왜 고장인지 모르겠다.

[정답]
(1) ⓒ (2) ⓓ (3) ⓑ (4) ⓐ

2 바꿔 쓰기

(1) 보다

예상(豫想)하다	미리 예, 생각 상
	어떤 일을 직접 당하기 전에 미리 생각하여 두다.
	예문 난 네가 성공하리라 <u>본다</u>.
관람(觀覽)하다	볼 관, 볼 람
	연극, 영화, 운동 경기, 미술품 따위를 구경하다.
	예문 영화를 <u>보고</u> 느낀 점을 적었다.
고려(考慮)하다	생각할 고, 생각할 려
	생각하고 헤아려 보다.
	예문 여러 자료와 통계를 <u>보고</u> 판단해라.
처리(處理)하다	곳 처, 다스릴 리
	사무나 사건 따위를 절차에 따라 정리하여 치르거나 마무리를 짓다.
	예문 일을 <u>보고</u> 있다.
간주(看做)하다	볼 간, 지을 주
	상태, 모양, 성질 따위가 그와 같다고 보거나 그렇다고 여기다.
	예문 형사들은 그를 도피 중인 범죄자로 <u>보고</u> 문초하기 시작했다.

(2) 가지다

소유(所有)하다	바 소, 있을 유
	가지고 있다.
	예문 그는 노후 자금 준비를 위해 <u>가지고</u> 있던 약간의 토지를 팔았다.
보유(保有)하다	지킬 보, 있을 유
	가지고 있거나 간직하고 있다.
	예문 그녀는 세계 기록을 <u>가진</u> 선수이다.
잉태(孕胎)하다	아이 밸 잉, 아이 밸 태
	아이나 새끼를 배다.
	예문 아내는 정월에 아이를 <u>가져</u> 가을에 낳았다.
활용(活用)하다	살 활, 쓸 용
	도구나 물건 따위를 충분히 잘 이용하다.
	예문 기계를 <u>가지고</u> 농사를 짓는다.
차지하다★	사물이나 공간, 지위 따위를 자기 몫으로 가지다.
	예문 그는 공동의 이익을 혼자서 <u>가졌다</u>.

★ '차지하다'는 고유어이다.

3 한자 성어

등고자비(登高自卑) 2016 지방직 7급 2016 서울시 9급 2013 서울시 7급	오를 등, 높을 고, 스스로 자, 낮을 비 「1」 높은 곳에 오르려면 낮은 곳에서부터 오른다는 뜻으로, 일을 순서대로 하여야 함을 이르는 말. 「2」 지위가 높아질수록 자신을 낮춤을 이르는 말.
각자무치(角者無齒) 2016 서울시 9급 2016 경찰직 1차	뿔 각, 놈 자, 없을 무, 이 치 뿔이 있는 짐승은 이가 없다는 뜻으로, 한 사람이 여러 가지 재주나 복을 다 가질 수 없다는 말.
기호지세(騎虎之勢) 2021 서울시 9급 2016 서울시 9급 2012 국가직 7급	말 탈 기, 범 호, 갈 지, 기세 세 호랑이를 타고 달리는 형세라는 뜻으로, 이미 시작한 일을 중도에서 그만둘 수 없는 경우를 비유적으로 이르는 말.
순망치한(脣亡齒寒) 2019 서울시 9급(2월) 2017 교육행정직 9급 2016 서울시 9급	입술 순, 망할 망, 이 치, 찰 한 입술이 없으면 이가 시리다는 뜻으로, 서로 이해관계가 밀접한 사이에 어느 한쪽이 망하면 다른 한쪽도 그 영향을 받아 온전하기 어려움을 이르는 말.

4 속담

우물에 가 숭늉 찾는다 ★ 2022 서울시 9급 2015 교육행정직 9급 2010 지방직 9급 2008 지방직 7급	모든 일에는 질서와 차례가 있는 법인데 일의 순서도 모르고 성급하게 덤빔을 비유적으로 이르는 말.
강물이 돌을 굴리지 못한다 ★ 2015 교육행정직 9급	강물이 아무리 흘러도 돌을 움직여 굴리지는 못한다는 뜻으로, 세태에 흔들리지 아니하고 지조 있게 꿋꿋이 행동함을 비유적으로 이르는 말.
가는 말이 고와야 오는 말이 곱다 2022 간호직 8급 2018 소방직 9급 2015 교육행정직 9급	자기가 남에게 말이나 행동을 좋게 하여야 남도 자기에게 좋게 한다는 말.
길이 아니면 가지 말고 말이 아니면 듣지 말라 2015 교육행정직 9급	언행을 소홀히 하지 말고, 정도(正道)에서 벗어나는 일이거든 아예 처음부터 하지 말라는 말.

★ 비슷한말
보리밭에 가 숭늉 찾겠다, 콩밭에 가서 두부 찾는다, 콩밭에 간수 치겠다

★ 비슷한말
강물이 흘러도 돌은 굴지 않는다

5 관용어

눈에 밟히다	2016 지방직 7급 2016 국회직 9급 2008 법원직 9급	잊히지 않고 자꾸 눈에 떠오르다.
손이 뜨다 ★	2019 해경직 3차 2016 지방직 7급	일하는 동작이 매우 굼뜨다.
입에 발린 소리	2019 해경직 3차 2016 지방직 7급	마음에도 없이 겉치레로 하는 말.
배가 등에 붙다 ★	2016 지방직 7급	먹은 것이 없어서 배가 홀쭉하고 몹시 허기지다.

🏅 **반대말**
손이 싸다, 손이 빠르다

🏅 **비슷한말**
뱃가죽이 등에 붙다

개념 확인 문제

[01~02] 문맥을 고려할 때, <보기>에서 밑줄 친 말과 바꿔 쓸 수 있는 한자어를 골라라.

01

> 보기
> ⓐ 예상(豫想)하다 ⓑ 관람(觀覽)하다 ⓒ 고려(考慮)하다 ⓓ 처리(處理)하다

(1) 기상청에서는 곧 장마가 끝날 것으로 보고 있다. ( )
(2) 그는 연극을 보는 재미로 극장에서 일한다. ( )

02

> 보기
> ⓐ 소유(所有)하다 ⓑ 보유(保有)하다 ⓒ 잉태(孕胎)하다 ⓓ 활용(活用)하다

(1) 그 선수는 세계 기록을 가지고 있다. ( )
(2) 성냥개비를 가지고 귀를 후빈다. ( )

[03~05] 문맥을 고려할 때, <보기>에서 빈칸에 어울리는 말을 골라라.

03

> 보기
> ⓐ 등고자비(登高自卑) ⓑ 각자무치(角者無齒)
> ⓒ 기호지세(騎虎之勢) ⓓ 순망치한(脣亡齒寒)

(1) _____이라고 부모가 없으니 어린 애들이 저리 고생을 한다. ( )
(2) 우리의 거사는 _____의 형국이니 목적을 달성할 때까지 버티어야 한다. ( )

04

> 보기
> ⓐ 우물에 가 숭늉 찾는다.
> ⓑ 강물이 돌을 굴리지 못한다.
> ⓒ 가는 말이 고와야 오는 말이 곱다.
> ⓓ 길이 아니면 가지 말고 말이 아니면 듣지 말라.

(1) 일에는 다 절차가 있는 법인데 _____고 그게 제대로 될 거 같아? ( )
(2) _____더니, 틈만 나면 주위 친구들을 욕하던 그녀는 어느새 친구들 사이에서 도리어 자신이 욕먹고 있음을 알게 되었다. ( )

05

> 보기
> ⓐ 눈에 밟히다 ⓑ 손이 뜨다 ⓒ 입에 발린 소리 ⓓ 배가 등에 붙다

(1) 여태 한 일이 겨우 이거라니, 너처럼 _____ 사람은 처음 봤다. ( )
(2) 그는 어머니의 모습이 _____ 차마 발걸음을 옮길 수 없었다. ( )

[정답]
01 (1) ⓐ (2) ⓑ
02 (1) ⓑ (2) ⓓ
03 (1) ⓓ (2) ⓒ
04 (1) ⓐ (2) ⓒ
05 (1) ⓑ (2) ⓐ

실전 연습 문제

01

01
'아이가 말을 참 잘 듣는다.'의 '듣다'는 "('말', '말씀' 따위를 목적어로 하여) 다른 사람의 말을 받아들여 그렇게 하다."라는 의미이다. 이와 의미가 같은 것은 ②이다.

오답체크
① "주로 약 따위가 효험을 나타내다."라는 의미이다.
③ "수업이나 강의 따위에 참여하여 어떤 내용을 배우다."라는 의미이다.
④ "('말' 따위를 목적어로 하여) 기계, 장치 따위가 정상적으로 움직이다."라는 의미이다.

01 밑줄 친 단어와 의미가 같은 것은? 2024 지방직 9급

> 아이가 말을 참 잘 듣는다.

① 이 약은 나에게 잘 듣는다.
② 학교에 가면 선생님 말씀을 잘 들어라.
③ 이번 학기에는 여섯 과목을 들을 계획이다.
④ 브레이크가 말을 듣지 않아 사고가 날 뻔했다.

02
〈보기〉의 '마음'은 '어떤 일에 대하여 가지는 관심'의 의미로 사용되었다. 이와 가장 유사한 것은 ③이다. 아이가 공부에 '흥미, 관심'이 없다는 뜻이기 때문이다.

오답체크
① '사람이 다른 사람이나 사물에 대하여 감정이나 의지, 생각 따위를 느끼거나 일으키는 작용이나 태도'의 의미로 사용된 예이다.
② '사람의 생각, 감정, 기억 따위가 생기거나 자리 잡는 공간이나 위치'의 의미로 사용된 예이다.
④ '사람이 본래부터 지닌 성격이나 품성'의 의미로 사용된 예이다.

02 〈보기〉의 밑줄 친 단어의 의미와 가장 가까운 것은? 2015 교육행정직 9급

> 보기
> 하루 종일 백화점을 돌아다녀도 마음에 드는 옷을 고르지 못했다.

① 몸은 늙었지만 마음은 아직 청춘이다.
② 안 좋은 일을 마음에 담아 두면 병이 된다.
③ 아이가 공부에는 마음이 없고 노는 데만 정신이 팔렸다.
④ 많이 아는 사람보다는 마음이 어진 사람을 사귀어야 한다.

03
밑줄 친 부분은 '하던 일을 중간에 멈출 수 없다'는 내용이다. 이러한 의미를 가진 한자성어는 '기호지세(騎虎之勢)'이다.

오답체크
① 등고자비(登高自卑): '높은 곳에 오르려면 낮은 곳에서부터 올라.'는 뜻으로 일을 순서대로 하여야 함을 이르는 말.
② 각자무치(角者無齒): '뿔이 있는 짐승은 이가 없다.'는 뜻으로, 한 사람이 여러 가지 재주나 복을 다 가질 수 없다는 말.
④ 순망치한(脣亡齒寒): '입술이 없으면 이가 시리다.'는 뜻으로, 서로 이해관계가 밀접한 사이에 어느 한쪽이 망하면 다른 한쪽도 그 영향을 받아 온전하기 어려움을 이르는 말.

03 다음 중 밑줄 친 부분을 의미하는 사자성어는? 2016 서울시 9급

> 사원 여러분, 이번 중동 진출은 이미 예산이 많이 투입된 대규모 사업입니다. 그래서 하던 일을 중도에서 그만둘 수는 없습니다. 이번 위기를 극복해야만 회사가 삽니다. 어려움과 많은 문제들이 있어 심적으로는 불안하겠지만 조금만 더 참고 끝까지 함께 갑시다.

① 登高自卑
② 角者無齒
③ 騎虎之勢
④ 脣亡齒寒

[정답]
01 ② 02 ③ 03 ③

04 〈보기〉의 속담 중 다음 글의 주제와 관련되는 것끼리 묶은 것은?   2015 교육행정직 9급

수오재(守吾齋)라는 것은 큰형님이 그 집에 붙인 이름이다. 나는 처음에 의심하며 말하기를, "나와 굳게 맺혀져 있어 서로 떨어질 수 없는 것으로는 '나[吾]'보다 절실한 것이 없으니, 비록 지키지 않은들 어디로 갈 것인가. 이상한 이름이다." 하였다.

내가 장기(長鬐)로 귀양 온 이후 홀로 지내면서 잘 생각해 보았더니, 하루는 갑자기 이러한 의문점에 대해 해답을 얻을 수 있었다. 나는 벌떡 일어나 다음과 같이 스스로 말하였다.

"대체로 천하의 만물이란 모두 지킬 것이 없고, 오직 '나'만은 지켜야 하는 것이다. 내 밭을 지고 도망갈 자가 있는가. 밭은 지킬 것이 없다. 내 집을 지고 달아날 자가 있는가. 집은 지킬 것이 없다. (…중략…) 그런 즉 천하의 만물은 모두 지킬 것이 없다. 유독 이른바 '나'라는 것은 그 성품이 달아나기를 잘하여 드나듦에 일정한 법칙이 없다. 아주 친밀하게 붙어 있어서 서로 배반하지 못할 것 같으나 잠시라도 살피지 않으면, 어느 곳이든 가지 않는 곳이 없다. 이익으로 유도하면 떠나가고, 위험과 재화가 겁을 주어도 떠나가며, 심금을 울리는 고운 음악 소리만 들어도 떠나가고, 새까만 눈썹에 흰 이빨을 한 미인의 요염한 모습만 보아도 떠나간다. 그런데 한번 가면 돌아올 줄을 몰라서 붙잡아 데려오기도 어렵다. 그러므로 천하에서 가장 잃어버리기 쉬운 것이 '나' 같은 것이 없다. 어찌 실과 끈으로 매고 빗장과 자물쇠로 잠가서 굳게 지켜야 하지 않겠는가."

나는 '나'를 잘못 간직했다가 잃어버렸던 자이다.

— 정약용, 〈수오재기〉

보기

㉠ 길이 아니면 가지 말고 말이 아니면 듣지 말라.
㉡ 가는 말이 고와야 오는 말이 곱다.
㉢ 강물이 돌을 굴리지 못한다.
㉣ 우물에 가 숭늉 찾는다.

① ㉠, ㉡   ② ㉠, ㉢   ③ ㉡, ㉣   ④ ㉢, ㉣

05 밑줄 친 관용구가 적절하게 쓰인 것으로만 묶은 것은?   2016 지방직 7급

ㄱ. 그는 복권에 당첨되어 요즘 <u>배가 등에 붙었다</u>.
ㄴ. 그 사람은 고지식해서 <u>입에 발린 소리</u>를 못한다.
ㄷ. 그녀는 군대에 간 아들이 <u>눈에 밟혀</u> 잠을 못 잔다.
ㄹ. 우리 엄마는 <u>손이 떠서</u> 일 처리가 빠르시다.

① ㄱ, ㄴ   ② ㄱ, ㄷ   ③ ㄴ, ㄷ   ④ ㄴ, ㄹ

04
제시된 글은 '나'를 지키는 것이 중요함을 말하고 있다. 이와 관련된 속담은 ㉠, ㉢이다.

오답체크
㉡과 ㉣은 제시된 글을 통해 이끌어 낼 수 있는 교훈이 아니다.

05
ㄴ. '입에 발린 소리'는 '마음에도 없이 겉치레로 하는 말'을 의미하므로, 그 쓰임이 자연스럽다.
ㄷ. '눈에 밟히다'는 '잊히지 않고 자꾸 눈에 떠오르다.'라는 의미이므로, 그 쓰임이 자연스럽다.

오답체크
ㄱ. '배가 등에 붙다'는 '먹은 것이 없어서 배가 홀쭉하고 몹시 허기지다.'라는 의미이다. 복권에 당첨되었기 때문에, 경제적으로 풍요로울 것이므로 관용구의 쓰임이 적절하지 않다.
※ 문맥을 고려할 때 '잘 먹어 몸에 살이 오르다.'라는 의미의 '배에 기름이 지다'나 '생활이 풍족하거나 살림살이가 윤택하여 안락하게 지내다'란 의미인 '배를 두드리다'가 어울린다.
ㄹ. '손이 뜨다'는 '일하는 동작이 매우 굼뜨다.'란 의미이다. 따라서 '일 처리가 빠르다.'라는 서술어와 호응하지 않는다.
※ '일처리가 빠르다.'라는 의미를 가진 관용구에는 '손이 빠르다. 손이 싸다. 손이 재다'가 있다.

[정답]
04 ②   05 ③

Day 02 필수 어휘로 어휘력 끌어올리기

1회독
2회독
3회독

어휘 학습

1 문맥적 의미

(1) 손

손¹ 명
「1」 사람의 팔목 끝에 달린 부분. 손등, 손바닥, 손목으로 나뉘며 그 끝에 다섯 개의 손가락이 있어, 무엇을 만지거나 잡거나 한다.
예문 손으로 잡다.
「2」 손끝의 다섯 개로 갈라진 부분. 또는 그것 하나하나. =손가락.
예문 손에 반지를 끼다.
「3」 일을 하는 사람. =일손.
예문 손이 부족하다.
「4」 어떤 일을 하는 데 드는 사람의 힘이나 노력, 기술.
예문 나는 부모님이 돌아가셔서 할머니의 손에서 자랐다.
「5」 어떤 사람의 영향력이나 권한이 미치는 범위.
예문 그 일은 선배의 손에 떨어졌다.
「6」 사람의 수완이나 꾀.
예문 장사꾼의 손에 놀아나다.

손² 명
「1」 다른 곳에서 찾아온 사람.
예문 우리 집에는 늘 자고 가는 손★이 많다.
「2」 여관이나 음식점 따위의 영업하는 장소에 찾아온 사람.
예문 그 가게는 손이 많다.
「3」 지나가다가 잠시 들른 사람.
예문 일시 지나가는 손을 너무도 정숙하게 대접하다.
「4」 '천연두'를 일상적으로 이르는 말. =손님마마.

손⁸ 명
자신의 세대에서 여러 세대가 지난 뒤의 자녀를 통틀어 이르는 말. =후손.
예문 독자인 아들에게 자식이 없어 우리 집은 손이 끊기게 되었다.

개념 바로 확인하기

단어 뜻에 해당하는 예문을 <보기>에서 고르시오.
(1) 사람의 팔목 끝에 달린 부분. 손등, 손바닥, 손목으로 나뉘며 그 끝에 다섯 개의 손가락이 있어, 무엇을 만지거나 잡거나 한다. ( )
(2) 일을 하는 사람. =일손. ( )
(3) 어떤 일을 하는 데 드는 사람의 힘이나 노력, 기술. ( )
(4) 어떤 사람의 영향력이나 권한이 미치는 범위. ( )

보기
ⓐ 일의 성패는 네 손에 달려 있다.
ⓑ 지금 농촌에서는 손이 모자라 난리다.
ⓒ 아이는 손을 흔들며 친구에게 작별 인사를 했다.
ⓓ 범인은 경찰의 손이 미치지 않는 곳으로 도망갔다.

★ 비슷한말   높임말
   객(客)   손님

[정답]
(1) ⓒ (2) ⓑ (3) ⓐ (4) ⓓ

(2) 배다

배다¹ 동
【…에】
「1」 스며들거나 스며 나오다.
  예문 옷에 땀이 배다.
「2」 버릇이 되어 익숙해지다.
  예문 일이 손에 배다.
「3」 냄새가 스며들어 오래도록 남아 있다.
  예문 담배 냄새가 옷에 배었다.
「4」 느낌, 생각 따위가 깊이 느껴지거나 오래 남아 있다.
  예문 농악에는 우리 민족의 정서가 배어 있다.

배다² 동
① 【…을】
배 속에 아이나 새끼를 가지다.
예문 아이를 배다.

② 【…에】【…을】
「1」 식물의 줄기 속에 이삭이 생기다. 또는 이삭을 가지다.
  예문 벼 포기에 이삭이 벌써 배었다★.
「2」 ('알'과 함께 쓰여) 물고기 따위의 배 속에 알이 들다. 또는 알을 가지다.
  예문 잡은 고기에 알이 배어 있었다.

③ 【…에】 ('알'과 함께 쓰여)
사람의 근육에 뭉친 것과 같은 것이 생기다.
예문 계단을 오르락내리락했더니 다리에 알이 뱄다.

배다³ 형
「1」 물건의 사이가 비좁거나 촘촘하다.
  예문 그물코가 배다★.
「2」 생각이나 안목이 매우 좁다.
  예문 그는 속이 너무 배서 큰 인물은 못 되겠다.

개념 바로 확인하기

단어 뜻에 해당하는 예문을 <보기>에서 고르시오.
(1) 스며들거나 스며 나오다. (　)
(2) 버릇이 되어 익숙해지다. (　)
(3) 물건의 사이가 비좁거나 촘촘하다. (　)
(4) 생각이나 안목이 매우 좁다. (　)

보기
ⓐ 물건이 창고에 배게 들어찼다.
ⓑ 그의 표정에는 장난기가 배어 있다.
ⓒ 그의 근면함은 이미 어린 시절부터 몸에 밴 것이다.
ⓓ 우리 사장은 속이 너무 배서 쩨쩨하다고 소문이 났다.

★ 비슷한말
패다

★ 반대말
성기다

[정답]
(1) ⓑ (2) ⓒ (3) ⓐ (4) ⓓ

2 바꿔 쓰기

(1) 대다

공급(供給)하다	이바지할 공, 줄 급
	요구나 필요에 따라 물품 따위를 제공하다.
	예문 논에 물을 대다.
주차(駐車)하다	머무를 주, 수레 차
	자동차를 일정한 곳에 세워 두다.
	예문 차를 대다가 접촉 사고를 냈다.
접촉(接觸)하다	접할 접, 닿을 촉
	서로 맞닿다.
	예문 수화를 귀에 대다.
연결(連結)하다	잇닿을 연, 맺을 결
	사물과 사물을 서로 잇거나 현상과 현상이 관계를 맺게 하다.
	예문 사장님께 전화 좀 대 주세요.
비교(比較)하다	견줄 비, 견줄 교
	둘 이상의 사물을 견주어 서로 간의 유사점, 차이점, 일반 법칙 따위를 고찰하다.
	예문 두 사람의 키를 대 봐라.

(2) 쓰다

소비(消費)하다	꺼질 소, 쓸 비
	돈이나 물자, 시간, 노력 따위를 들이거나 써서 없애다.
	예문 용돈을 쓰다.
투여(投與)하다	던질 투, 더불 여
	「1」 약 따위를 환자에게 복용시키거나 주사하다. 예문 항생제를 쓰다. 「2」 돈이나 노력 따위를 어떤 일에 들이다. 예문 자본을 쓰다.
소모(消耗)하다	꺼질 소, 빌 모
	써서 없애다.
	예문 기력을 모두 다 쓰다.
발휘(發揮)하다	필 발, 휘두를 휘
	재능, 능력 따위를 떨치어 나타내다.
	예문 힘을 써 보지도 못했다.
부리다★	마소나 다른 사람을 시켜 일을 하게 하다.
	예문 집안일이 많아서 따로 사람을 썼다.

★ '부리다'는 고유어이다.

3 한자 성어

각주구검(刻舟求劍) ★ 2023 국가직 9급 2014 기상직 9급 2012 서울시 7급	새길 각, 배 주, 구할 구, 칼 검	
	융통성 없이 현실에 맞지 않는 낡은 생각을 고집하는 어리석음을 이르는 말.	🏆 초나라 사람이 배에서 칼을 물속에 떨어뜨리고 그 위치를 뱃전에 표시하였다가 나중에 배가 움직인 것을 생각하지 않고 칼을 찾았다는 데서 유래한다.
권토중래(捲土重來) 2023 국가직 9급 2020 지방직 9급 2018 서울시 9급	말 권, 흙 토, 거듭 중, 올 래	
	「1」 땅을 말아 일으킬 것 같은 기세로 다시 온다는 뜻으로, 한 번 실패하였으나 힘을 회복하여 다시 쳐들어옴을 이르는 말. 「2」 어떤 일에 실패한 뒤에 힘을 가다듬어 다시 그 일에 착수함을 비유하여 이르는 말.	
와신상담(臥薪嘗膽) ★ 2023 국가직 9급 2014 경찰직 1차 2012 국회직 9급	누울 와, 땔나무 신, 맛볼 상, 쓸개 담	
	불편한 섶에 몸을 눕히고 쓸개를 맛본다는 뜻으로, 원수를 갚거나 마음먹은 일을 이루기 위하여 온갖 어려움과 괴로움을 참고 견딤을 비유적으로 이르는 말.	🏆 중국 춘추 시대 오나라의 왕 부차(夫差)가 아버지의 원수를 갚기 위하여 장작더미 위에서 잠을 자며 월나라의 왕 구천(句踐)에게 복수할 것을 맹세하였고, 그에게 패배한 월나라의 왕 구천이 쓸개를 핥으면서 복수를 다짐한 데서 유래한다.
침소봉대(針小棒大) 2023 국가직 9급 2015 국가직 9급 2008 지방직 7급	바늘 침, 작을 소, 몽둥이 봉, 큰 대	
	작은 일을 크게 불리어 떠벌림.	

4 속담

가난한 집 신주 굶듯 2016 지방직 9급	가난한 집에서는 산 사람도 배를 곯는 형편이므로 신주까지도 제사 음식을 제대로 받아 보지 못하게 된다는 뜻으로, 줄곧 굶기만 한다는 말.
가난한 집에 자식이 많다 2016 지방직 9급	가난한 집에는 먹을 것이나 입을 것 걱정이 태산 같은데 으레 자식까지 많다는 뜻으로, 이래저래 부담이 되는 일이 많음을 이르는 말.
가난할수록 기와집 짓는다 2016 지방직 9급 2012 기상직 9급	「1」 가난한 사람일수록 남에게 잘 보이려고 허세를 부린다는 말. 「2」 가난하다고 해서 주저앉고 마는 것이 아니라 어떻게든 잘살아 보려고 용단을 내려 큰일을 한다는 말.
가난한 집 제사 돌아오듯 2016 지방직 9급 2007 서울시 9급	괴로운 일이나 치르기 힘든 일이 자주 닥침을 비유적으로 이르는 말.

5 관용어

입추의 여지가 없다 _{2023 국가직 9급} _{2015 서울시 7급} _{2014 경찰직 1차}	송곳 끝도 세울 수 없을 정도라는 뜻으로, 발 들여놓을 데가 없을 정도로 많은 사람들이 꽉 들어찬 경우를 비유적으로 이르는 말.
마각을 드러내다 _{2014 경찰직 1차}	말의 다리로 분장한 사람이 자기 모습을 드러낸다는 뜻으로, 숨기고 있던 일이나 정체를 드러냄을 이르는 말.
변죽을 울리다★ _{2014 경찰직 1차}	(사람이) 직접 말을 하지 않고 둘러서 말을 하여 짐작하게 하다.
허방을 짚다 _{2017 서울시 사회복지직 9급} _{2014 경찰직 1차}	「1」 발을 잘못 디디어 허방에 빠지다. 「2」 잘못 알거나 잘못 예산하여 실패하다.

> ♗ 비슷한말
> 변죽 치고 넘다, 변죽을 치다

개념 확인 문제

[01~02] 문맥을 고려할 때, <보기>에서 밑줄 친 말과 바꿔 쓸 수 있는 한자어를 골라라.

01
보기
ⓐ 공급(供給)하다 ⓑ 주차(駐車)하다 ⓒ 접촉(接觸)하다
ⓓ 연결(連結)하다 ⓔ 비교(比較)하다

(1) 그에게 대면 결코 네 키는 작은 것이 아니다. ( )
(2) 그는 어제 항구에 배를 대다가 접촉 사고를 냈다. ( )

02
보기
ⓐ 소비(消費)하다 ⓑ 투여(投與)하다 ⓒ 소모(消耗)하다 ⓓ 발휘(發揮)하다

(1) 그 약은 임산부나 허약자에게 쓰면 위험하다. ( )
(2) 서울 사람들은 출퇴근에 쓰는 시간이 너무 많다. ( )

[03~05] 문맥을 고려할 때, <보기>에서 빈칸에 어울리는 말을 골라라.

03
보기
ⓐ 각주구검(刻舟求劍)   ⓑ 권토중래(捲土重來)
ⓒ 와신상담(臥薪嘗膽)   ⓓ 침소봉대(針小棒大)

(1) 그만한 일을 이렇게 _____로 이야기하다니 과장이 심하군. ( )
(2) 그는 입사 시험에서 낙방한 뒤 _____의 마음으로 외국어 학원에 등록했다. ( )

04
보기
ⓐ 가난한 집 신주 굶듯   ⓑ 가난한 집에 자식이 많다
ⓒ 가난할수록 기와집 짓는다 ⓓ 가난한 집 제사 돌아오듯

(1) _____더니 흥부네 집도 과연 그러했다. ( )
(2) _____더니 그 여자는 끼니를 잇기 힘들 정도로 가난한데도 항상 화려한 액세서리로 자신을 치장하고 다녔다. ( )

05
보기
ⓐ 입추의 여지가 없다   ⓑ 마각을 드러내다
ⓒ 변죽을 울리다   ⓓ 허방을 짚다

(1) 장내는 관람객으로 _____. ( )
(2) 8월 말로 접어들자 그들은 차츰 흉악한 _____. ( )

[정답]
01 (1) ⓔ (2) ⓑ
02 (1) ⓑ (2) ⓒ
03 (1) ⓓ (2) ⓑ
04 (1) ⓑ (2) ⓒ
05 (1) ⓐ (2) ⓑ

실전 연습 문제

01 <보기>의 밑줄 친 단어의 의미와 가장 가까운 것은? 2012 국가직 9급

> 보기
> 경찰의 <u>손</u>이 미치지 않는 곳으로 도망갔다.

① 그는 장사꾼의 <u>손</u>에 놀아날 정도로 세상 물정에 어둡다.
② 제삿날 <u>손</u>을 치르고 나면 온몸이 쑤신다고는 사람들이 많다.
③ 마감 일이 이제 코앞으로 다가와서 더 이상 <u>손</u>을 늦출 수가 없다.
④ 대기업들이 온갖 사업에 <u>손</u>을 뻗치자 중소기업들은 설 곳을 잃게 되었다.

---

02 밑줄 친 부분의 의미와 가장 가까운 것은? 2014 지방직 9급

> 농악에는 우리 민족의 정서가 <u>배어</u> 있다.

① 욕이 입에 <u>배어</u> 큰일이다.
② 그는 속이 너무 <u>배어</u> 큰 인물은 못 된다.
③ 갓난아이 몸에는 항상 젖내가 <u>배어</u> 있다.
④ 이 책에는 아이에 대한 부모의 고민과 애정이 <u>배어</u> 있다.

---

03 다음 글의 빈칸에 들어갈 사자성어로 적절한 것은? 2023 국가직 9급

> 세상에는 어려운 일들이 많지만 외국 여행 다녀온 사람의 입을 막는 것도 그중 하나이다. 특히 그것이 그 사람의 첫 외국 여행이었다면, 입 막기는 포기하고 미주알고주알 늘어놓는 여행 경험을 들어 주는 편이 정신 건강에 좋다. 그 사람이 별것 아닌 사실을 _____하거나 특수한 경험을 지나치게 일반화한들, 그런 수다로 큰 피해를 입는 것도 아니지 않은가?

① 刻舟求劍
② 捲土重來
③ 臥薪嘗膽
④ 針小棒大

01
서술어 '미치다'를 고려할 때, <보기>의 '손'은 '소유나 권력의 영향권 범위'를 의미한다. 이와 의미가 유사한 것은 ④이다.

오답체크
① '어떠한 대상을 마음대로 다루는 수완이나 꾀'의 의미로 쓰였다.
② '손님'의 의미로 쓰였다.
③ '어떤 목적하는 일을 처리하거나 해결할 수 있는 힘이나 노력'의 의미로 쓰였다.

02
밑줄 친 '배다' 앞에 오는 주어는 '정서'이다. 주어가 '정서'인 것을 고려할 때, 밑줄 친 '배다'는 '느낌, 생각 따위가 깊이 느껴지거나 오래 남아 있다.'라는 의미이다. 따라서 이와 의미가 가장 가까운 것은 '고민과 애정이 배어 있다.'의 '배다'이다.

오답체크
① '버릇이 되어 익숙해지다.'라는 의미로 쓰였다.
② '생각이나 안목이 매우 좁다.'라는 의미로 쓰였다.
③ '냄새가 스며들어 오래도록 남아 있다.'라는 의미로 쓰였다.

03
빈칸 앞의 "그 사람이 별것 아닌 사실을" 부분을 볼 때, 문맥상 별 것 아닌 사실을 '과장'하여 말한다는 의미이다. 따라서 빈칸에는 '작은 일을 크게 불리어 떠벌림.'을 의미하는 '침소봉대(針小棒大)'가 들어가는 것이 적절하다.

오답체크
① 각주구검(刻舟求劍): 융통성 없이 현실에 맞지 않는 낡은 생각을 고집하는 어리석음을 이르는 말.
② 권토중래(捲土重來): '땅을 말아 일으킬 것 같은 기세로 다시 온다.'는 뜻으로, 한 번 실패하였으나 힘을 회복하여 다시 쳐들어옴을 이르는 말.
③ 와신상담(臥薪嘗膽): '불편한 섶에 몸을 눕히고 쓸개를 맛본다.'는 뜻으로, 원수를 갚거나 마음먹은 일을 이루기 위하여 온갖 어려움과 괴로움을 참고 견딤을 비유적으로 이르는 말.

[정답]
01 ④ 02 ④ 03 ④

04 다음에 제시된 의미와 가장 가까운 속담은?

2016 지방직 9급

> 가난한 사람이 남에게 업신여김을 당하기 싫어서 허세를 부리려는 심리를 비유적으로 이르는 말

① 가난한 집 신주 굶듯
② 가난한 집에 자식이 많다.
③ 가난할수록 기와집 짓는다.
④ 가난한 집 제사 돌아오듯

04
제시된 의미를 가진 속담은 '가난할수록 기와집 짓는다.'이다. 속담의 뜻을 모르더라도, '허세를 부리려는 심리'라는 부분을 통해, ③임을 짐작할 수 있다.

05 다음 관용 표현의 뜻이 올바르지 않은 것은?

2014 경찰직 1차

① 입추의 여지가 없다: 많은 사람들이 꽉 들어차다.
② 마각을 드러내다: 숨기고 있던 속마음이나 정체를 보이다.
③ 변죽을 울리다: 바로 집어 말하지 않고 둘러서 말을 하다.
④ 허방을 짚다: 위험한 곳에 빠지지 않기 위해 무엇인가에 몸을 의지하다.

05
'허방을 짚다'에 '위험한 곳에 빠지지 않기 위해 무엇인가에 몸을 의지하다.'라는 의미는 없다. '허방을 짚다'는 '발을 잘못 디디어 허방에 빠지다.', '잘못 알거나 잘못 예산하여 실패하다.'라는 의미이다.

※ 허방: 땅바닥이 움푹 패어 빠지기 쉬운 구덩이.

[정답]
04 ③ 05 ④

Day 03 필수 어휘로 어휘력 끌어올리기

1회독
2회독
3회독

어휘 학습

1 문맥적 의미

(1) 문제

> 문제 명
> 「1」 해답을 요구하는 물음.
>   예문 연습 문제.
> 「2」 논쟁, 논의, 연구 따위의 대상이 되는 것.
>   예문 환경 오염 문제.
> 「3」 해결하기 어렵거나 난처한 대상. 또는 그런 일.
>   예문 문제가 생기다.
> 「4」 귀찮은 일이나 말썽.
>   예문 그는 늘 문제를 일으키는 학생이다.
> 「5」 어떤 사물과 관련되는 일.
>   예문 이 일은 가치관에 관한 문제이다.

개념 바로 확인하기

단어 뜻에 해당하는 예문을 <보기>에서 고르시오.
(1) 해답을 요구하는 물음. ( )
(2) 논쟁, 논의, 연구 따위의 대상이 되는 것. ( )
(3) 해결하기 어렵거나 난처한 대상. 또는 그런 일. ( )
(4) 어떤 사물과 관련되는 일. ( )

보기
ⓐ 문제의 정답을 맞히다.
ⓑ 그것은 법의 문제가 아니라 양심의 문제이다.
ⓒ 학교는 입학 지원자의 감소로 존폐 문제가 거론되었다.
ⓓ 뒤늦게나마 보리 가마를 안전하게 건사하는 일이 여간 큰 문제가 아니었다.

[정답]
(1) ⓐ (2) ⓒ (3) ⓓ (4) ⓑ

(2) 고치다

고치다 동

① 【…을】
「1」 고장이 나거나 못 쓰게 된 물건을 손질하여 제대로 되게 하다.
  예문 고장 난 시계를 고치다★.

「2」 병 따위를 낫게 하다.
  예문 이 병원은 병을 잘 고친다고★ 소문이 자자하다.

「3」 잘못되거나 틀린 것을 바로잡다.
  예문 답안을 고치다.

「4」 모양이나 내용 따위를 바꾸다.
  예문 화장을 고치다.

「5」 처지를 바꾸다.
  예문 복권에 당첨되어 신세를 고치다.

② 【…을 …으로】
「1」 본디의 것을 손질하여 다른 것이 되게 하다.
  예문 부엌을 입식으로 고치다.

「2」 이름, 제도 따위를 바꾸다.
  예문 상호를 순우리말로 고치다.

개념 바로 확인하기

단어 뜻에 해당하는 예문을 <보기>에서 고르시오.

(1) 고장이 나거나 못 쓰게 된 물건을 손질하여 제대로 되게 하다. ( )
(2) 잘못되거나 틀린 것을 바로잡다. ( )
(3) 본디의 것을 손질하여 다른 것이 되게 하다. ( )
(4) 이름, 제도 따위를 바꾸다. ( )

보기
ⓐ 장마철이 오기 전에 지붕을 고쳐라.
ⓑ 어른들에게 반말하는 버릇을 고쳐라.
ⓒ 재래식 화장실을 수세식으로 고치다.
ⓓ 몽고는 국호를 원으로 고치고 중국을 통일하였다.

★ 비슷한말
수리하다(修理하다), 수선하다(修繕하다)

★ 비슷한말
치료하다(治療하다)

[정답]
(1) ⓐ (2) ⓑ (3) ⓒ (4) ⓓ

2 바꿔 쓰기

(1) 말하다

토로(吐露)하다	토할 토, 드러낼 로
	마음에 있는 것을 죄다 드러내어 말하다.
	예문 친구에게 불만을 말하다.
개진(開陳)하다	열 개, 늘어놓을 진
	주장이나 사실 따위를 밝히기 위하여 의견이나 내용을 드러내어 말하거나 글로 쓰다.
	예문 회의 시간에 자신의 의견을 말하다.
역설(力說)하다	힘 역(력), 말씀 설
	자기의 뜻을 힘주어 말하다.
	예문 통일의 중요성을 말하다.
진술(陳述)하다	늘어놓을 진, 지을 술
	「1」 일이나 상황에 대하여 자세하게 이야기하다.
	「2」 『법률』 민사 소송에서, 당사자가 법원에 대하여 구체적인 법률 상황이나 사실에 관한 지식을 보고하고 알리다.
	「3」 『법률』 형사 소송에서, 당사자·증인·감정인이 관계 사항을 구술 또는 서면으로 알리다.
	예문 사건의 전말을 말하다.
언급(言及)하다	말씀 언, 미칠 급
	어떤 문제에 대하여 말하다.
	예문 그 평론가는 앞서 그의 작품 세계에 대하여 말했다.

(2) 나누다

분류(分類)하다	나눌 분, 무리 류
	종류에 따라서 가르다.
	예문 자료를 세 종류로 나누다.
분리(分離)하다	나눌 분, 떠날 리
	서로 나누어 떨어지게 하다.
	예문 관람석을 일반석과 특별석으로 나누다.
분배(分配)하다	나눌 분, 짝 배
	몫몫이 별러 나누다.
	예문 소를 잡아 그 고기를 각 집에 고르게 나누었다.
분할(分割)하다	나눌 분, 나눌 할
	나누어 쪼개다.
	예문 재산을 둘로 나누어 투자하다.
쪼개다 ★	물체나 공간 따위를 둘 이상으로 나누다.
	예문 큰 평수의 작업실을 셋으로 나누다.

★ '쪼개다'는 고유어이다.

3 한자 성어

노심초사(勞心焦思) 2023 국회직 8급	수고로울 노(로), 마음 심, 그을릴 초, 생각 사
	몹시 마음을 쓰며 애를 태움.
허장성세(虛張聲勢) 2023 국회직 8급	빌 허, 베풀 장, 소리 성, 기세 세
	실속은 없으면서 큰소리치거나 허세를 부림.
전전반측(輾轉反側)★ 2023 국회직 8급	구를 전, 구를 전, 돌이킬 반, 곁 측
	누워서 몸을 이리저리 뒤척이며 잠을 이루지 못함.
절치부심(切齒腐心) 2023 국회직 8급	끊을 절, 이 치, 썩을 부, 마음 심
	몹시 분하여 이를 갈며 속을 썩임.

★ 비슷한말
전전불매(輾轉不寐)

4 속담

같은 값이면 다홍치마★ 2021 국회직 8급 2012 지방직 9급	값이 같거나 같은 노력을 한다면 품질이 좋은 것을 택한다는 말.
원님 덕에 나팔 분다★ 2021 국회직 8급 2019 서울시 9급 2019 경찰직 1차	사또와 동행한 덕분에 나팔 불고 요란히 맞아 주는 호화로운 대접을 받는다는 뜻으로, 남의 덕으로 당치도 아니한 행세를 하게 되거나 그런 대접을 받고 우쭐대는 모양을 비유적으로 이르는 말.
달면 삼키고 쓰면 뱉는다★ 2021 국회직 8급 2011 지방직 7급 2007 서울시 9급	옳고 그름이나 신의를 돌보지 않고 자기의 이익만 꾀함을 비유적으로 이르는 말.
낫 놓고 기역자도 모른다★ 2021 국회직 8급 2019 서울시 9급 2007 법원직 9급	기역자 모양으로 생긴 낫을 놓고도 기역자를 모른다는 뜻으로, 사람이 글자를 모르거나 아주 무식함을 비유적으로 이르는 말.

★ 비슷한말
동가홍상(同價紅裳), 이왕이면 창덕궁, 같은 값이면 껌정 소 잡아먹는다

★ 비슷한말
원님 덕에 나발 분다

★ 비슷한말
감탄고토(甘呑苦吐), 쓰면 뱉고 달면 삼킨다, 추우면 다가들고 더우면 물러선다

★ 비슷한말
가갸 뒤 자도 모른다, 기억자 왼다리도 못 그린다

5 관용어

홍역을 치르다★ 2023 국가직 9급	(무엇이) 아주 감당하기 어려운 일을 겪다.
잔뼈가 굵다 2023 국가직 9급	오랜 기간 일정한 곳이나 직장에서 일을 하여 그 일에 익숙하다.
어깨를 나란히 하다 2023 국가직 9급	「1」 나란히 서거나 나란히 서서 걷다. 「2」 서로 비슷한 지위나 힘을 가지다. 「3」 같은 목적으로 함께 일하다.
미역국을 먹다★ 2016 소방직 9급	「1」 (사람이) 시험에 떨어지다. 「2」 (사람이) 직위에서 떨려 나가다. 「3」 (사람이) 퇴짜를 맞다.

★ 비슷한말
홍역을 앓다

★ 비슷한말
물을 먹다

개념 확인 문제

[01~02] 문맥을 고려할 때, <보기>에서 밑줄 친 말과 바꿔 쓸 수 있는 한자어를 골라라.

01
> **보기**
> ⓐ 토로(吐露)하다   ⓑ 개진(開陳)하다   ⓒ 역설(力說)하다
> ⓓ 진술(陳述)하다   ⓔ 언급(言及)하다

(1) 어머니께 흉금★을 말하다.   (   )
(2) 경찰에게 사건 당일 행적에 대하여 말했다.   (   )

「1」앞가슴의 옷깃.
「2」마음속 깊이 품은 생각.

02
> **보기**
> ⓐ 분류(分類)하다   ⓑ 분리(分離)하다
> ⓒ 분배(分配)하다   ⓓ 분할(分割)하다

(1) 수산 생물에서 어업 생물만을 나누기는 어렵다.   (   )
(2) 어획물을 각 개인별로 고르게 나누었다.   (   )

[정답]
01 (1) ⓐ   (2) ⓓ
02 (1) ⓑ   (2) ⓒ

[03~05] 문맥을 고려할 때, <보기>에서 빈칸에 어울리는 말을 골라라.

03

보기

ⓐ 노심초사(勞心焦思) ⓑ 허장성세(虛張聲勢)
ⓒ 전전반측(輾轉反側) ⓓ 절치부심(切齒腐心)

(1) 내 말이 _____ 인지 아닌지는 두고 보면 알 일이다. ( )
(2) 그는 이유 없이 매를 맞은 것이 분해 _____ 하였다. ( )

04

보기

ⓐ 같은 값이면 다홍치마 ⓑ 원님 덕에 나팔 분다
ⓒ 달면 삼키고 쓰면 뱉는다 ⓓ 낫 놓고 기역자도 모른다

(1) _____ 고 내가 돈이 많을 때에는 그렇게 친한 척을 하더니 지금은 날 마주하지도 않는구나. ( )
(2) _____ 라고 똑같은 귤이라도 이왕이면 예쁘게 생긴 것이 좋지 않을까? ( )

05

보기

ⓐ 홍역을 치르다 ⓑ 잔뼈가 굵다
ⓒ 어깨를 나란히 하다 ⓓ 미역국을 먹다

(1) 학교 당국이 문제 유출을 둘러싸고 _____. ( )
(2) 김 과장이 이번 프로젝트의 실패로 _____. ( )

[정답]

03 (1) ⓑ (2) ⓓ
04 (1) ⓒ (2) ⓐ
05 (1) ⓐ (2) ⓓ

실전 연습 문제

01 ㉠의 문맥적 의미와 가장 가까운 것은?   2021 법원직 9급

> 이렇게 장기간에 걸친 우주 비행을 위해서는 물이나 식료품, 산소 뿐 아니라 화성에서 사용할 기지, 화성에 이착륙하기 위한 로켓, 귀환용 우주선 등도 필요하다. 나사 탐사 시스템 부서의 더글러스 쿡에 따르면 그 무게의 합계는 470톤이나 된다. 나사의 우주 탐사 설계사인 게리 마틴은 "이 화물의 운반이 화성 유인 비행에서 가장 큰 ㉠ <u>문제</u>일 것이다."라고 말했다.

① <u>문제</u>의 영화가 드디어 오늘 개봉된다.
② 그는 어디를 가나 <u>문제</u>를 일으키곤 했다.
③ 출산율 감소는 우리나라만의 <u>문제</u>가 아니다.
④ 연습을 반복하면 어려운 <u>문제</u>도 척척 풀게 된다.

01 해설
㉠의 '문제'는 문맥상 '(해결해야 할) 논의 대상', '일' 등과 바꿔 쓸 수 있다. 이와 의미가 가장 유사한 것은 ③이다.

오답체크
① 문맥상 '문제'는 '논란거리', '이야깃거리'의 의미로 쓰였다.
② 문맥상 '문제'는 'trouble'의 의미로 쓰였다.
④ 문맥상 '문제'는 '해답을 요구하는 물음'의 의미로 쓰였다.

---

02 ㉠, ㉡에 들어갈 한자 성어로 적절한 것은?   2023 국회직 8급

> 김 첨지도 이 불길한 침묵을 짐작했는지도 모른다. 그렇지 않으면 대문에 들어서자마자 전에 없이, "이 난장맞을 년, 남편이 들어오는데 나와 보지도 않아, 이 오라질 년."이라고 고함을 친게 수상하다. 이 고함이야말로 제 몸을 엄습해 오는 무시무시한 증을 쫓아 버리려는 (㉠)인 까닭이다.
> 하여간 김 첨지는 방문을 왈칵 열었다. 구역을 나게 하는 추기—떨어진 샛자리 밑에서 나온 먼지내, 빨지 않은 기저귀에서 나는 똥내와 오줌내, 가지각색 때가 켜켜이 앉은 옷내, 병인의 땀 섞은 내가 섞인 추기가 무던 김 첨지의 코를 찔렀다.
> 방 안에 들어서며 설렁탕을 한구석에 놓을 사이도 없이 주정꾼은 목청을 있는 대로 다 내어 호통을 쳤다. "이런 오라질 년, (㉡) 누워만 있으면 제일이야! 남편이 와도 일어나지를 못해?"라는 소리와 함께 발길로 누운 이의 다리를 몹시 찼다. 그러나 발길에 차이는 건 사람의 살이 아니고 나뭇등걸과 같은 느낌이 있었다.
> — 현진건, 〈운수 좋은 날〉

	㉠	㉡
①	노심초사(勞心焦思)	주야불식(晝夜不息)
②	허장성세(虛張聲勢)	전전반측(輾轉反側)
③	절치부심(切齒腐心)	전전반측(輾轉反側)
④	노심초사(勞心焦思)	주야장천(晝夜長川)
⑤	허장성세(虛張聲勢)	주야장천(晝夜長川)

02 해설
㉠ "이 고함이야말로 제 몸을 엄습해 오는 무시무시한 증을 쫓아 버리려는"이라는 말을 볼 때, 실속은 없으면서 큰소리치거나 허세를 부림을 의미하는 '허장성세(虛張聲勢)'가 어울린다.
㉡ 문맥상 '항상 누워만 있지 말고 일어나라'는 의미이다. 따라서 '밤낮으로 쉬지 아니하고 연달아'라는 의미를 가진 '주야장천(晝夜長川)'이 어울린다.

오답체크
㉠ • 노심초사(勞心焦思): 몹시 마음을 쓰며 애를 태움.
• 절치부심(切齒腐心): 몹시 분하여 이를 갈며 속을 썩임.
㉡ • 주야불식(晝夜不息): 밤낮으로 쉬지 아니함.
• 전전반측(輾轉反側): 누워서 몸을 이리저리 뒤척이며 잠을 이루지 못함.

[정답]
01 ③   02 ⑤

03 <보기>의 속담과 유사한 의미의 사자성어를 연결한 것으로 옳지 않은 것은?

2021 국회직 8급

보기

㉠ 도랑 치고 가재 잡고.
㉡ 달면 삼키고 쓰면 뱉는다.
㉢ 낫 놓고 기역자도 모른다.
㉣ 같은 값이면 다홍치마.
㉤ 원님 덕에 나팔 분다.

① ㉠: 일거양득(一擧兩得)
② ㉡: 고진감래(苦盡甘來)
③ ㉢: 목불식정(目不識丁)
④ ㉣: 동가홍상(同價紅裳)
⑤ ㉤: 호가호위(狐假虎威)

04 밑줄 친 말의 문맥적 의미가 같은 것은?

2017 국가직 9급

고장 난 시계를 고치다.

① 부엌을 입식으로 고치다.
② 상호를 순우리말로 고치다.
③ 정비소에서 자동차를 고치다
④ 국민 생활에 불편을 주는 낡은 법을 고치다.

05 관용 표현 ㉠~㉣의 의미를 풀이한 것으로 적절하지 않은 것은?

2023 국가직 9급

○ 그의 회사는 작년에 노사 갈등으로 ㉠ 홍역을 치렀다.
○ 우리 교장 선생님은 교육계에서 ㉡ 잔뼈가 굵은 분이십니다.
○ 유원지로 이어지는 국도에는 차가 밀려 ㉢ 입추의 여지가 없었다.
○ 그분은 세계 유수의 연구자들과 ㉣ 어깨를 나란히 하는 물리학자이다.

① ㉠: 심한 어려움을 겪었다.
② ㉡: 오랫동안 일을 하여 그 일에 익숙한
③ ㉢: 돌아서 갈 수 있는 방법이 없었다.
④ ㉣: 비슷한 지위나 힘을 가지는

Day 04 필수 어휘로 어휘력 끌어올리기

1회독
2회독
3회독

어휘 학습

1 문맥적 의미

(1) 길

길¹ 명
「1」 사람이나 동물 또는 자동차 따위가 지나갈 수 있게 땅 위에 낸 일정한 너비의 공간.
　예문 한적한 길★.
「2」 물 위나 공중에서 일정하게 다니는 곳.
　예문 배가 다니는 길.
「3」 걷거나 탈것을 타고 어느 곳으로 가는 노정(路程).
　예문 천 리나 되는 길.
「4」 시간의 흐름에 따라 개인의 삶이나 사회적·역사적 발전 따위가 전개되는 과정.
　예문 이제까지 살아온 고단한 길.
「5」 사람이 삶을 살아가거나 사회가 발전해 가는 데에 지향하는 방향, 지침, 목적이나 전문 분야. 예문 배움의 길.
「6」 어떤 자격이나 신분으로서 주어진 도리나 임무.
　예문 남편과 자녀를 위하는 것이 아내의 길이다.
「7」 (주로 '-는/을 길' 구성으로 쓰여) 방법이나 수단.
　예문 그를 설득하는 길.
「8」 (주로 '-는 길로' 구성으로 쓰여) 어떤 행동이 끝나자마자 즉시.
　예문 경찰에서 풀려나는 길로 나는 그 애를 따라 서울로 갔어.
「9」 ('-는 길에', '-는 길이다' 구성으로 쓰여) 어떠한 일을 하는 도중이나 기회.
　예문 그는 학교에서 돌아오는 길★에 물장난을 하였다.
「10」 (일부 명사 뒤에 붙어) '과정', '도중', '중간'의 뜻을 나타내는 말.
　예문 그는 어제 산책길에 만났던 그녀와 다시 마주쳤다.

길² 명
「1」 물건에 손질을 잘하여 생기는 윤기. 예문 그 집 장독은 길이 잘 나 있다.
「2」 짐승 따위를 잘 가르쳐서 부리기 좋게 된 버릇. 예문 길이 잘 든 말.
「3」 어떤 일에 익숙하게 된 솜씨. 예문 농촌 생활에 제법 길이 들었다.

개념 바로 확인하기

단어 뜻에 해당하는 예문을 <보기>에서 고르시오.
(1) 사람이나 동물 또는 자동차 따위가 지나갈 수 있게 땅 위에 낸 일정한 너비의 공간. (　)
(2) 걷거나 탈것을 타고 어느 곳으로 가는 노정(路程). (　)
(3) 시간의 흐름에 따라 개인의 삶이나 사회적·역사적 발전 따위가 전개되는 과정. (　)
(4) ('-는 길에', '-는 길이다' 구성으로 쓰여) 어떠한 일을 하는 도중이나 기회. (　)

보기
ⓐ 길이 끊기다.
ⓑ 시청으로 가는 길을 묻다.
ⓒ 그는 출장 가는 길에 고향에 들렀다.
ⓓ 인류 문명이 발전해 온 길을 돌아본다.

★ 비슷한말
도로(道路)

★ 비슷한말
걸음(나아가는 기회)
예 우체국에 가는 걸음이 있거든 이 편지도 좀 부쳐 주세요.

[정답]
(1) ⓐ (2) ⓑ (3) ⓓ (4) ⓒ

(2) 대다

대다 동

① 【…에】
정해진 시간에 닿거나 맞추다.
예문 기차 시간에 대도록 서두르자.

② 【…에/에게】 (주로 '대고' 꼴로 쓰여)
어떤 것을 목표로 삼거나 향하다.
예문 하늘에 대고 하소연을 했다.

③ 【…에/에게 …을】
「1」 무엇을 어디에 닿게 하다. 예문 수화기를 귀에 대다.
「2」 어떤 도구나 물건을 써서 일을 하다.
　　예문 그림에 붓을 대다.
「3」 차, 배 따위의 탈것을 멈추어 서게 하다.
　　예문 항구에 배를 대다.
「4」 돈이나 물건 따위를 마련하여 주다.
　　예문 그는 그동안 남몰래 가난한 이웃에게 양식을 대 왔다.
「5」 무엇을 덧대거나 뒤에 받치다.
　　예문 공책에 책받침을 대고 쓰다.
「6」 어떤 것을 목표로 하여 총, 호스 따위를 겨냥하다.
　　예문 그는 차마 같은 동포에게 총부리를 댈 수가 없었다.
「7」 노름, 내기 따위에서 돈이나 물건을 걸다.
　　예문 그들은 한 판에 천 원씩을 대고 노름을 시작하였다.
「8」 사람을 구해서 소개해 주다. 예문 아들에게 변호사를 대다.
「9」 【…을 …으로】 어떤 곳에 물을 끌어 들이다.
　　예문 논에 물을 대다.
「10」 【…을 …으로】【(…과) …을】 ('…과'가 나타나지 않을 때는 여럿임을 뜻하는 말이 주어로 온다) 잇닿게 하거나 관계를 맺다.
　　예문 고객에게 전화를 대어 주다.
「11」 【(…과) …을】 ('…과'가 나타나지 않을 때는 여럿임을 뜻하는 말이 주어로 온다) 다른 사람과 신체의 일부분을 닿게 하다.
　　예문 그녀는 자신의 애인에게 어깨를 대고 편안하게 앉아 있었다.
「12」 【(…과) …을】【…을 (…과)】 ('…과'가 나타나지 않을 때는 여럿임을 뜻하는 말이 주어나 목적어로 온다)(흔히 '대, 대면' 꼴로 쓰이거나 '-어 보다' 구성으로 쓰여) 서로 견주어 비교하다.
　　예문 그의 솜씨에 내 실력을 댈 수는 없다고 생각한다.

④ 【…에/에게 …을】【…에/에게 -ㄴ지를】【…에/에게 -고】
「1」 이유나 구실을 들어 보이다. 예문 어머니에게 구실을 대다.
「2」 어떤 사실을 드러내어 말하다. 예문 경찰에게 알리바이를 대다.

개념 바로 확인하기

단어 뜻에 해당하는 예문을 <보기>에서 고르시오.
(1) 정해진 시간에 닿거나 맞추다. (　)
(2) 어떤 것을 목표로 삼거나 향하다. (　)
(3) 무엇을 어디에 닿게 하다. (　)
(4) 이유나 구실을 들어 보이다. (　)

보기
ⓐ 나는 굳이 친구에게 핑계를 대고 싶지 않다.
ⓑ 나는 약속 시간에 대서 나왔는데 아무도 없었다.
ⓒ 어머니는 아들에게 대고 그동안의 불만을 한꺼번에 내쏟았다.
ⓓ 나비는 벌써 말라 있어서, 손을 대는 정도로도 쉽게 부서졌다.

[정답]
(1) ⓑ　(2) ⓒ　(3) ⓓ　(4) ⓐ

2 바꿔 쓰기

(1) 맞다

부합(符合)하다	부신 부, 합할 합
	부신(符信)이 꼭 들어맞듯 사물이나 현상이 서로 꼭 들어맞다.
	예문 정치 개혁에 맞는 인물.
영합(迎合)하다	맞이할 영, 합할 합
	① 사사로운 이익을 위하여 아첨하며 좇다.
	예문 시대의 풍조에 맞다.
	② 서로 뜻이 맞다.
	예문 그는 친구와 맞아 일을 꾸몄다.
적중(的中)하다	과녁 적, 가운데 중
	「1」 총알, 화살 따위가 목표물에 맞다.
	예문 내가 쏜 총알은 적의 심장에 정확하게 맞았다.
	「2」 예상, 가설, 계획 따위가 실현된 결과나 목표에 꼭 들어맞다.
	예문 눈이 온다던 일기 예보가 맞았다.
일치(一致)하다	하나 일, 이를 치
	비교되는 대상들이 서로 어긋나지 아니하고 같거나 들어맞다.
	예문 우리는 다시 합쳐야 한다는 점에서는 그들과 의견이 맞았다.
백발백중 (百發百中)하다	일백 백, 쏠 발, 일백 백, 가운데 중
	「1」 총이나 활 따위를 쏠 때마다 겨눈 곳에 다 맞다. 백 번 쏘아 백 번 맞힌다는 뜻에서 나온 말이다.
	예문 이성계는 아무리 먼 거리에 있는 목표물도 다 맞혀서 신궁으로 불렸다.
	「2」 무슨 일이나 틀림없이 잘 들어맞다.
	예문 토정비결에 실린 내용이 모든 경우 다 맞는 것은 아니다.

(2) 이기다

승리(勝利)하다	이길 승, 이로울 리
	겨루어서 이기다.
	[예문] 싸움에서 적에게 이기다.
극복(克服)하다	이길 극, 입을 복
	악조건이나 고생 따위를 이겨 내다.
	[예문] 그들은 불굴의 정신으로 국난을 이기고, 민족과 국가를 지켰다.
제압(制壓)하다	억제할 제, 누를 압
	위력이나 위엄으로 세력이나 기세 따위를 억눌러서 통제하다.
	[예문] 상대편을 2 대 1로 이기고 본선에 진출했다.
석권(席卷)하다 ★	자리 석, 책 권
	빠른 기세로 영토를 휩쓸거나 세력 범위를 넓히다.
	[예문] 선수들은 앞으로 남은 경기 모두를 이길 수 있다는 자신감을 보였다.
뛰어넘다 ★	(비유적으로) 어려운 일 따위를 이겨 내다.
	[예문] 자기 능력의 한계를 이긴 노력은 값진 것이다.

★ '席捲(자리 석, 말 권)'으로도 쓴다.

★ '뛰어넘다'는 고유어이다.

3 한자 성어

곡학아세(曲學阿世) 2022 국가직 9급 2014 경찰직 1차 2012 지방직 9급	굽을 곡, 배울 학, 언덕 아, 세대 세
	바른길에서 벗어난 학문으로 세상 사람에게 아첨함.
당랑거철(螳螂拒轍) 2022 국가직 9급 2011 국가직 9급	사마귀 당, 사마귀 랑, 막을 거, 바큇자국 철
	제 역량을 생각하지 않고, 강한 상대나 되지 않을 일에 덤벼드는 무모한 행동거지를 비유적으로 이르는 말.
구밀복검(口蜜腹劍) 2022 국가직 9급 2017 지방직 7급 2016 지방직 9급	입 구, 꿀 밀, 배 복, 칼 검
	입에는 꿀이 있고 배 속에는 칼이 있다는 뜻으로, 말로는 친한 듯하나 속으로는 해칠 생각이 있음을 이르는 말.
구곡간장(九曲肝腸) 2022 국가직 9급 2011 서울시 7급	아홉 구, 굽을 곡, 간 간, 창자 장
	굽이굽이 서린 창자라는 뜻으로, 깊은 마음속 또는 시름이 쌓인 마음속을 비유적으로 이르는 말.

4 속담

속담	뜻
개밥에 도토리 2012 국가직 9급 2010 지방직 9급	개는 도토리를 먹지 아니하기 때문에 밥 속에 있어도 먹지 아니하고 남긴다는 뜻에서, 따돌림을 받아서 여럿의 축에 끼지 못하는 사람을 비유적으로 이르는 말.
언 발에 오줌 누기 2019 서울시 9급 2015 지방직 9급 2010 지방직 9급	언 발을 녹이려고 오줌을 누어 봤자 효력이 별로 없다는 뜻으로, 임시변통은 될지 모르나 그 효력이 오래가지 못할 뿐만 아니라 결국에는 사태가 더 나빠짐을 비유적으로 이르는 말.
우물에 가 숭늉 찾기 2022 서울시 9급(6월) 2015 지방 교육행정직 9급 2010 지방직 9급	모든 일에는 질서와 차례가 있는 법인데 일의 순서도 모르고 성급하게 덤빔을 비유적으로 이르는 말.
소 잃고 외양간 고치기 2019 서울시 9급 2011 국가직 9급 2010 지방직 9급	소를 도둑맞은 다음에서야 빈 외양간의 허물어진 데를 고치느라 수선을 떤다는 뜻으로, 일이 이미 잘못된 뒤에는 손을 써도 소용이 없음을 비꼬는 말.

5 관용어

관용어	뜻
귀가 여리다 2008 법원직 9급	속는 줄도 모르고 남의 말을 그대로 잘 믿다.
머리를 맞대다 2008 법원직 9급	어떤 일을 의논하거나 결정하기 위하여 서로 마주 대하다. 머리를 맞대고 대책을 강구하다.
귀가 뚫리다 2008 법원직 9급	말을 알아듣게 되다.
물 찬 제비	「1」 물을 차고 날아오른 제비처럼 몸매가 아주 매끈하여 보기 좋은 사람을 비유하여 이르는 말. 「2」 동작이 민첩하고 깔끔하여 보기 좋은 행동을 함을 비유적으로 이르는 말.

개념 확인 문제

[01~02] 문맥을 고려할 때, <보기>에서 밑줄 친 말과 바꿔 쓸 수 있는 한자어를 골라라.

01

보기

ⓐ 부합(符合)하다　　　ⓑ 영합(迎合)하다
ⓒ 적중(的中)하다　　　ⓓ 일치(一致)하다

(1) 내 예상이 딱 <u>맞았다</u>.　　　　　　　　　　　　　　　　　(　　)
(2) 오늘날 세계 대부분의 국가는 민주주의에 <u>맞는</u> 정치를 하고 있다.　(　　)

02

보기

ⓐ 승리(勝利)하다　　　ⓑ 극복(克服)하다
ⓒ 제압(制壓)하다　　　ⓓ 석권(席卷)하다

(1) 앞으로 네 게임을 <u>이겨야만</u> 결승전에 진출할 수 있다.　(　　)
(2) 선생님의 낮은 목소리에는 우리를 <u>이기는</u> 힘이 실려 있었다.　(　　)

[정답]
01 (1) ⓒ　(2) ⓐ
02 (1) ⓐ　(2) ⓒ

[03~05] 문맥을 고려할 때, <보기>에서 빈칸에 어울리는 말을 골라라.

03

> 보기
> ⓐ 곡학아세(曲學阿世)   ⓑ 당랑거철(螳螂拒轍)
> ⓒ 구밀복검(口蜜腹劍)   ⓓ 구곡간장(九曲肝腸)

(1) 공권력 앞에서 개인은 _____ 이다.   (   )

(2) _____ 을 녹이는 듯한 슬픔이 복받치다.   (   )

★ **구곡간장을 녹이다.**
몹시 놀라거나 실망하게 하거나 애를 태우게 하여 간장이 온통 녹아 없어지는 것처럼 만들다.

04

> 보기
> ⓐ 개밥에 도토리   ⓑ 언 발에 오줌 누기
> ⓒ 우물에 가 숭늉 찾기   ⓓ 소 잃고 외양간 고치기

(1) 모두들 커플들끼리 놀러 가는데 _____ 처럼 나 혼자 끼어 무슨 재미가 있을까 싶다.   (   )

(2) 이미 대규모의 개인 정보 유출 사고가 연이어 일어났는데 정부는 이제 와서 개인 정보 보안법 강화를 발표하다니 _____ 가 따로 없네.   (   )

05

> 보기
> ⓐ 귀가 여리다   ⓑ 머리를 맞대다
> ⓒ 귀가 뚫리다   ⓓ 물 찬 제비

(1) 그 사람은 _____ 남이 하는 말을 잘 믿는다.   (   )

(2) 손흥민은 _____ 같이 수비수를 제치고 공을 몰았다.   (   )

[정답]
03 (1) ⓑ   (2) ⓓ
04 (1) ⓐ   (2) ⓓ
05 (1) ⓐ   (2) ⓓ

실전 연습 문제

01 <보기>에서 밑줄 친 어휘의 의미가 유사한 것끼리 묶인 것은? 2021 국회직 8급

> **보기**
> ㄱ. 농촌 생활에 제법 <u>길</u>이 들었다.
> ㄴ. 그 먼 <u>길</u>을 뚫고 고향으로 돌아가겠다고?
> ㄷ. <u>길</u>이 많이 막혀서 대중교통을 이용하는 편이 빠르다.
> ㄹ. 서랍은 <u>길</u>이 들지 않아 잘 열리지 않았다.
> ㅁ. 통나무 굵기가 한 아름이 넘고, 길이는 열 <u>길</u>이 넘었다.

① (ㄱ, ㄴ), (ㄷ, ㄹ, ㅁ)
② (ㄱ, ㄷ), (ㄴ, ㄹ, ㅁ)
③ (ㄱ, ㄷ), (ㄴ, ㄹ), (ㅁ)
④ (ㄱ, ㄹ), (ㄴ, ㄷ), (ㅁ)
⑤ (ㄱ, ㄹ), (ㄴ, ㅁ), (ㄷ)

02 다음 <보기>의 밑줄 친 단어와 동일한 의미를 가진 것은? 2018 국회직 9급

> **보기**
> 우리는 그 회사에 원자재를 <u>대고</u> 있습니다.

① 그 친구는 벽에 등을 <u>대고</u> 서 있었다.
② 영수는 아프다는 핑계를 <u>대고</u> 회사에 결근했다.
③ 그 녀석이 숨어 있는 곳을 바른 대로 <u>대라</u>.
④ 네가 대학을 졸업할 때까지 모든 학비는 내가 <u>대마</u>.
⑤ 아버지는 논에 물을 <u>대러</u> 나가셨다.

03 사자성어의 쓰임이 적절하지 않은 것은? 2022년 국가직 9급

① 그는 <u>구곡간장(九曲肝腸)</u>이 끊어지는 듯한 슬픔에 빠졌다.
② 학문의 정도를 걷지 않고 <u>곡학아세(曲學阿世)</u>하는 이가 있다.
③ 이유 없이 친절한 사람은 <u>구밀복검(口蜜腹劍)</u>일 수도 있으니 조심해야 한다.
④ 신중한 태도로 문제의 본질에 접근하는 <u>당랑거철(螳螂拒轍)</u>의 자세가 필요하다.

01

(ㄱ, ㄹ)	ㄱ과 ㄹ의 '길'은 '어떤 일에 익숙하게 된 솜씨'라는 의미이다.
(ㄴ, ㄷ)	ㄴ과 ㄷ의 '길'은 '道[road, way]'의 의미이다.
(ㅁ)	ㅁ의 '길'은 길이의 단위이다.

따라서 '길'의 의미가 유사한 것끼리 묶은 것은 ④이다.

02

<보기>의 '대다'는 '돈이나 물건 따위를 마련하여 주다.'라는 의미이다. 이와 동일한 의미로 쓰인 것은 ④이다.

오답체크
① '무엇을 덧대거나 뒤에 받치다.'라는 의미로 쓰였다.
② '이유나 구실을 들어 보이다.'라는 의미로 쓰였다.
③ '어떤 사실을 드러내어 말하다.'라는 의미로 쓰였다.
⑤ '어떤 곳에 물을 끌어 들이다.'라는 의미로 쓰였다.

03

'당랑거철(螳螂拒轍)'은 제 역량을 생각하지 않고, 강한 상대나 되지 않을 일에 덤벼드는 무모한 행동거지를 비유적으로 이르는 말이다. 따라서 신중한 태도로 문제의 본질에 접근하는 자세에 는 그 쓰임이 적절하지 않다.

오답체크
① '구곡간장(九曲肝腸)'은 굽이굽이 서린 창자라는 뜻으로, 깊은 마음속 또는 시름이 쌓인 마음속을 비유적으로 이르는 말이다. 따라서 슬픔에 빠진 상황에 어울리는 말이다.
② '곡학아세(曲學阿世)'는 '바른길에서 벗어난 학문으로 세상 사람에게 아첨함.'을 이르는 말이다. 따라서 학문의 '정도(正道: 바를 정, 길 도)'를 걷지 않는 사람에게 어울리는 말이다.
③ '구밀복검(口蜜腹劍)'은 입에는 꿀이 있고 배 속에는 칼이 있다는 뜻으로, 말로는 친한 듯하나 속으로는 해칠 생각이 있음을 이르는 말이다. 따라서 이유 없이 친절하게 다가오는 사람을 조심하라고 당부하는 상황에 어울리는 말이다.

[정답]
01 ④ 02 ④ 03 ④

04 다음 글의 ㉠~㉣과 바꿔 쓸 수 있는 유사한 표현으로 적절하지 않은 것은?

2025년 지방직 9급

이광수와 김동인은 한국 근대 문학 초기의 대표적인 소설가로, 이 둘의 작품은 표준어와 사투리의 사용에서 두드러진 차이를 보인다. 이광수의 대표작 「무정」에서는 작중 배경과 등장인물의 출신지가 서울이 아닌데도 인물들이 주고받는 대화가 표준어로 되어 있다. 반면 김동인의 대표작 「배따라기」에서 인물들의 대화는 출신지와 작중 배경에 ㉠맞는 사투리로 이루어진다. 작품의 리얼리티를 얼마나 잘 구현했는가를 기준으로 본다면, 「무정」보다 「배따라기」가 더 뛰어나다고 볼 수 있다.

그러나 이광수의 「무정」을 리얼리티의 구현 정도를 기준으로 낮잡아 평가하는 것은 곤란하다. 근대 국민국가 형성 과정에서 다양한 지방의 사투리를 통일하는 것은 중요한 화두였다. 이로 인해 표준어와 사투리의 위계가 공고해졌다. 당대의 지식인들은 표준어가 교양, 문화, 지식, 과학, 공적 영역 등의 근대적 가치를 나타내는 것으로, 사투리는 야만, 비문화, 무지, 비과학, 사적 영역 등의 전근대적인 가치를 ㉡나타내는 것으로 인식하였다. 이광수가 계몽주의의 신봉자였음을 ㉢떠올리면, 그가 「무정」에서 표준어를 사용한 것은 근대적 가치를 실현하기 위한 의도적인 선택이었다.

이처럼 표준어의 사용은 작가의 의도를 드러내는 기능을 한다. 이는 현대 문학 안에서도 찾아볼 수 있다. 박경리의 「토지」에서 대부분의 인물들은 경상도나 함경도 사투리를 사용한다. 하지만 주인공 '서희'는 사투리를 구사하지 않는다. 이는 작품의 리얼리티 형성에 방해가 되지만 해당 인물의 고고함과 차가움을 드러내는 데에 더할 수 없이 적절한 기능을 한다. 「토지」에 사용된 표준어는 인물의 성격을 ㉣뚜렷하게 보여 주는 효과를 지닌다.

① ㉠: 영합(迎合)하는
② ㉡: 표상(表象)하는
③ ㉢: 상기(想起)하면
④ ㉣: 분명(分明)하게

05 다음 관용어의 쓰임이 바르지 않은 것은?

2008 법원직 9급

① 귀가 여리다
→ 속는 줄도 모르고 남의 말을 그대로 잘 믿는다.

② 머리를 맞대다
→ 어떤 문제에 대하여 의논하고 결정하기 위하여 여러 사람이 만나 지혜를 모으다.

③ 귀가 뚫리다
→ 말을 잘 알아듣게 되다.

④ 눈에 밟히다
→ 지난 일이나 대상의 모습이 눈에 보이는 듯 기억에 생생하다.

05

'눈에 밟히다'는 '잊히지 않고 자꾸 눈에 떠오르다.'라는 의미이다. 따라서 지난 일이나 대상의 모습이 눈에 보이는 듯 기억에 생생할 때 쓸 수 있는 관용어로 그 쓰임이 적절하지 않다.

※ '지난 일이나 대상의 모습이 눈에 보이는 듯 기억에 생생하다.'는 뜻을 가진 말로는 '눈에 어리다'가 있다.

[정답]
05 ④

Day 05 필수 어휘로 어휘력 끌어올리기

1회독
2회독
3회독

어휘 학습

1 문맥적 의미

(1) 다시

다시¹ 튄
「1」 하던 것을 되풀이해서.
　예문 다시 보아도 틀린 곳을 못
「2」 방법이나 방향을 고쳐서 새로이.
　예문 작품을 다시 만들다.
「3」 하다가 그친 것을 계속하여.
　예문 한참을 쉬다가 다시 길을 걷기 시작했다.
「4」 다음에 또.
　예문 다시 그런 소릴 하면 그냥 두지 않겠다.
「5」 이전 상태로 또.
　예문 우리는 다시 힘을 합하기로 했다.

다시⁶ 명
멸치, 다시마, 조개 따위를 우려내어 맛을 낸 국물.
　예문 멸치로 다시★를 내어 찌개를 끓였다.

개념 바로 확인하기

단어 뜻에 해당하는 예문을 <보기>에서 고르시오.

(1) 방법이나 방향을 고쳐서 새로이. (　)
(2) 하다가 그친 것을 계속하여. (　)
(3) 다음에 또. (　)
(4) 이전 상태로 또. (　)

보기
ⓐ 다른 방법으로 다시 한번 해 봐.
ⓑ 웬만큼 쉬었으면 다시 일을 시작합시다.
ⓒ 오늘은 그만하고 내일 다시 만나 이야기하세.
ⓓ 다시 봄이 오니 온 산과 들에 파릇파릇 새 생명이 넘쳐 난다.

★ 비슷한말
맛국물
※ '다시(dashi)'는 일본어(외래어)이다.

[정답]
(1) ⓐ (2) ⓑ (3) ⓒ (4) ⓓ

(2) 나누다

> **나누다** 동
>
> ① 【…을 …으로】
> 「1」 하나를 둘 이상으로 가르다.
>   예문 다음 글을 세 문단으로 <u>나누시오</u>.
> 「2」 여러 가지가 섞인 것을 구분하여 분류하다.
>   예문 나는 이 물건들을 불량품과 정품으로 <u>나누는</u> 작업을 한다.
> 「3」 『수학』 나눗셈을 하다.
>   예문 20을 5로 <u>나누면</u> 4가 된다.
>
> ② 【…을 …에/에게】
> 몫을 분배하다.
>   예문 이익금을 공정하게 <u>나누다</u>.
>
> ③ 【(…과) …을】 ('…과'가 나타나지 않을 때는 여럿임을 뜻하는 말이 주어로 온다)
> 「1」 음식 따위를 함께 먹거나 갈라 먹다.
>   예문 나는 그녀와 술을 한잔 <u>나누면서</u> 여러 가지 이야기를 했다.
> 「2」 말이나 이야기, 인사 따위를 주고받다.
>   예문 고향 친구와 이야기를 <u>나누는</u> 일은 언제나 즐겁다.
> 「3」 즐거움이나 고통, 고생 따위를 함께하다.
>   예문 나는 언제나 아내와 모든 어려움을 <u>나누고</u> 살리라고 다짐하였다.
> 「4」 같은 핏줄을 타고나다.
>   예문 나는 그와 피를 <u>나눈</u> 형제이다.

개념 바로 확인하기

단어 뜻에 해당하는 예문을 <보기>에서 고르시오.

(1) 여러 가지가 섞인 것을 구분하여 분류하다. (   )
(2) 몫을 분배하다. (   )
(3) 음식 따위를 함께 먹거나 갈라 먹다. (   )
(4) 즐거움이나 고통, 고생 따위를 함께하다. (   )

보기
ⓐ 어머니는 음식을 동네 사람들과 <u>나누</u>어 먹기를 즐기셨다.
ⓑ 선생님은 학생들을 청군과 백군으로 <u>나누어</u> 편을 갈랐다.
ⓒ 각 부서에 작업량을 <u>나눌</u> 때는 인부들의 숙련도를 고려해야 한다.
ⓓ 고통은 주위 사람과 <u>나누면</u> 작아지고, 즐거움은 <u>나누면</u> 커진다고 한다.

[정답]
(1) ⓑ (2) ⓒ (3) ⓐ (4) ⓓ

2 바꿔 쓰기

(1) 없애다

제거(除去)하다	덜 제, 갈 거
	없애 버리다.
	예문 이것은 냄새를 <u>없애는</u> 방향제이다.
소거(消去)하다	꺼질 소, 갈 거
	글자나 그림 따위를 지워 없애다.
	예문 벽에 있는 낙서를 <u>없애다</u>.
말살(抹殺)하다	바를 말, 죽일 살
	있는 사물을 뭉개어 아주 없애 버리다.
	예문 틀에 박힌 주입식 교육은 어린이들의 개성이나 창의력을 <u>없애는</u> 불행한 결과를 가져올 뿐이다.
삭제(削除)하다	깎을 삭, 덜 제
	깎아 없애거나 지워 버리다.
	예문 서류의 잘못된 부분을 <u>없애다</u>.
날리다★	가지고 있던 재산이나 자료 따위를 잘못하여 모두 잃거나 없애다.
	예문 노름으로 사업 밑천을 <u>없애다</u>.

★ '날리다'는 고유어이다.

(2) 막다

금지(禁止)하다	금할 금, 그칠 지
	법이나 규칙이나 명령 따위로 어떤 행위를 하지 못하도록 하다.
	예문 외부인의 출입을 <u>막다</u>.
차단(遮斷)하다	막을 차, 끊을 단
	「1」【…을】액체나 기체 따위의 흐름 또는 통로를 막거나 끊어서 통하지 못하게 하다.
	예문 햇볕을 <u>막다</u>.
	「2」【…을 …과】다른 것과의 관계나 접촉을 막거나 끊다.
	예문 외부와 접촉을 <u>막다</u>.
방해(妨害)하다	방해할 방, 해로울 해
	남의 일을 간섭하고 막아 해를 끼치다.
	예문 모처럼 갖는 휴식을 <u>막아서</u> 죄송합니다.
저지(沮止)하다	막을 저, 그칠 지
	막아서 못 하게 하다.
	예문 적들의 공격을 <u>막다</u>.
훼방(毁謗)하다	헐 훼, 헐뜯을 방
	「1」 남을 헐뜯어 비방하다.
	「2」 남의 일을 방해하다.
	예문 잘되던 일을 <u>막아서</u> 일이 무산되었다.

3 한자 성어

파죽지세(破竹之勢) 2022 간호직 8급 2011 국가직 9급	깨뜨릴 파, 대 죽, 갈 지, 기세 세
	대를 쪼개는 기세라는 뜻으로, 적을 거침없이 물리치고 쳐들어가는 기세를 이르는 말.
부화뇌동(附和雷同) 2022 간호직 8급 2018 서울시 9급(6월) 2015 사회복지직 9급	붙을 부, 화목할 화, 우레 뇌(뢰), 같을 동
	줏대 없이 남의 의견에 따라 움직임.
격물치지(格物致知) 2022 간호직 8급 2016 교육행정직 9급 2015 국가직 9급	격식 격, 만물 물, 이를 치, 알 지
	실제 사물의 이치를 연구하여 지식을 완전하게 함.
부중생어(釜中生魚)	가마 부, 가운데 중, 날 생, 물고기 어
	솥 안에 물고기가 생긴다는 뜻으로, 매우 가난하여 오랫동안 밥을 짓지 못함을 이르는 말.

4 속담

서 발 막대 휘둘러도 거칠 것 없다 2017 국가직 7급(추가)	「1」 서 발이나 되는 긴 막대를 휘둘러도 아무것도 거치거나 걸릴 것이 없다는 뜻으로, 가난한 집안이라 세간이 아무것도 없음을 비유적으로 이르는 말. 「2」 주위에 조심스러운 사람도 없고 아무것도 거리낄 것이 없음을 비유적으로 이르는 말.
개 꼬리 삼 년 두어도 황모 되지 않는다 2017 국가직 7급(추가) 2015 기상직 9급	본바탕이 좋지 아니한 것은 어떻게 하여도 그 본질이 좋아지지 아니함을 비유적으로 이르는 말.
아무리 바빠도 바늘허리 매어 쓰지 못한다 2017 국가직 7급(추가)	아무리 급하다 하여도 꼭 갖추어야 할 것은 갖추어야 일을 할 수 있음을 비유적으로 이르는 말.
뱁새가 황새를 따라 하다 가랑이가 찢어진다 2017 국가직 7급(추가) 2015 기상직 9급	힘에 겨운 일을 억지로 하면 도리어 해만 입는다는 말.

5 관용어

입이 밭다 ★ 2020 국회직 8급 2017 서울시 9급	음식을 심하게 가리거나 적게 먹다. [예문] 저 아이가 저렇게 마른 것은 다 입이 밭기 때문이지.
흰 눈으로 보다 2017 서울시 9급	업신여기거나 못마땅하게 여기다.
땀을 들이다 2017 서울시 9급	「1」 몸을 시원하게 하여 땀을 없애다. 「2」 잠시 휴식하다.
멍에를 메다	마음대로 행동할 수 없도록 얽매이다.

★ 비슷한말
입이 짧다

개념 확인 문제

[01~02] 문맥을 고려할 때, <보기>에서 밑줄 친 말과 바꿔 쓸 수 있는 한자어를 골라라.

01

> 보기
>
> ⓐ 제거(除去)하다　　　　　　ⓑ 소거(消去)하다
> ⓒ 말살(抹殺)하다　　　　　　ⓓ 삭제(削除)하다

(1) 그녀는 자신의 원고에서 글자 한 자도 없앨 수 없다고 고집을 부렸다.　　(　)
(2) 일제는 우리 민족의 얼과 문화를 없애기 위해 황국 신민이나 내선일체 같은 기만적인 정책을 폈다.　　(　)

02

> 보기
>
> ⓐ 금지(禁止)하다　　ⓑ 차단(遮斷)하다　　ⓒ 방해(妨害)하다
> ⓓ 저지(沮止)하다　　ⓔ 훼방(毁謗)하다

(1) 경찰이 범인들의 도주로를 막았다.　　(　)
(2) 예전에는 동성동본 간에 결혼하는 것을 법으로 막은 적도 있었다.　　(　)

[정답]
01 (1) ⓓ　(2) ⓒ
02 (1) ⓑ　(2) ⓐ

[03~05] 문맥을 고려할 때, <보기>에서 빈칸에 어울리는 말을 골라라.

03

보기

ⓐ 파죽지세(破竹之勢)   ⓑ 부화뇌동(附和雷同)
ⓒ 격물치지(格物致知)   ⓓ 부중생어(釜中生魚)

(1) 아군은 _____로 적군을 이 땅에서 몰아냈다. ( )
(2) 남이 무어라고 한다 해서 쉽사리 _____ 하는 것은 아예 처음부터 하지 않음만 못합니다. ( )

04

보기

ⓐ 서 발 막대 휘둘러도 거칠 것 없다   ⓑ 개 꼬리 삼 년 두어도 황모 되지 않는다
ⓒ 아무리 바빠도 바늘허리 매어 쓰지 못한다   ⓓ 뱁새가 황새를 따라 하다 가랑이가 찢어진다

(1) 평소 공부라곤 한 자도 안 했던 네가 친구들을 따라서 무작정 좋은 대학에만 원서를 넣겠다니, _____. ( )
(2) _____ 더니 어려서부터 망나니 같던 그는 수차례 훌륭하고 엄한 선생님들에게 맡겨져 교육을 받았지만 여전히 못된 성품을 버리지 못했다. ( )

05

보기

ⓐ 입이 밭다   ⓑ 흰 눈으로 보다
ⓒ 땀을 들이다   ⓓ 멍에를 메다

(1) 우리 할아버지 세대는 식민지 백성이라는 _____ 고통 속에서 사셨다. ( )
(2) 배운 것 없고 가진 것 없는 그였기에 주변 사람 모두 그를 _____ 것은 당연한 일이었다. ( )

[정답]
03 (1) ⓐ (2) ⓑ
04 (1) ⓓ (2) ⓑ
05 (1) ⓓ (2) ⓑ

실전 연습 문제

01 다음 글의 ㉠~㉣과 바꿔 쓸 수 있는 유사한 표현으로 적절하지 않은 것은?

2025년 국가직 9급

> 동물이 신체의 내부 온도를 정상 범위 안에서 유지하는 과정을 '체온조절'이라고 한다. 체온조절을 위하여 동물은 신체 내부의 물질대사를 통해 열을 발생시키거나 외부 환경에서부터 열을 ㉠ 획득한다. 조류나 포유류는 체내의 물질대사에 의하여 생성된 열로 체온을 유지하기 때문에 '내온동물'이라고 부른다. 대부분의 내온동물은 외부 온도가 변화해도 안정적으로 체온을 유지한다. 추운 환경에 노출되어도 내온동물은 충분한 열을 생성해서 주변보다 더 따뜻하게 체온을 유지할 수 있다.
> 이와 달리 양서류나 많은 종류의 파충류와 어류는 열을 외부에서부터 획득하기 때문에 '외온동물'이라고 부른다. 외온동물은 체온조절을 위한 충분한 열을 생성하지는 않지만 그늘을 찾거나 햇볕을 쬐는 것과 같은 행동을 통해 체온을 ㉡ 조절한다. 외온동물은 열을 외부에서 얻기 때문에 체내의 물질대사를 통해 큰 에너지를 생성할 필요가 없어서 동일한 크기의 내온동물보다 먹이를 적게 섭취한다.
> 한편 체온의 안정성을 기준으로 동물을 '항온동물'과 '변온동물'로 ㉢ 구분하기도 한다. 주위 환경과 관계없이 비교적 일정한 체온을 유지하는 동물을 항온동물, 주위 환경에 따라서 체온이 변하는 동물을 변온동물이라고 부른다. 한때는 내온동물과 외온동물을 각각 항온동물과 변온동물이라고 부르기도 했다.
> 그런데 체온조절을 위해 열을 획득하는 방식과 체온의 안정성을 유지하는 것은 별개의 문제이다. 외온동물에 속하는 많은 종류의 해양 어류는 일정한 온도가 유지되는 물에서 ㉣ 서식하기 때문에 체온이 크게 변하지 않는다. 반대로 어떤 내온동물은 체온의 변화가 급격하게 일어나기도 한다. 예컨대 박쥐 중에는 겨울잠을 자면서 체온을 40℃나 떨어뜨리는 종류도 있다. 내온동물과 외온동물을 구분하는 방식과 항온동물과 변온동물을 구분하는 방식 사이에는 어떠한 상관관계도 없다.

① ㉠: 얻는다
② ㉡: 올린다
③ ㉢: 나누기도
④ ㉣: 살기

02 (가)에 들어갈 한자 성어로 적절한 것은?

2022년 간호직 8급

> "말을 해 보아, 말을. 찍소같이 그렇게 버티고 앉아 있지만 말고. 네가 아직도 잘했다고 생각허는 것이냐?" 그제서야 효원이 고개를 든다. 물론 감히 똑바로 시어머니를 바라보는 것도 아니요, 목소리 또한 불손하지 않았다. "어머님. 사람이 무슨 일을 할 때는 큰일이든 작은 일이든 자기 속에 심중을 가지고 할 것입니다. 심중을 가지고 한 일이라면, 남이 무어라고 한다 해서 쉽사리 ___(가)___ , 주견도 없이 남의 의견을 따라 이리저리 흔들리는 것은 아예 처음부터 하지 않음만 못합니다. 이번 제가 한 일이 설령 어머님 보시기에 잘못되었다고 하더라도, 그것은 평소에 제 생각이 그랬던 것이라 아직은 잘못이라고 깨닫지 못하겠습니다. 속으로는 자기가 잘했다고 생각하면서 겉으로만 용서를 빈다는 것은 오히려 어른께 욕되는 처사가 아니겠습니까. 그것은, 속으로는 비웃으면서 겉으로만 아부하는 것과 조금도 다를 바 없으니, 어른을 능멸하는 일입니다. 그저 앉은 자리나 모면하자는 얕은 잔꾀로 어머님께 마음에도 없는 말씀을 드리는 것은 도리가 아니라고 생각합니다."
>
> — 최명희, 〈혼불〉

① 파죽지세(破竹之勢)
② 부화뇌동(附和雷同)
③ 격물치지(格物致知)
④ 순망치한(脣亡齒寒)

03 밑줄 친 단어의 의미와 가장 유사한 것은?

2011 지방직 9급

> 다시 봄이 오니 온 산과 들에 파릇파릇 새 생명이 넘쳐난다.

① 다시 건강이 좋아져야지.
② 다른 방법으로 다시 한 번 해 봐.
③ 다시 보아도 틀린 곳을 못 찾겠어.
④ 웬만큼 쉬었으면 다시 일을 시작합시다.

04 ＜보기＞와 뜻이 가장 잘 통하는 속담은? 2017 국가직 7급(추가) 변형

> **보기**
> 빨리 하려고 욕심내면 오히려 목표에 이르지 못한다.

① 서 발 막대 휘둘러도 거칠 것 없다.
② 개 꼬리 삼 년 두어도 황모 되지 않는다.
③ 아무리 바빠도 바늘허리 매어 쓰지 못한다.
④ 뱁새가 황새를 따라 하다 가랑이가 찢어진다.

05 밑줄 친 표현의 뜻풀이가 옳지 않은 것은? 2017 서울시 9급

① 그 사람은 입이 밭아서 입맛 맞추기가 어렵다.
 - 음식을 심하게 가리거나 적게 먹다.
② 입이 거친 그를 흰 눈으로 보는 것은 당연한 일이다.
 - 업신여기거나 못마땅하게 여기다.
③ 이번 일은 네가 허방 짚은 격이다.
 - 잘못 알거나 잘못 예산하여 실패하다.
④ 새참 동안 땀을 들인 후 다시 일을 시작했다.
 - 땀을 일부러 많이 내서 피곤을 풀다.

공무원 시험 전문 해커스공무원
gosi.Hackers.com

Day 06 필수 어휘로 어휘력 끌어올리기

1회독
2회독
3회독

어휘 학습

1 문맥적 의미

(1) 터

개념 바로 확인하기

단어 뜻에 해당하는 예문을 <보기>에서 모두 고르시오.
(1) 집이나 건물을 지었거나 지을 자리. ( )
(2) 집이나 밭 따위가 없는 비어 있는 땅. ( )
(3) 활동의 토대나 일이 이루어지는 밑바탕. ( )
(4) (일부 명사 뒤에 붙어) '자리'나 '장소'의 뜻을 나타내는 말. ( )

보기
ⓐ 그는 집 지을 터를 마련했다.
ⓑ 남북 이산가족의 만남으로 통일의 터가 잡혔다.
ⓒ 이 낚시터는 수시로 월척을 낚을 수 있는 유명한 곳이다.
ⓓ 굴 안에는 사람 둘이 겨우 앉을 만한 터가 있다.

터¹ 명

「1」 집이나 건물을 지었거나 지을 자리.
　예문 이곳은 예전에 절이 있던 터이다.
「2」 집이나 밭 따위가 없는 비어 있는 땅. =공터.
　예문 앞마당에는 커다란 터가 있었다.
「3」 활동의 토대나 일이 이루어지는 밑바탕.
　예문 우리말 연구의 터를 닦다.
「4」 (일부 명사 뒤에 붙어) '자리'나 '장소'의 뜻을 나타내는 말.
　예문 흉터

터² 의명

「1」 (어미 '-을' 뒤에 쓰여) '예정'이나 '추측', '의지'의 뜻을 나타내는 말.
　예문 내일 갈 터이니 그리 알아라.
「2」 (어미 '-은', '-는', '-던' 뒤에 쓰여) '처지'나 '형편'의 뜻을 나타내는 말.
　예문 사날을 굶은 터에 찬밥 더운밥 가리겠느냐?

[정답]
(1) ⓐ (2) ⓓ (3) ⓑ (4) ⓒ

(2) 일어나다

> 일어나다 [동]
>
> ① 【…에서】
> 누웠다가 앉거나 앉았다가 서다.
> [예문] 자리에서 일어나다.
>
> ②
> 「1」 잠에서 깨어나다.
>   [예문] 아침 일찍 일어나다.
> 「2」 어떤 일이 생기다.
>   [예문] 싸움이 일어나다.
> 「3」 어떤 마음이 생기다.
>   [예문] 욕심이 일어나다.
> 「4」 약하거나 희미하던 것이 성하여지다.
>   [예문] 집안이 일어나다.
> 「5」 몸과 마음을 모아 나서다.
>   [예문] 학생들이 학생회 문제를 들고 일어났다.
> 「6」 위로 솟거나 부풀어 오르다.
>   [예문] 뽀얗게 일어나는 물보라.
> 「7」 자연이나 인간 따위에게 어떤 현상이 발생하다.
>   [예문] 산불이 일어나다.
> 「8」 소리가 나다.
>   [예문] 기쁨으로 환호성이 일어나다.
> 「9」 종교나 사조 따위가 발생하다.
>   [예문] 불교가 일어나다.
> 「10」 병을 앓다가 낫다.
>   [예문] 며칠만 꽁꽁 앓으면 툭툭 털고 일어나겠지.

개념 바로 확인하기

단어 뜻에 해당하는 예문을 <보기>에서 모두 고르시오.
(1) 잠에서 깨어나다. ( )
(2) 어떤 마음이 생기다. ( )
(3) 약하거나 희미하던 것이 성하여지다. ( )
(4) 위로 솟거나 부풀어 오르다. ( )

보기
ⓐ 그만 자고 어서 일어나 학교에 가거라.
ⓑ 꺼져 가던 불꽃이 다시 일어나다.
ⓒ 더운물에 한참 동안 몸을 담갔더니 때가 일어났다.
ⓓ 나를 놀리는 말에 화가 불쑥 일어나서 싸움을 하였다.

[정답]
(1) ⓐ (2) ⓓ (3) ⓑ (4) ⓒ

2 바꿔 쓰기

(1) 떨어지다

감퇴(減退)하다	덜 감, 물러날 퇴
	기운이나 세력 따위가 줄어 쇠퇴하다.
	예문 나이가 들면 대부분 식욕과 성욕이 떨어진다.
부족(不足)하다	아닐 부, 만족할 족
	필요한 양이나 기준에 미치지 못해 충분하지 아니하다.
	예문 네 의견을 따르기에는 설득력이 떨어진다.
추락(墜落)하다	떨어질 추, 떨어질 락
	「1」 높은 곳에서 떨어지다.
	예문 아래로 떨어지다.
	「2」 위신이나 가치 따위가 떨어지다.
	예문 권위가 떨어지다.
실추(失墜)되다	잃을 실, 떨어질 추
	명예나 위신 따위가 떨어지다.
	예문 이번 사건으로 교사의 권위가 떨어졌다.
치료(治療)되다	다스릴 치, 병 고칠 료
	병이나 상처 따위가 잘 다스려져 낫다.
	예문 감기가 떨어지다.

(2) 모으다

모집(募集)하다	모을 모, 모을 집
	사람이나 작품, 물품 따위를 일정한 조건 아래 널리 알려 뽑아 모으다.
	예문 자원봉사자를 모으다.
집중(集中)하다	모일 집, 가운데 중
	「1」 한곳을 중심으로 하여 모이다. 또는 그렇게 모으다.
	예문 별장이 강가에 모여 있다.
	「2」 한 가지 일에 모든 힘을 쏟아붓다.
	예문 학업에 정신을 모으다.
저축(貯蓄)하다	쌓을 저, 쌓을 축
	절약하여 모아 두다.
	예문 은행에 돈을 모으다.
수집(蒐集)하다	꼭두서니 수, 모을 집
	취미나 연구를 위하여 여러 가지 물건이나 재료를 찾아 모으다.
	예문 취미로 우표를 모으다.
수집(收集)하다	거둘 수, 모을 집
	거두어 모으다.
	예문 산나물을 모으다.

3 한자 성어

동병상련(同病相憐)	같을 동, 병 병, 서로 상, 불쌍히 여길 련
2021 국가직 9급 2017 서울시 7급 2013 지방직 9급	같은 병을 앓는 사람끼리 서로 가엾게 여긴다는 뜻으로, 어려운 처지에 있는 사람끼리 서로 가엾게 여김을 이르는 말.
속수무책(束手無策)	묶을 속, 손 수, 없을 무, 꾀 책
2021 국가직 9급	손을 묶은 것처럼 어찌할 도리가 없어 꼼짝 못 함.
자가당착(自家撞着)	스스로 자, 집 가, 칠 당, 붙을 착
2021 국가직 9급 2014 국회직 8급 2011 법원직 9급	같은 사람의 말이나 행동이 앞뒤가 서로 맞지 아니하고 모순됨.
백중지세(伯仲之勢)	맏 백, 버금 중, 갈 지, 기세 세
2024 서울시 9급 2021 서울시 9급 2005 서울시 9급	서로 우열을 가리기 힘든 형세.

4 속담

불난 집에 부채질한다	남의 재앙을 점점 더 커지도록 만들거나 성난 사람을 더욱 성나게 함을 비유적으로 이르는 말.
2012 교육행정직 9급	
빛 좋은 개살구	겉보기에는 먹음직스러운 빛깔을 띠고 있지만 맛은 없는 개살구라는 뜻으로, 겉만 그럴듯하고 실속이 없는 경우를 비유적으로 이르는 말.
2014 지방직 9급 2012 교육행정직 9급	
우선 먹기에는 곶감이 달다	앞일은 생각해 보지도 아니하고 당장 좋은 것만 취하는 경우를 비유적으로 이르는 말.
2012 교육행정직 9급	
제 논에 물 대기	자기에게만 이롭도록 일을 하는 경우를 비유적으로 이르는 말.
2012 교육행정직 9급	

5 관용어

반죽이 좋다	노여움이나 부끄러움을 타지 아니하다.
2018 국회직 9급 2017 국회직 9급	예문 그는 반죽이 좋아 웬만한 일에는 성을 내지 않는다.
아퀴를 짓다	일이나 말을 끝마무리하다.
2018 국회직 9급	
이골이 나다	(어떤 사람이 일이나 다른 사람에게) 어떤 방면에 길이 들어서 버릇처럼 아주 익숙해지다.
2018 국회직 9급	
보따리를 풀다	「1」 숨은 사실을 폭로하다. 「2」 계획했던 일을 실제로 하기 시작하다.

개념 확인 문제

[01~02] 문맥을 고려할 때, <보기>에서 밑줄 친 말과 바꿔 쓸 수 있는 한자어를 골라라.

01

보기

ⓐ 감퇴(減退)하다   ⓑ 부족(不足)하다   ⓒ 추락(墜落)하다
ⓓ 실추(失墜)되다   ⓔ 치료(治療)되다

(1) 비행기가 엔진 고장으로 <u>떨어졌다</u>.   (　　)
(2) 부모의 지나친 기대 심리로 아이들의 학습 의욕이 <u>떨어질</u> 수 있다.   (　　)

02

보기

ⓐ 모집(募集)하다   ⓑ 집중(集中)하다   ⓒ 저축(貯蓄)하다
ⓓ 수집(蒐集)하다   ⓔ 수집(收集)하다

(1) 탈옥수의 검거에 수사력을 <u>모으다</u>.   (　　)
(2) 동생은 그림을 공부하면서도 음반을 <u>모으는</u> 취미를 갖고 있었다.   (　　)

[정답]
01 (1) ⓒ   (2) ⓐ
02 (1) ⓑ   (2) ⓓ

[03~05] 문맥을 고려할 때, <보기>에서 빈칸에 어울리는 말을 골라라.

03 | 보기 |

ⓐ 동병상련(同病相憐)   ⓑ 속수무책(束手無策)
ⓒ 자가당착(自家撞着)   ⓓ 백중지세(伯仲之勢)

(1) 이 논문은 처음의 주장을 스스로 부인하는 _____에 빠졌다. ( )

(2) 저 두 사람은 같은 병을 앓다 보니까 _____이라고 형제보다 그 우애가 더하다. ( )

04 | 보기 |

ⓐ 불난 집에 부채질한다   ⓑ 빛 좋은 개살구
ⓒ 우선 먹기는 곶감이 달다   ⓓ 제 논에 물 대기

(1) 빤한 이치지 뭐, _____고 뒷일 생각 안 하고 하고 싶은 대로만 했다가 낭패를 본 게야. ( )

(2) 이 테마파크는 내건 광고와 콘셉트만 거창했지, 실상 와 보니 놀이기구도 변변찮고 콘셉트도 제대로 살리지 못한 것이 딱 _____다. ( )

05 | 보기 |

ⓐ 반죽이 좋다   ⓑ 아퀴를 짓다
ⓒ 이골이 나다   ⓓ 보따리를 풀다

(1) 나는 이제 엄마를 따라 시장에서 장사하는 데는 _____. ( )

(2) 막상 _____했지만 생각대로 되는 일은 하나도 없었다. ( )

[정답]
03 (1) ⓒ   (2) ⓐ
04 (1) ⓒ   (2) ⓑ
05 (1) ⓒ   (2) ⓓ

실전 연습 문제

01 "이렇게 된 터에 더 이상 참을 수만은 없다."의 '터'와 같은 문맥적 의미로 쓰였다고 보기 가장 어려운 것은?

2017 서울시 7급

① 첫 출근 날이라 힘들었을 터이니 어서 쉬어.
② 자기 앞가림도 못하는 터에 남 걱정을 한다.
③ 이제야 후회한다고 해도 너무 늦은 터다.
④ 이틀을 굶은 터에 찬밥 더운밥 가릴 겨를이 없다.

해설 01
의존 명사 '터'는 '예정, 의지, 추측'의 뜻을 나타내거나 '처지, 형편'의 뜻을 나타내기도 한다. "이렇게 된 터에 더 이상 참을 수만은 없다."란 문장에서는 '처지, 형편'이란 뜻으로 쓰였다. 그런데 ①의 '첫 출근 날이라 힘들었을 터이니 어서 쉬어.'란 문장에서는 '추측'의 뜻으로 쓰였다. 따라서 ①은 제시된 예문의 '터'와 문맥적 의미가 다르다.

오답체크
나머지는 모두 '처지, 형편'의 의미로 쓰였다.
※ ②, ③, ④는 '현재 이루어진 사실'이고, ①만 '추측'의 의미를 담고 있다.

---

02 다음 글에서 '황거칠'이 처한 상황에 어울리는 한자 성어로 가장 적절한 것은?

2021 국가직 9급 변형

> 황거칠 씨는 더 참을 수가 없었다. 그는 거의 발작적으로 일어섰다.
> "이 개 같은 놈들아, 어쩌면 남이 먹는 식수까지 끊으려노?"
> 그는 미친 듯이 우르르 달려가서 한 인부의 괭이를 억지로 잡아서 저만큼 내동댕이쳤다.
> …(중략)…
> 경찰은 발포를—다행히 공포였지만—해서 겨우 군중을 해산시키고, 황거칠 씨와 청년 다섯 명을 연행해 갔다. 물론 강제집행도 일시 중단되었다.
> 경찰에 끌려간 사람들은 밤에도 풀려나오지 못했다. 공무집행 방해에다, 산주의 권리 행사 방해, 그리고 폭행죄까지 뒤집어쓰게 되었던 것이다. 그래서 그 이튿날도 풀려나오질 못했다. 쌍말로 썩어 갔다.
> 황거칠 씨는 모든 죄를 자기가 안아맡아서 처리하려고 했다. 그러나 그것이 뜻대로 되지 않았다. 면회를 오는 가족들의 걱정스런 얼굴을 보자, 황거칠 씨는 가슴이 아팠다. 그는 만부득이 담당 경사의 타협안에 도장을 찍기로 했다. 석방의 조건으로서, 다시는 강제 집행을 방해하지 않겠다는 각서였다.
> 이리하여 황거칠 씨는 애써 만든 산수도를 포기하게 되고 '마삿등'은 한때 도로 물 없는 지대가 되고 말았다.
> — 김정한, 〈산거족〉

① 동병상련(同病相憐)
② 속수무책(束手無策)
③ 자가당착(自家撞着)
④ 전전반측(輾轉反側)

해설 02
황거칠 씨는 빈민촌인 '마삿등'에 식수를 공급하기 위해 설치한 수도를 철거하기 위한 강제집행을 방해하다가 마을 사람들과 함께 경찰에 끌려가게 되었고, 가족들의 걱정스러운 얼굴을 보며 마지못해 '다시는 강제집행을 방해하지 않겠다'는 타협안에 도장을 찍는다. 이러한 상황에 가장 어울리는 한자 성어는 '손을 묶은 것처럼 어찌할 도리가 없어 꼼짝 못 함.'의 의미인 ② 속수무책(束手無策: 묶을 속, 손 수, 없을 무, 꾀 책)이다.

[정답]
01 ① 02 ②

03 속담의 뜻이 바르게 연결되지 않은 것은?

2012 경북 교육행정직 9급

① 불난 집에 부채질한다.
　- 앞뒤 가리지 못하고 미련하게 행동함.
② 빛 좋은 개살구
　- 겉만 그럴 듯하고 실속이 없음.
③ 죽은 자식 나이 세기
　- 이왕 잘못된 일을 자꾸 생각해도 소용없다는 말.
④ 우선 먹기에는 곶감이 달다.
　- 그다지 좋지는 않으나 당장은 좋으니 취할 만함.
⑤ 제 논에 물 대기
　- 자기 이익만 생각함.

04 다음 글의 문맥상 ㉠의 의미와 가장 가까운 것은?

2025년 지방직 9급

　　천상계와 지상계로 나누어진 영웅 소설의 세계 구조에서 서사적으로 중요한 것은 지상계의 일이지만 인과론적 구도로는 천상계가 우위에 있다. 천상계의 의지나 그 대리자의 개입에 의해서 지상계의 서사가 결정되기 때문이다. 천상계는 지상에서 ㉠<u>일어나는</u> 모든 사건의 발생과 귀결을 지배하는 초월적 세계로서, 일시적으로 고난에 빠졌던 주인공이 세상에 창궐한 악을 물리치고 승리하도록 해 주는 근거로 작용한다. 지상의 혼란이나 세계 질서의 모순은 일시적인 것일 뿐 현실의 구체적 갈등에 뿌리를 둔 것이 아니어서 초월적 세계가 이미 설계한 바에 따라 쉽사리 해소된다. 이런 모습의 세계 구조를 '이원적 세계상'이라고 부른다.
　　반면에 판소리계 소설의 세계상은 대체로 일원적이고 경험적이다. 판소리계 소설에는 초월적 세계가 지배적 장치로 나타나는 경우가 극히 드물며, 현실의 경험적 인과 관계에 의해 서사가 전개된다. 예컨대 변학도의 횡포로 인한 춘향의 수난, 흥부의 가난과 고난, 심청과 심봉사의 불행, 유혹에 넘어간 토끼의 위기 탈출, 배비장의 욕망과 봉변, 장끼의 죽음 등은 초월적 세계의 의지나 그 대리자의 개입 없이 현실적 삶의 인과에 따라 이루어지는 것이다.

① 언니는 뽀얗게 <u>일어나는</u> 물보라에 손을 대었다.
② 그는 가까스로 <u>일어나는</u> 불꽃을 바라보고 있었다.
③ 아침 일찍 <u>일어나는</u> 습관을 들이는 것이 중요하다.
④ 싸움이 <u>일어나는</u> 동안 그는 숨어 있을 수밖에 없었다.

03
'불난 집에 부채질한다.'는 남의 재앙을 점점 더 커지도록 만들거나 성난 사람을 더욱 성나게 함을 비유적으로 이르는 말이다.
※ 앞뒤 가리지 못하고 미련하게 행동함을 이르는 말은 '섶을 지고 불로 들어가려 한다.'이다.

04
문맥상 ㉠은 '(사건이) 발생하다'의 의미로, '어떤 일이 생기다.'라는 뜻이다. 따라서 문맥적 의미가 가장 유사한 것은 ④이다.

오답체크
① '위로 솟거나 부풀어 오르다.'라는 의미이다.
② '약하거나 희미하던 것이 성하여지다.'라는 의미이다.
③ '잠에서 깨어나다.'라는 의미이다.

[정답]
03 ① 04 ④

05
'이골이 나다'는 '어떤 방면에 길이 들어서 버릇처럼 아주 익숙해지다.'라는 의미이다.

※ '지긋지긋해서 진절머리가 나다.'와 의미가 통하는 말로는 '입에서 신물이 난다.'가 있다. 이는 어떤 것이 극도의 싫증을 느낄 정도로 지긋지긋함을 비유적으로 이르는 말이다.

05 다음 관용적 표현 중 뜻이 옳지 않은 것은?

2018 국회직 9급

① 떡 해 먹을 집안: 서로 마음이 맞지 않아 분란이 끊이지 않는 집안

② 이골이 나다: 지긋지긋해서 진절머리가 나다.

③ 벙어리 재판: 시비를 가리기가 어려움

④ 반죽이 좋다: 노여움이나 부끄러움을 타지 아니하다.

⑤ 아퀴를 짓다: 어떤 일의 가부를 확실하게 결정하여 마무리하다.

[정답]
05 ②

공무원 시험 전문 해커스공무원
gosi.Hackers.com

Day 07 필수 어휘로 어휘력 끌어올리기

1회독
2회독
3회독

어휘 학습

1 문맥적 의미

(1) 자리

자리¹ 명

「1」 사람이나 물체가 차지하고 있는 공간.
  예문 내가 서 있는 자리에 볕이 들었다.
「2」 사람의 몸이나 물건이 어떤 변화를 겪고 난 후 남은 흔적.
  예문 홍역을 앓은 자리.
「3」 사람이 앉을 수 있도록 만들어 놓은 설비나 지정한 곳.
  예문 자리를 양보하다.
「4」 일정한 조직체에서의 직위나 지위.
  예문 높은 자리에 있는 사람을 만났다.
「5」 일정한 조건의 사람을 필요로 하는 곳. 흔히 일자리나 혼처를 이른다.
  예문 그는 적성에 맞는 자리를 구하고 있다.
「6」 일정한 사람이 모인 곳. 또는 그런 기회.
  예문 이 자리를 빌려 감사를 드립니다.
「7」 자리의 개수. =자릿수.
  예문 지능 지수가 두 자리이다.
「8」 『수학』 십진법에 따른 숫자의 위치.
  예문 소수점 아래 셋째 자리.

자리² 명

「1」 앉거나 누울 수 있도록 바닥에 까는 물건.
  예문 자리를 깔지 않고 바닥에 앉았더니 바지가 더러워졌다.
「2」 이불과 요를 통틀어 이르는 말. =이부자리.
  예문 사랑방에 자리를 펴 놓았으니 편히 쉬십시오.
「3」 잠을 자기 위해 사용하는 이부자리나 침대보 따위를 통틀어 이르는 말. =잠자리.
  예문 자리를 마련해 두었으니 가서 주무세요.

개념 바로 확인하기

단어 뜻에 해당하는 예문을 <보기>에서 고르시오.
(1) 사람의 몸이나 물건이 어떤 변화를 겪고 난 후 남은 흔적. ( )
(2) 사람이 앉을 수 있도록 만들어 놓은 설비나 지정한 곳. ( )
(3) 일정한 조건의 사람을 필요로 하는 곳. 흔히 일자리나 혼처를 이른다. ( )
(4) 일정한 사람이 모인 곳. 또는 그런 기회. ( )

보기
ⓐ 모두 자리에 앉아 주십시오.
ⓑ 개에게 물린 자리가 흉터로 남아 있다.
ⓒ 신랑감으로 이만한 자리를 찾아보기 어렵습니다.
ⓓ 이렇게 영광스러운 자리를 만들어 주셔서 감사합니다.

[정답]
(1) ⓑ (2) ⓐ (3) ⓒ (4) ⓓ

(2) 기르다

기르다 동

【…을】

「1」 동식물을 보살펴 자라게 하다.
  예문 그는 취미로 화초를 기르고★ 있다.

「2」 아이를 보살펴 키우다.
  예문 그녀는 아이도 잘 기르고★ 살림도 잘했다.

「3」 사람을 가르쳐 키우다.
  예문 인재를 기르다.

「4」 육체나 정신을 단련하여 더 강하게 만들다.
  예문 인내심을 기르다.

「5」 습관 따위를 몸에 익게 하다.
  예문 아침에 일찍 일어나는 버릇을 길러라.

「6」 머리카락이나 수염 따위를 깎지 않고 길게 자라도록 하다.
  예문 수염을 기르다.

「7」 병을 제때에 치료하지 않고 증세가 나빠지도록 내버려두다.
  예문 병을 기르면 치료하기가 점점 어렵게 된다.

개념 바로 확인하기

단어 뜻에 해당하는 예문을 <보기>에서 고르시오.

(1) 아이를 보살펴 키우다. ( )
(2) 육체나 정신을 단련하여 더 강하게 만들다. ( )
(3) 습관 따위를 몸에 익게 하다. ( )
(4) 머리카락이나 수염 따위를 깎지 않고 길게 자라도록 하다. ( )

보기
ⓐ 그는 체력을 기르기 위해 매일 운동을 한다.
ⓑ 그녀는 머리를 엉덩이까지 길러서 곱게 땋았다.
ⓒ 아이를 기르기 위해 그녀는 직장을 그만두어야 했다.
ⓓ 용돈을 쓸 때에는 계획을 세워 바르게 쓰는 습관을 기르도록 하자.

🏆 비슷한말
키우다

🏆 비슷한말
양육(養育)하다

[정답]
(1) ⓒ (2) ⓐ (3) ⓓ (4) ⓑ

2 바꿔 쓰기

(1) 만들다

건설(建設)하다	세울 건, 베풀 설
	「1」 건물, 설비, 시설 따위를 새로 만들어 세우다. [예문] 댐을 <u>만들다</u>★. 「2」 조직체 따위를 새로 이룩하다. [예문] 왕조를 <u>만들다</u>.
제조(製造)하다	지을 제, 지을 조
	「1」 공장에서 큰 규모로 물건을 만들다. [예문] 핵무기를 <u>만들다</u>. 「2」 원료에 인공을 가하여 정교한 제품을 만들다. [예문] 술을 <u>만들다</u>.
제정(制定)하다	억제할 제, 정할 정
	제도나 법률 따위를 만들어서 정하다. [예문] 특별법을 <u>만들다</u>.
야기(惹起)하다	이끌 야, 일어날 기
	일이나 사건 따위를 끌어 일으키다. [예문] 새로운 문제를 <u>만들다</u>.
조성(造成)하다	지을 조, 이룰 성
	「1」 무엇을 만들어서 이루다. [예문] 공업 단지를 <u>만들다</u>. 「2」 분위기나 정세 따위를 만들다. [예문] 여론을 <u>만들다</u>.

★ 반대말
파괴(破壞)하다

(2) 무겁다

신중(愼重)하다	삼갈 신, 무거울 중
	매우 조심스럽다. [예문] 그녀는 잠시 침묵을 지키더니 <u>무겁게</u> 입을 열었다.
막중(莫重)하다	없을 막, 무거울 중
	더할 수 없이 중대하다. [예문] <u>무거운</u> 사명을 맡았으니 최선을 다하도록 해라.
위중(危重)하다	위급할 위, 무거울 중
	「1」 병세가 위험할 정도로 중하다. [예문] 병세가 <u>무겁다</u>. 「2」 어떤 사태가 매우 위태롭고 중하다. [예문] 사태가 <u>무겁다</u>.
침울(沈鬱)하다	잠길 침, 막힐 울
	「1」 걱정이나 근심에 잠겨서 마음이 우울하다. 　　[예문] 표정이 <u>무겁다</u>. 「2」 날씨나 분위기가 을씨년스럽고 음산하다. 　　[예문] 마음이 <u>무겁다</u>.
과중(過重)하다	지날 과, 무거울 중
	「1」 지나치게 무겁다. 　　[예문] 짐을 <u>무겁게</u> 실어 일어난 사고이다. 「2」 부담이 지나쳐 힘에 벅차다. 　　[예문] 세금을 너무 <u>무겁게</u> 매기지 마라.

3 한자 성어

주마가편(走馬加鞭) 2021 지방직 7급	달릴 주, 말 마, 더할 가, 채찍 편
	달리는 말에 채찍질한다는 뜻으로, 잘하는 사람을 더욱 장려함을 이르는 말.
주마간산(走馬看山) 2021 지방직 7급 2019 소방직 2014 지방직 9급	달릴 주, 말 마, 볼 간, 산 산
	말을 타고 달리며 산천을 구경한다는 뜻으로, 자세히 살피지 아니하고 대충대충 보고 지나감을 이르는 말.
견문발검(見蚊拔劍) 2024 서울시 9급 2021 지방직 7급 2019 서울시 9급	볼 견, 모기 문, 뺄 발, 칼 검
	모기를 보고 칼을 뺀다는 뜻으로, 사소한 일에 크게 성내어 덤빔을 이르는 말.
상전벽해(桑田碧海) 2022 서울시 9급(6월) 2018 소방직 2007 국회직 8급	뽕나무 상, 밭 전, 푸를 벽, 바다 해
	뽕나무밭이 변하여 푸른 바다가 된다는 뜻으로, 세상일의 변천이 심함을 비유적으로 이르는 말.

4 속담

낙숫물이 댓돌 뚫는다 2012 국가직 7급	작은 힘이라도 꾸준히 계속하면 큰일을 이룰 수 있음을 비유적으로 이르는 말.
갓 쓰고 나가자 파장 2012 국가직 7급	준비를 하다가 그만 때를 놓쳐 소기의 목적을 이루지 못하게 됨을 비유적으로 이르는 말.
구운 게도 다리를 떼고 먹는다 2012 국가직 7급	구운 게라도 혹시 물지 모르므로 다리를 떼고 먹는다는 뜻으로, 틀림없을 듯하더라도 만일의 경우를 생각하여 세심한 주의를 기울여야 낭패가 없음을 이르는 말.
설 쇤 무 2012 국가직 7급	가을에 뽑아 둔 무가 해를 넘기면 속이 비고 맛이 없다는 뜻으로 한창때가 지나 볼 것이 없게 됨을 이르는 말.

5 관용어

손이 싸다 2017 국회직 9급	(사람이) 일하는 손놀림이 몹시 빠르다.
눈에 나다 2025 군무원 7급	신임을 잃고 미움을 받게 되다.
사족을 못 쓰다	무슨 일에 반하거나 혹하여 꼼짝 못 하다.
죽이 맞다	서로 뜻이 맞다.

개념 확인 문제

[01~02] 문맥을 고려할 때, <보기>에서 밑줄 친 말과 바꿔 쓸 수 있는 한자어를 골라라.

01

보기
ⓐ 건설(建設)하다　　ⓑ 제조(製造)하다　　ⓒ 제정(制定)하다
ⓓ 야기(惹起)하다　　ⓔ 조성(造成)하다

(1) 경기 규칙을 새로이 <u>만들다</u>.　　　　　　　　　　　　　　　(　　)
(2) 오랜 공사를 벌인 끝에 마침내 터널을 <u>만들었다</u>.　　　　　(　　)

02

보기
ⓐ 신중(愼重)하다　　ⓑ 막중(莫重)하다　　ⓒ 위중(危重)하다
ⓓ 침울(沈鬱)하다　　ⓔ 과중(過重)하다

(1) 맡은 책임이 <u>무겁다</u>.　　　　　　　　　　　　　　　　　　　(　　)
(2) 동수는 시험에 떨어지고 난 뒤 한동안 <u>무거운</u> 마음으로 지냈다.　(　　)

[정답]
01 (1) ⓒ　(2) ⓐ
02 (1) ⓑ　(2) ⓓ

[03~05] 문맥을 고려할 때, <보기>에서 빈칸에 어울리는 말을 골라라.

03

보기
ⓐ 주마가편(走馬加鞭) ⓑ 주마간산(走馬看山)
ⓒ 견문발검(見蚊拔劍) ⓓ 상전벽해(桑田碧海)

(1) 어린 시절 뛰놀던 고향은 _____ 라는 비유가 어울릴 만큼 큰 변화가 있었다. (   )

(2) 그곳을 다 구경하려면 약 세 시간 정도가 걸리나 대부분의 관광객은 _____ 으로 지나친다. (   )

04

보기
ⓐ 낙숫물이 댓돌 뚫는다 ⓑ 갓 쓰고 나가자 파장
ⓒ 구운 게도 다리를 떼고 먹는다 ⓓ 설 쇤 무

(1) _____ 더니 한쪽 다리가 불편한 정수는 작은 걸음으로 끝까지 걸어 마라톤을 완주하였다. (   )

(2) 이번 일은 5조 원 이상 대규모 투자가 필요한 사업이기 때문에 _____ 차분한 검토가 요구된다. (   )

05

보기
ⓐ 손이 싸다 ⓑ 눈에 나다
ⓒ 사족을 못 쓰다 ⓓ 죽이 맞다

(1) 사장이 비서와 _____ 회사가 척척 돌아간다. (   )

(2) 당신은 지난번 일로 우리 어머니 _____. (   )

[정답]
03 (1) ⓓ (2) ⓑ
04 (1) ⓐ (2) ⓒ
05 (1) ⓓ (2) ⓑ

실전 연습 문제

01 수식어 '회초리 맞은'을 고려할 때, 〈보기〉의 '자리'는 '흔적'의 의미이다. 이와 유사한 것은 ②이다.

오답체크
① '지위'의 의미로 쓰였다.
③ '일자리'의 의미로 쓰였다.
④ '공간'의 의미로 쓰였다.

01 밑줄 친 부분의 의미와 가장 가까운 것은? 2015 국가직 7급

> 보기
>
> 회초리 맞은 자리에 멍이 들었다.

① 높은 자리에 있는 사람을 만났다.
② 금 간 자리를 흙으로 말끔히 메웠다.
③ 그는 적성에 맞는 자리를 구하고 있다.
④ 방이 좁아서 책상을 들여놓을 자리가 없다.

02 '인내심을 기르다'의 '기르다'는 '육체나 정신을 단련하여 더 강하게 만들다.'라는 의미이다. 이와 같은 의미로 쓰인 것은 ④이다.

오답체크
① '아이를 보살펴 키우다.'라는 의미로 쓰였다.
② '동식물을 보살펴 자라게 하다.'라는 의미로 쓰였다.
③ '병을 제때에 치료하지 않고 증세가 나빠지도록 내버려 두다.'라는 의미로 쓰였다.

02 다음의 '기르다'와 같은 의미로 쓰인 것은? 2022년 간호직 8급

> 인내심을 기르다.

① 그녀는 아이를 잘 기른다.
② 그는 취미로 화초를 기르고 있다.
③ 병을 기르면 치료하기 점점 어렵다.
④ 나는 체력을 기르기 위해 매일 운동한다.

03 축구 대표팀이 올림픽 본선행을 결정짓고, 국민들의 찬사와 응원을 받아 경기력 향상에 매진하고 있다. 이 상황에 가장 어울리는 한자 성어는 '달리는 말에 채찍질한다는 뜻으로, 잘하는 사람을 더욱 장려함을 이르는 말'인 '주마가편(走馬加鞭: 달릴 주, 말 마, 더할 가, 채찍 편)'이다.

03 다음 글의 상황에 어울리는 한자 성어로 적절한 것은? 2021 지방직 7급 변형

> 우리나라 축구 대표팀은 올림픽 예선에서 놀라운 성과를 거두었다. 예선이 있기 전 주전 선수들의 부상과 감독의 교체 등으로 대표팀 내부가 어수선했지만, 우리 대표팀은 하루도 쉬지 않고 훈련을 계속하여 조 1위라는 좋은 성적으로 올림픽 본선행을 결정지었다. 우리 대표팀은 국민들의 찬사와 응원 속에 메달권을 향해 더 강도 높은 훈련을 이어가며 경기력 향상에 매진하고 있다.

① 주마가편(走馬加鞭)
② 주마간산(走馬看山)
③ 절치부심(切齒腐心)
④ 견문발검(見蚊拔劍)

[정답]
01 ② 02 ④ 03 ①

04 밑줄 친 관용 표현 중 사용이 적절치 않은 것은?

2012 국가직 7급

① <u>낙숫물이 댓돌을 뚫는다</u>는데, 계속 노력하면 꼭 좋은 성적을 받을 수 있을 거야.
② 아이고, 너같이 느려서야 뭘 하겠니? <u>갓 쓰고 나가자 파장</u>하겠다.
③ <u>구운 게도 다리를 떼고 먹으라</u>는데, 무슨 일이든 마음 놓지 말고 확실하게 하렴.
④ <u>설 쇤 무 같이</u> 야무지고 똑똑하기가 아주 비할 데가 없어.

05 밑줄 친 관용구의 쓰임이 가장 적절하지 않은 것은?

2025 군무원 7급

① 그 사람은 그쪽 방면으로 <u>발이 넓어</u> 네가 도움을 받을 수 있을 거다.
② 저렇게 눈이 높은 아가씨에게 내세울 것 하나 없는 청년이 <u>눈에 날</u> 리가 없다.
③ 이게 무슨 망발이란 말이오. 다 된 일에 <u>코 빠뜨리자</u>는 속셈이 아니라면 대관절 이럴 수가 있는 거요.
④ 동네 사람들에게 친절한 사람으로 비쳤던 김 씨가 사실 엄청난 사기꾼이었다는 말을 듣고 모두들 <u>입이 썼다</u>.

04

'설 쇤 무'는 가을에 뽑아 둔 무가 해를 넘기면 속이 비고 맛이 없다는 뜻으로 한창때가 지나 볼 것이 없게 됨을 이르는 말이다. 따라서 야무지고 똑똑할 사람에게 어울리는 말은 아니다.

오답체크

① '낙숫물이 댓돌을 뚫는다.'는 작은 힘이라도 꾸준히 계속하면 큰일을 이룰 수 있음을 비유적으로 이르는 말이다. 따라서 계속 노력하기를 격려하는 상황에 어울리는 표현이다.
② '느려서야 뭘 하겠니?'라는 표현을 볼 때, 준비를 하다가 그만 때를 놓쳐 소기의 목적을 이루지 못하게 됨을 비유적으로 이르는 말인 '갓 쓰고 나가자 파장'과 어울리는 표현이다.
③ '구운 게도 다리를 떼고 먹는다.'는 구운 게라도 혹시 물지 모르므로 다리를 떼고 먹는다는 뜻으로, 틀림없을 듯하더라도 만일의 경우를 생각하여 세심한 주의를 기울여야 낭패가 없음을 이르는 말이다. 따라서 마음 놓지 말고 확실하게 하라는 상황에 어울리는 표현이다.

05

'눈에 나다'는 '신임을 잃고 미움을 받게 되다.'라는 의미이다. 문맥상 청년이 아가씨의 마음에 들 리 없다는 내용이다. 따라서 '눈에 나다'가 아니라 '마음에 들다'라는 의미를 가진 '눈에 들다'를 써야 자연스럽다.

오답체크

① '발이 넓다'는 '사귀어 아는 사람이 많아 활동하는 범위가 넓다.'라는 의미이다.
③ '코 빠뜨리다'는 '못 쓰게 만들거나 일을 망치다.'라는 의미이다.
④ '입이 쓰다'는 '못마땅하여 기분이 언짢다.'라는 의미이다.

[정답]
04 ④ 05 ②

Day 08 필수 어휘로 어휘력 끌어올리기

1회독
2회독
3회독

어휘 학습

1 문맥적 의미

(1) 생각

> **생각** 명
> 「1」 사물을 헤아리고 판단하는 작용. ≒의려, 지려.
>   예문 생각과 행동이 일치하다.
> 「2」 어떤 사람이나 일 따위에 대한 기억.
>   예문 고향 생각이 난다.
> 「3」 어떤 일을 하고 싶어 하거나 관심을 가짐. 또는 그런 일.
>   예문 우리 수영장 갈 건데 너도 생각이 있으면 같이 가자.
> 「4」 어떤 일을 하려고 마음을 먹음. 또는 그런 마음.
>   예문 이번에 그녀에게 청혼할 생각이다.
> 「5」 앞으로 일어날 일에 대하여 상상해 봄. 또는 그런 상상.
>   예문 도둑과 불량배가 꿈에도 생각 못했던 기회를 잡아 날뛰었다.
> 「6」 어떤 일에 대한 의견이나 느낌을 가짐. 또는 그 의견이나 느낌.
>   예문 그는 갑자기 창피하다는 생각이 들었다.
> 「7」 어떤 사람이나 일에 대하여 성의를 보이거나 정성을 기울임. 또는 그런 일.
>   예문 우리 아들 생각도 좀 해 주게.
> 「8」 사리를 분별함. 또는 그런 일.
>   예문 그는 생각이 깊다.

개념 바로 확인하기

단어 뜻에 해당하는 예문을 <보기>에서 고르시오.

(1) 사물을 헤아리고 판단하는 작용.
  ( )
(2) 어떤 일을 하려고 마음을 먹음. 또는 그런 마음. ( )
(3) 어떤 일에 대한 의견이나 느낌을 가짐. 또는 그 의견이나 느낌. ( )
(4) 사리를 분별함. 또는 그런 일. ( )

보기
ⓐ 너무 늦었으니 갈 생각 마라.
ⓑ 생각이 있는 녀석이 그런 짓을 해!
ⓒ 그는 오랜 생각 끝에 대답했다.
ⓓ 나는 문득 그가 보고 싶다는 생각이 들었다.

[정답]
(1) ⓒ (2) ⓐ (3) ⓓ (4) ⓑ

(2) 알다

알다 동

① 【…을】【-ㄴ지를】【-음을】 ('…을' 대신에 '…에 대하여'가 쓰이기도 한다)
「1」 교육이나 경험, 사고 행위를 통하여 사물이나 상황에 대한 정보나 지식을 갖추다.
　예문 이 문제는 공식을 알면 쉽게 풀 수 있습니다.
「2」 어떤 사실이나 존재, 상태에 대해 의식이나 감각으로 깨닫거나 느끼다.
　예문 감기가 들어 음식 맛을 알 수가 없다.
「3」 심리적 상태를 마음속으로 느끼거나 깨닫다.
　예문 부끄러움을 알다.
「4」 (주로 '알아서'의 꼴로 쓰여) 사람이 어떤 일을 어떻게 할지 스스로 정하거나 판단하다.
　예문 네 일은 네가 알아서 해라.

② 【…을】
「1」 (주로 '-을 줄 알다' 구성으로 쓰여) 어떤 일을 할 능력이나 소양이 있다.
　예문 형은 기타를 칠 줄 안다☆.
「2」 (주로 '알 바 아니다' 구성으로 쓰여) 어떤 일에 대하여 관여하거나 관심을 가지다.
　예문 내가 무엇을 하든 네가 알 바 아니니 내 일에 상관하지 마라.
「3」 잘 모르던 대상에 대하여 그 좋은 점을 깨달아 가까이하려 하다.
　예문 어린 녀석이 벌써 술을 알아 가지고 어쩌려고 그러니?
「4」 (주로 '…만' 뒤에 쓰여) 어떤 사람이나 사물에 대하여 소중히 생각하다.
　예문 그는 돈만 아는 구두쇠였다.
「5」 상대편의 어떤 명령이나 요청에 대하여 그대로 하겠다는 동의의 뜻을 나타내는 말.
　예문 "일찍 오너라." "예, 알겠습니다."

③ 【(…과)】【…을】 ('…과'가 나타나지 않을 때는 여럿임을 뜻하는 말이 주어로 온다)('…을' 대신에 '…에 대하여'가 쓰이기도 한다)
다른 사람과 사귐이 있거나 안면이 있다.
　예문 나는 그녀와 아는 사이이다.

④ 【…을 …으로】【…을 -고】
어떤 사물이나 사람에 대하여 그것을 어떠한 성격을 가진 것으로 여기다.
　예문 친구를 적으로 알다.

⑤ 【…으로】【-고】
어떠한 사실에 대하여 그러하다고 믿거나 생각하다.
　예문 저는 우리 팀이 우승할 줄로 알고 있었습니다.

개념 바로 확인하기

단어 뜻에 해당하는 예문을 <보기>에서 고르시오.
(1) 교육이나 경험, 사고 행위를 통하여 사물이나 상황에 대한 정보나 지식을 갖추다. (　)
(2) 어떤 사실이나 존재, 상태에 대해 의식이나 감각으로 깨닫거나 느끼다. (　)
(3) 심리적 상태를 마음속으로 느끼거나 깨닫다. (　)
(4) (주로 '알아서'의 꼴로 쓰여) 사람이 어떤 일을 어떻게 할지 스스로 정하거나 판단하다. (　)

보기
ⓐ 이 문제는 자네가 알아서 처리해 주게.
ⓑ 부모의 사랑을 돌아가신 후에야 알았다.
ⓒ 밖으로 나와서야 날씨가 추운 것을 알았다.
ⓓ 단어의 뜻을 알아야 그 문장의 뜻을 이해할 수 있다.

☆ 반대말
모르다

[정답]
(1) ⓓ　(2) ⓒ　(3) ⓑ　(4) ⓐ

2 바꿔 쓰기

(1) 나오다

진출(進出)하다	나아갈 진, 날 출
	「1」 어떤 방면으로 활동 범위나 세력을 넓혀 나아가다.
	예문 관료가 되어 중앙으로 <u>나오다</u>.
	「2」 앞으로 나아가다.
졸업(卒業)하다	마칠 졸, 일 업
	「1」 학생이 규정에 따라 소정의 교과 과정을 마치다.
	예문 너는 어떤 중학교를 <u>나왔니</u>?
	「2」 어떤 일이나 기술, 학문 따위에 통달하여 익숙해지다.
출근(出勤)하다	날 출, 부지런할 근
	일터로 근무하러 나가거나 나오다.
	예문 선생님은 매일 아침 7시경에 학교를 <u>나오신다</u>.
발생(發生)하다	필 발, 날 생
	어떤 일이나 사물이 생겨나다.
	예문 욕심에서 <u>나온</u> 행동이다.
산출(産出)되다	낳을 산, 날 출
	물건이 생산되거나 인물·사상 따위가 나오다.
	예문 우리 마을에서는 걸출한 인물이 많이 <u>나왔다</u>.

(2) 받다

수납(收納)하다	거둘 수, 들일 납
	돈이나 물품 따위를 받아 거두어들이다.
	예문 공과금을 은행에서 <u>받기도</u> 한다.
수령(受領)하다	받을 수, 거느릴 령
	돈이나 물품을 받아들이다.
	예문 판매 대금을 <u>받았다는</u> 영수증을 써 주십시오.
획득(獲得)하다	얻을 획, 얻을 득
	얻어 내거나 얻어 가지다.
	예문 선거에서 겨우 10%의 표를 <u>받았다</u>.
수상(受賞)하다	받을 수, 상줄 상
	상을 받다.
	예문 금상을 <u>받는</u> 영예를 갖게 되다.
영접(迎接)하다	맞이할 영, 접할 접
	손님을 맞아서 대접하다.
	예문 손님을 <u>받을</u> 때는 예의를 갖추어야 한다.

3 한자 성어

설상가상(雪上加霜) 2017 교육행정직 7급	눈 설, 위 상, 더할 가, 서리 상
	눈 위에 서리가 덮인다는 뜻으로, 난처한 일이나 불행한 일이 잇따라 일어남을 이르는 말.
망양지탄(亡羊之歎) 2017 교육행정직 7급	망할 망, 양 양, 어조사 지, 탄식할 탄
	갈림길이 매우 많아 잃어버린 양을 찾을 길이 없음을 탄식한다는 뜻으로, 학문의 길이 여러 갈래여서 한 갈래의 진리도 얻기 어려움을 이르는 말.
안분지족(安分知足) 2017 교육행정직 7급	편안할 안, 분수 분, 알 지, 만족할 족
	편안한 마음으로 제 분수를 지키며 만족할 줄을 앎.
적토성산(積土成山) 2007 서울시 9급	쌓을 적, 흙 토, 이룰 성, 산 산
	작거나 적은 것도 쌓이면 크게 되거나 많아짐.

4 속담

티끌 모아 태산 ★ 2007 서울시 9급	아무리 작은 것이라도 모이고 모이면 나중에 큰 덩어리가 됨을 비유적으로 이르는 말.
가난 구제는 나라도 못한다 ★ 2007 서울시 9급	남의 가난한 살림을 도와주기란 끝이 없는 일이어서, 개인은 물론 나라의 힘으로도 구제하지 못한다는 말.
가는 말에 채찍질한다 2007 서울시 9급	「1」 열심히 하고 있는데도 더 빨리하라고 독촉함을 비유적으로 이르는 말. 「2」 형편이나 힘이 한창 좋을 때라도 더욱 마음을 써서 힘써야 함을 비유적으로 이르는 말.
혹 떼러 갔다 혹 붙여 온다 ★ 2011 경북 교육행정직 9급	자기의 부담을 덜려고 하다가 다른 일까지도 맡게 된 경우를 비유적으로 이르는 말.

★ 비슷한말
먼지도 쌓이면 큰 산이 된다, 모래알도 모으면 산이 된다, 실도랑 모여 대동강이 된다

★ 비슷한말
가난은 나라(님)도 못 당한다

★
혹부리 영감이 도깨비를 속여 혹을 떼었다는 소문을 들은 다른 혹부리 영감이 도깨비를 만나 혹을 떼려 했지만 오히려 혹을 하나 더 붙여 왔다는 이야기에서 나온 말이다.

5 관용어

말소리를 입에 넣다 2012 서울시 9급	다른 사람에게 들리지 아니하도록 중얼중얼 낮은 목소리로 말하다.
호박씨를 까다 2006 서울시 9급	안 그런 척 내숭을 떨다.
초로와 같다	인생 따위가 덧없다.
엉너리를 치다 2013 국회직 8급	남의 환심을 사기 위해 어벌쩡하게 서두르다.

개념 확인 문제

[01~02] 문맥을 고려할 때, <보기>에서 밑줄 친 말과 바꿔 쓸 수 있는 한자어를 골라라.

01
보기

ⓐ 진출(進出)하다	ⓑ 졸업(卒業)하다	ⓒ 출근(出勤)하다
ⓓ 발생(發生)하다	ⓔ 산출(産出)되다	

(1) 과장님은 곧 회사에 <u>나오실</u> 겁니다. ( )
(2) 가정 형편 때문에 중학교만 <u>나오고</u> 고등학교 진학을 못했습니다. ( )

02
보기

ⓐ 수납(收納)하다	ⓑ 수령(受領)하다	ⓒ 획득(獲得)하다
ⓓ 수상(受賞)하다	ⓔ 영접(迎接)하다	

(1) 그는 물리학 분야에서 노벨상을 <u>받은</u> 세계적인 석학이다. ( )
(2) 은행은 해당 관청 대신에 시민에게서 공과금을 <u>받는</u> 업무도 한다. ( )

[정답]
01 (1) ⓒ (2) ⓑ
02 (1) ⓓ (2) ⓐ

[03~05] 문맥을 고려할 때, <보기>에서 빈칸에 어울리는 말을 골라라.

03

보기

ⓐ 설상가상(雪上加霜)   ⓑ 망양지탄(亡羊之歎)
ⓒ 안분지족(安分知足)   ⓓ 적토성산(積土成山)

(1) 시간도 없는데 _____ 으로 길까지 막혔다. ( )
(2) 욕심을 버리고 _____ 을 하며 살고 있다. ( )

04

보기

ⓐ 티끌 모아 태산   ⓑ 가난 구제는 나라도 못한다
ⓒ 가는 말에 채찍질한다   ⓓ 혹 떼러 갔다 혹 붙여 온다

(1) _____ 더니 옆집은 식구들이 다 돈을 벌어 나가도 좀처럼 사정이 나아지지 않더라. ( )
(2) 부탁하러 갔다가 오히려 그 친구 부탁을 들어주게 됐으니 _____ 거야. ( )

05

보기

ⓐ 말소리를 입에 넣다   ⓑ 호박씨를 까다
ⓒ 초로와 같다   ⓓ 엉너리를 치다

(1) 사람들은 화살같이 지나가는 것을 세월이라 하였고 인생을 _____ 것이라 했다. ( )
(2) 난 생리적으로 싫어요. 고개를 숙이고 얌전을 빼면서 속으로는 _____ 건. ( )

[정답]
03 (1) ⓐ   (2) ⓒ
04 (1) ⓑ   (2) ⓓ
05 (1) ⓒ   (2) ⓑ

실전 연습 문제

01
밑줄 친 '생각'은 "어떤 일에 대한 의견이나 느낌을 가짐. 또는 그 의견이나 느낌."을 의미한다. 이와 의미가 같은 것은 ④이다.

오답체크
① '어떤 사람이나 일에 대하여 성의를 보이거나 정성을 기울임. 또는 그런 일.'이라는 의미로 쓰였다.
② '사리를 분별함. 또는 그런 일.'이라는 의미로 쓰였다.
③ '어떤 일을 하려고 마음을 먹음. 또는 그런 마음.'이라는 의미로 쓰였다.

02
㉣의 예문으로 '나는 그 팀이 이번 경기에서 질 줄 알았다.'는 적절하지 않다. 이때의 '알다'는 '어떠한 사실에 대하여 그러하다고 믿거나 생각하다.'라는 의미이다.
※ ㉣의 예문으로는 '네 일은 네가 알아서 해라.', '이 문제는 자네가 알아서 처리해 주게.'가 있다.

03
뛰어오르던 땅값이 폭락했다는 내용을 고려할 때, 문맥상 '끝을 알 수 없을 만큼 계속해서'에 해당하는 말이 어울린다. 그런데 '지지부진(遲遲不進: 더딜 지, 더딜 지, 아닐 부(불), 나아갈 진)'은 '매우 더디어서 일 따위가 잘 진척되지 아니함.'을 이르는 말이다. 따라서 맥락상 어울리지 않는다. 맥락을 고려할 때, 천장을 알지 못한다는 뜻으로, 물가 따위가 한없이 오르기만 함을 비유적으로 이르는 말인 '천정부지(天井不知: 하늘 천, 우물 정, 아닐 부(불), 알 지)'가 어울린다.

오답체크
① 만시지탄(晚時之歎: 늦을 만, 때 시, 갈 지, 탄식할 탄)은 시기에 늦어 기회를 놓쳤음을 안타까워하는 탄식을 이르는 말이다. 따라서 후회해 봤자 늦은 상황에 어울리는 말이다.
② 설상가상(雪上加霜: 눈 설, 위 상, 더할 가, 서리 상)은 눈 위에 서리가 덮인다는 뜻으로, 난처한 일이나 불행한 일이 잇따라 일어남을 이르는 말이다. 따라서 눈보라가 칠 뿐만 아니라 어둠까지 드리운 상황에 어울리는 말이다.
④ 환골탈태(換骨奪胎: 바꿀 환, 뼈 골, 빼앗을 탈, 아이 밸 태)는 사람이 보다 나은 방향으로 변하여 전혀 딴사람처럼 됨을 이르는 말이다. 따라서 사람이 이전과 달라져서 놀라운 상황에는 어울리는 말이다.

[정답]
01 ④ 02 ④ 03 ③

---

01 밑줄 친 단어와 의미가 같은 것은?

> 나는 문득 그가 보고 싶다는 <u>생각</u>이 들었다.

① 우리 아들 <u>생각</u>도 좀 해 주게.
② <u>생각</u> 없이 일을 처리하지 마라.
③ 이번에 그녀에게 청혼할 <u>생각</u>이다.
④ 자신만이 옳다는 <u>생각</u>을 버려야 한다.

02 다음은 다의어 '알다'의 뜻풀이 중 일부이다. ㉠~㉣의 예로 적절하지 않은 것은?
2024 국가직 9급

> ㉠ 어떤 일을 할 능력이나 소양이 있다.
> ㉡ 다른 사람과 사귐이 있거나 인연이 있다.
> ㉢ 어떤 일에 대하여 관여하거나 관심을 가지다.
> ㉣ 어떤 일을 어떻게 할지 스스로 정하거나 판단하다.

① ㉠: 그 외교관은 무려 7개 국어를 할 줄 <u>안다</u>.
② ㉡: 이 두 사람은 서로 <u>알고</u> 지낸 지 오래이다.
③ ㉢: 그 사람이 무엇을 하든 내가 <u>알</u> 바 아니다.
④ ㉣: 나는 그 팀이 이번 경기에서 질 줄 <u>알았다</u>.

03 밑줄 친 사자성어의 쓰임이 가장 적절하지 않은 것은?
2025 군무원 7급

① 오래 길들인 생활의 터전을 내준 걸 후회했다. 후회해 봤자 <u>晚時之歎</u>이었다.
② 눈보라가 몰아쳐 산을 오르기가 어려웠는데 <u>雪上加霜</u>으로 주위마저 어두워지기 시작하였다.
③ 외촌동은 하루아침에 미군이 철수해 버린 기지촌처럼 썰렁해졌고, 여태까지 <u>遲遲不進</u>으로 뛰어오르던 땅값은 폭락하여 버렸다.
④ 달주는 편지를 읽고 나서도 한참 멍청한 기분이었다. <u>換骨奪胎</u>라고 하지만 사람이 달라져도 이렇게 달라질 수 있는 것인지 놀라울 뿐이었다.

04 다음의 속담과 한자가 관계없는 것끼리 짝지어진 것은? 2007 서울시 9급 변형

① 티끌 모아 태산 - 적토성산(積土成山)
② 가난한 집 제사 돌아오듯 - 빈즉다사(貧則多事)
③ 달면 삼키고 쓰면 뱉는다 - 감탄고토(甘呑苦吐)
④ 가난 구제는 나라도 못한다. - 간난신고(艱難辛苦)
⑤ 가는 말에 채찍질한다. - 주마가편(走馬加鞭)

05 다음 관용어의 뜻으로 바른 것은? 2012 서울시 9급

> 말소리를 입에 넣다.

① 말을 조리 있게 하다.
② 상대방의 말이 이치에 맞지 않아 무시하다.
③ 남의 비난하는 소리를 참고 견디다.
④ 상대방이 하는 말을 가로막는다.
⑤ 다른 사람에게는 안 들리게 웅얼웅얼 낮은 목소리로 말하다.

04
④를 제외한 나머지는 속담과 한자 성어의 의미가 유사하다. 그런데 ④의 '가난 구제는 나라도 못한다.'는 남의 가난한 살림을 도와주기란 끝이 없는 일이어서, 개인은 물론 나라의 힘으로도 구제하지 못한다는 의미를 가진 속담이고, '간난신고(艱難辛苦: 어려울 간, 어려울 난, 매울 신, 쓸 고)'는 '몹시 힘들고 어려우며 고생스러움.'을 의미하는 한자 성어이다. 따라서 둘은 서로 관계가 없다.

오답체크
① '적토성산(積土成山: 쌓을 적, 흙 토, 이룰 성, 뫼 산)'은 '작거나 적은 것도 쌓이면 크게 되거나 많아짐.'을 의미한다. 따라서 '티끌 모아 태산'과 의미가 유사하다.
② '빈즉다사(貧則多事: 가난할 빈, 곧 즉, 많을 다, 일 사)'는 가난한 살림에 일은 많다는 뜻으로, 가난하면 살림에 시달리고 번거로운 일이 많아서 바쁨을 이르는 말이다. 따라서 '가난한 집 제사 돌아오듯'와 의미가 유사하다.
③ '감탄고토(甘呑苦吐: 달 감, 삼킬 탄, 쓸 고, 토할 토)'는 달면 삼키고 쓰면 뱉는다는 뜻으로, 자신의 비위에 따라서 사리의 옳고 그름을 판단함을 이르는 말이다. 따라서 '달면 삼키고 쓰면 뱉는다.'와 의미가 유사하다.
⑤ '주마가편(走馬加鞭: 달릴 주, 말 마, 더할 가, 채찍 편)'은 달리는 말에 채찍질한다는 뜻으로, 잘하는 사람을 더욱 장려함을 이르는 말이다. 따라서 '가는 말에 채찍질한다.'와 의미가 유사하다.

05
관용어 '말소리를 입에 넣다.'는 '다른 사람에게 들리지 아니하도록 중얼중얼 낮은 목소리로 말하다.'라는 의미이다.

[정답]
04 ④   05 ⑤

Day 09 필수 어휘로 어휘력 끌어올리기

1회독
2회독
3회독

어휘 학습

1 문맥적 의미

(1) 이름

이름 명

「1」 다른 것과 구별하기 위하여 사물, 단체, 현상 따위에 붙여서 부르는 말.
예문 이 동물의 이름은 오랑우탄이다.

「2」 사람의 성 아래에 붙여 다른 사람과 구별하여 부르는 말.
예문 성과 이름을 적어 주세요.

「3」 성과 이름을 아울러 이르는 말. 성은 가계(家系)의 이름이고, 명은 개인의 이름이다. =성명.
예문 답안지에 이름을 적다.

「4」 어떤 일이나 행동의 주체로서 공식적으로 알리는 개인 또는 기관의 이름. =명의.
예문 제 이름으로 낸 책.

「5」 세상에 알려진 평판이나 명성.
예문 이름을 날리다.

「6」 어떤 일이나 하는 짓에 특별한 데가 있어 일반에게 불리는 일컬음.
예문 그는 흉내를 잘 낸다고 해서 원숭이라는 이름을 얻었다.

「7」 세상에서 훌륭하다고 인정되는 이름이나 자랑. 또는 그런 존엄이나 품위. =명예.
예문 이름을 더럽히다.

「8」 일을 꾀할 때 내세우는 구실이나 이유 따위. =명분.
예문 평화라는 이름으로 독재를 정당화하다니.

「9」 (주로 '…의 이름으로' 구성으로 쓰여) '…의 권위를 빌려', '…을 대신하여(대표하여)'의 뜻을 나타낸다.
예문 예수 그리스도의 이름으로 기도합니다.

개념 바로 확인하기

단어 뜻에 해당하는 예문을 <보기>에서 고르시오.

(1) 다른 것과 구별하기 위하여 사물, 단체, 현상 따위에 붙여서 부르는 말. ( )

(2) 어떤 일이나 행동의 주체로서 공식적으로 알리는 개인 또는 기관의 이름. ( )

(3) 세상에 알려진 평판이나 명성. ( )

(4) (주로 '…의 이름으로' 구성으로 쓰여) '…의 권위를 빌려', '…을 대신하여 (대표하여)'의 뜻을 나타낸다. ( )

보기
ⓐ 우리 회사의 이름으로 그를 추천했다.
ⓑ 그 사건으로 그의 이름은 땅에 떨어졌다.
ⓒ 이 고을 판관의 이름으로 너를 체포한다.
ⓓ 동호회의 이름을 무엇으로 하면 좋을지 생각해 보자.

[정답]
(1) ⓓ (2) ⓐ (3) ⓑ (4) ⓒ

(2) 타다

타다¹ 동

「1」 불씨나 높은 열로 불이 붙어 번지거나 불꽃이 일어나다.
예문 담배가 타다.

「2」 피부가 햇볕을 오래 쬐어 검은색으로 변하다.
예문 땡볕에 얼굴이 새까맣게 탔다.

「3」 뜨거운 열을 받아 검은색으로 변할 정도로 지나치게 익다.
예문 고기가 타다.

「4」 마음이 몹시 달다.
예문 속이 타다.

「5」 물기가 없어 바싹 마르다.
예문 긴장이 되어 입술이 바짝바짝 탄다.

타다² 동

① 【…에】【…을】
탈것이나 짐승의 등 따위에 몸을 얹다.
예문 비행기에 타다.

② 【…을】

「1」 도로, 줄, 산, 나무, 바위 따위를 밟고 오르거나 그것을 따라 지나가다.
예문 원숭이는 나무를 잘 탄다.

「2」 어떤 조건이나 시간, 기회 등을 이용하다.
예문 아이들은 야밤을 타 닭서리를 했다.

「3」 바람이나 물결, 전파 따위에 실려 퍼지다.
예문 연이 바람을 타고 하늘로 올라간다.

「4」 바닥이 미끄러운 곳에서 어떤 기구를 이용하여 달리다.
예문 스케이트를 처음 탈 때는 엉덩방아를 찧게 마련이다.

「5」 그네나 시소 따위의 놀이기구에 몸을 싣고 앞뒤로, 위아래로 또는 원을 그리며 움직이다.
예문 그네를 타다.

「6」 의거하는 계통, 질서나 선을 밟다.
예문 연줄을 타다.

개념 바로 확인하기

단어 뜻에 해당하는 예문을 <보기>에서 고르시오.

(1) 불씨나 높은 열로 불이 붙어 번지거나 불꽃이 일어나다. ( )
(2) 뜨거운 열을 받아 검은색으로 변할 정도로 지나치게 익다. ( )
(3) 마음이 몹시 달다. ( )
(4) 물기가 없어 바싹 마르다. ( )

보기
ⓐ 애간장이 타다.
ⓑ 딴 일을 하는 사이 밥이 탄 버렸다.
ⓒ 오랜 가뭄으로 농작물이 다 탄 버렸다.
ⓓ 벽난로에서 장작이 활활 타고 있었다.

[정답]
(1) ⓓ (2) ⓑ (3) ⓐ (4) ⓒ

> **타다⁴** 동
>
> 「1」【…에서/에게서 …을】('…에서/에게서' 대신에 '…에게'나 '…으로부터'가 쓰이기도 한다) 몫으로 주는 돈이나 물건 따위를 받다.
> 예문 회사에서 월급을 타다.
>
> 「2」【…을】 복이나 재주, 운명 따위를 선천적으로 지니다.
> 예문 좋은 팔자를 타고 태어나다.
>
> **타다⁹** 동
>
> 【…을】('손'과 함께 쓰여)
> 「1」 사람이나 물건이 많은 사람의 손길이 미쳐 약하여지거나 나빠지다.
> 예문 우리 집 강아지는 동네 사람들의 손을 자주 타서인지 잘 자라지 않는다.
>
> 「2」 물건 따위가 가져가는 사람이 있어 자주 없어지다.
> 예문 마늘이고 파고 동네에서 좀 한갓진 텃밭 곡식은 언제 손을 타는지 모른다.

2 바꿔 쓰기

(1) 옮기다

전파(傳播)하다	전할 전, 뿌릴 파
	전하여 널리 퍼뜨리다.
	예문 국내 소식을 세계 각지로 옮기다.
번역(飜譯)하다	뒤칠 번, 통변할 역
	어떤 언어로 된 글을 다른 언어의 글로 옮기다.
	예문 외국어 원서를 국어로 옮기다.
이식(移植)하다	옮길 이, 심을 식
	식물 따위를 옮겨 심다.
	예문 척박한 화단의 관상수를 살기 좋은 텃밭으로 옮겼다.
전염(傳染)시키다	전할 전, 물들일 염
	「1」 병을 남에게 옮기다. 예문 병을 옮기다.
	「2」 사상이나 버릇 따위를 받아들이게 하다.
	예문 그는 선생님의 정신을 다른 데에 옮기려고 끊임없이 노력하고 있다.
이동(移動)시키다	옮길 이, 움직일 동
	어떤 곳에서 다른 곳으로 자리를 바꾸게 하다.
	예문 의사가 환자를 응급실로 옮겼다.

(2) 잃다

분실(紛失)하다	어지러울 분, 잃을 실
	자기도 모르는 사이에 물건 따위를 잃어버리다. 예문 복잡한 시장 거리에서 지갑을 잃었다.
상실(喪失)하다	죽을 상, 잃을 실
	「1」 어떤 사람과 관계를 끊거나 헤어지다. 　　예문 가족을 잃음으로 인해 우울증에 걸리다. 「2」 어떤 것을 아주 잃거나 사라지게 하다. 　　예문 기억을 잃다.
소실(消失)하다	사라질 소, 잃을 실
	사라져 없어져 잃어버리다. 예문 민족 고유의 특징을 잃었다.
손상(損傷)하다	덜 손, 상처 상
	「1」 물체를 깨거나 상하게 하다. 「2」 병에 걸리거나 몸을 다치게 하다. 예문 사고로 다리를 잃다. 「3」 품질을 변하게 하거나 나빠지게 하다. 「4」 명예나 체면, 가치 따위를 떨어뜨리다. 예문 품위를 잃다.
여의다	부모나 사랑하는 사람이 죽어서 이별하다. 예문 그는 일찍이 부모를 잃고 고아로 자랐다.

3 한자 성어

오매불망(寤寐不忘) 2021 지방직 9급	깰 오, 잠잘 매, 아닐 불, 잊을 망
	자나 깨나 잊지 못함.
망운지정(望雲之情) 2021 지방직 9급	바랄 망, 구름 운, 어조사 지, 뜻 정
	자식이 객지에서 고향에 계신 어버이를 생각하는 마음.
염화미소(拈華微笑)★ 2021 지방직 9급	집을 염(념), 빛날 화, 작을 미, 웃을 소
	말로 통하지 아니하고 마음에서 마음으로 전하는 일.
백아절현(伯牙絕絃)★ 2021 지방직 9급	맏 백, 어금니 아, 끊을 절, 악기 줄 현
	자기를 알아주는 참다운 벗의 죽음을 슬퍼함.

★
석가모니가 영산회(靈山會)에서 연꽃 한 송이를 대중에게 보이자 마하가섭만이 그 뜻을 깨닫고 미소 지으므로 그에게 불교의 진리를 주었다고 하는 데서 유래한다.

★
중국 춘추 시대에 백아(伯牙)는 거문고를 매우 잘 탔고 그의 벗 종자기(鍾子期)는 그 거문고 소리를 잘 들었는데, 종자기가 죽어 그 거문고 소리를 들을 사람이 없게 되자 백아가 절망하여 거문고 줄을 끊어 버리고 다시는 거문고를 타지 않았다는 데서 유래한다.

4 속담

첫술에 배부르랴 2019 서울시 7급	어떤 일이든지 단번에 만족할 수는 없다는 말.
내 코가 석 자다 2019 서울시 7급	내 사정이 급하고 어려워서 남을 돌볼 여유가 없음을 비유적으로 이르는 말.
공든 탑이 무너지랴 2019 서울시 7급	공들여 쌓은 탑은 무너질 리 없다는 뜻으로, 힘을 다하고 정성을 다하여 한 일은 그 결과가 반드시 헛되지 아니함을 비유적으로 이르는 말.
급하면 바늘허리에 실 매어 쓸까 ★ 2019 서울시 7급	일에는 일정한 순서가 있고 때가 있는 것이므로, 아무리 급해도 순서를 밟아서 일해야 함을 비유적으로 이르는 말.

★ 비슷한말
급하다고 갓 쓰고 똥 싸랴,
급하면 콩마당에서 간수 치랴

5 관용어

등이 달다 2007 국가직 9급	마음대로 되지 아니하여 몹시 안타까워하다.
낯을 깎다 2007 국가직 9급	(어떤 사람이 다른 사람이나 단체의) 체면을 손상시키다.
코를 떼다 2007 국가직 9급	무안을 당하거나 핀잔을 맞다.
속을 뽑다 2007 국가직 9급	일부러 남의 마음을 떠보고 그 속내를 드러나게 하다.

개념 확인 문제

[01~02] 문맥을 고려할 때, <보기>에서 밑줄 친 말과 바꿔 쓸 수 있는 한자어를 골라라.

01 보기

ⓐ 전파(傳播)하다   ⓑ 번역(飜譯)하다   ⓒ 이식(移植)하다
ⓓ 전염(傳染)시키다   ⓔ 이동(移動)시키다

(1) 시를 외국어로 옮기는 일은 쉽지 않다. ( )
(2) 주위 사람들에게 감기를 옮긴 것이 조금 미안하였다. ( )

02 보기

ⓐ 분실(紛失)하다   ⓑ 상실(喪失)하다
ⓒ 소실(消失)하다   ⓓ 손상(損傷)하다

(1) 만수는 청소를 하다가 잃었던 만년필을 찾았다. ( )
(2) 어떤 광고도 공중의 신뢰를 잃어서는 안 된다. ( )

[03~05] 문맥을 고려할 때, <보기>에서 빈칸에 어울리는 말을 골라라.

03 보기

ⓐ 오매불망(寤寐不忘)   ⓑ 망운지정(望雲之情)
ⓒ 염화미소(拈華微笑)   ⓓ 백아절현(伯牙絶絃)

(1) _____ 하던 아들이 살아 돌아왔다. ( )
(2) 우리 부부는 _____ 로 말하지 않아도 마음이 잘 통한다. ( )

04 보기

ⓐ 첫술에 배부르랴   ⓑ 내 코가 석 자다
ⓒ 공든 탑이 무너지랴   ⓓ 급하면 바늘허리에 실 매어 쓸까

(1) 첫 매출액이 기대에는 못 미치지만 너무 실망하진 말자. _____ 수 있겠니? ( )
(2) _____? 그럴수록 침착하게 행동해야 실수가 없는 법이야. ( )

05 보기

ⓐ 등이 달다   ⓑ 낯을 깎다
ⓒ 코를 떼다   ⓓ 속을 뽑다

(1) 삼촌이 감옥에 가서 우리 집안의 _____. ( )
(2) 술 몇 잔으로 그의 _____ 했다. ( )

[정답]
01 (1) ⓑ (2) ⓓ
02 (1) ⓐ (2) ⓓ
03 (1) ⓐ (2) ⓒ
04 (1) ⓐ (2) ⓓ
05 (1) ⓑ (2) ⓓ

실전 연습 문제

01 문맥적 의미가 ㉠과 가장 유사한 것은?

> 그 사건으로 그의 ㉠ 이름은 땅에 떨어졌다.

① 그는 당대 이름 높은 문장가였다.
② 우리 회사의 이름으로 그를 추천했다.
③ 네가 보고 있는 동물의 이름은 오랑우탄이다.
④ 그는 흉내를 잘 낸다고 해서 원숭이라는 이름을 얻었다.

02 밑줄 친 말과 같은 의미로 쓰인 것은? 2007 국가직 7급

> 일상생활 속에서 우리는 심신이 지치고 육체가 피로해지는 경험을 자주 한다. 홀로 한가하게 자신을 돌보고 휴식을 취할 수 있는 방학은 일종의 보너스다. 이 한가한 틈을 타서 잠깐 동안이나마 일상에서 떠나 사람과 일을 잊고, 풀과 나무와 하늘과 바람과 더불어 호흡하고 느끼고 노래한다면 정신은 한층 풍요로워질 것이다.

① 그는 나무를 잘 탄다.
② 어둠을 타고 도망쳤다.
③ 타는 듯한 색채를 그리다.
④ 비가 오지 않아 밀이 탄다.

03 (가)에 들어갈 한자 성어로 적절한 것은? 2021 지방직 9급

> "집안 내력을 알고 보믄 동기간이나 진배없고, 성환이도 이자는 대학생이 됐으니께 상의도 오빠걸이 그렇게 알아라." 하고 장씨 아저씨는 말하는 것이었다. 그러나 상의는 처음 만났을 때도 그랬지만 두 번째도 거부감을 느꼈다. 사람한테 거부감을 느꼈기보다 제복에 거부감을 느꼈는지 모른다. 학교규칙이나 사회의 눈이 두려웠는지 모른다. 어쨌거나 그들은 청춘남녀였으니까. 호야 할매 입에서도 성환의 이름이 나오기론 이번이 처음이 아니었다.
> "____(가)____, 손주 때문에 눈물로 세월을 보내더니, 이자는 성환이도 대학생이 되었으니 할매가 원풀이 한풀이를 다 했을 긴데 아프기는 와 아프는고, 옛말 하고 살아야 하는 긴데."
> – 박경리, 〈토지〉

① 오매불망(寤寐不忘)
② 망운지정(望雲之情)
③ 염화미소(拈華微笑)
④ 백아절현(伯牙絕絃)

04 <보기>와 뜻이 가장 잘 통하는 속담은?

2019 서울시 7급 변형

보기

| 서두르면 미칠 수 없고, | 欲速則不達, |
| 작은 이익에 욕심내면 큰일을 이룰 수 없다. | 見小利則大事不成 |

① 첫술에 배부르랴.
② 내 코가 석 자다.
③ 공든 탑이 무너지랴.
④ 급하면 바늘허리에 실 매어 쓸까.

05 문장의 의미에 어울리지 않는 관용 표현은?

2007 국가직 9급

① 지금쯤 그는 등이 달아서 앉아 있을 것이다.
② 부모님의 낯을 깎을 만한 행동은 하지 마라.
③ 그들은 코를 떼고 필요한 사항만을 논의하였다.
④ 그들은 술 몇 잔으로 그의 속을 뽑으려 하였다

※ 변형 전에는 한자 원문만 제시되어 있었다.

04
<보기>의 '서두르면 미칠 수 없고(欲速則不達: 하고자 할 욕, 빠를 속, 곧 즉, 아닐 불(부), 통할 달)'를 볼 때, 이와 뜻이 통하는 속담은 일에는 일정한 순서가 있고 때가 있는 것이므로, 아무리 급해도 순서를 밟아서 일해야 함을 비유적으로 이르는 말인 '급하면 바늘허리에 실 매어 쓸까'이다.

05
'코를 떼다'는 '무안을 당하거나 핀잔을 맞다.'라는 의미이다. 따라서 필요한 사항만 논의하는 상황에 어울리지 않는다.

오답체크
① 정확한 맥락이 주어져 있지는 않지만, '마음대로 되지 않아 도리가 없어' 앉아 있을 것이라는 의미이므로 그 쓰임이 적절하다.
② 부모님 '체면을 손상시킬' 행동을 하지 말라는 의미이므로 그 쓰임이 적절하다.
④ 술 몇 잔으로 속내를 떠보려 하였다는 의미이므로 그 쓰임이 적절하다.

[정답]
04 ④ 05 ③

Day 10 필수 어휘로 어휘력 끌어올리기

1회독
2회독
3회독

어휘 학습

1 문맥적 의미

(1) 속

속 명

「1」 거죽이나 껍질로 싸인 물체의 안쪽 부분.
  예문 밤송이를 까 보니 속★은 거의 다 벌레가 먹었다.
「2」 일정하게 둘러싸인 것의 안쪽으로 들어간 부분.
  예문 건물 속으로 들어가다.
「3」 사람의 몸에서 배의 안 또는 위장.
  예문 속이 거북하다.
「4」 사람이나 사물을 대하는 자세나 태도.
  예문 그 사람이 속이 좋아 가만있는 거지, 너 같으면 못 참았을 거야.
「5」 품고 있는 마음이나 생각. ≒내리.
  예문 엉큼한 속★을 드러내다.
「6」 어떤 현상이나 상황, 일의 안이나 가운데.
  예문 드라마 속에서나 가능한 이야기.
「7」 감추어진 일의 내용.
  예문 겉으로는 화려하게 보이지만 속★을 들여다보면 힘들고 괴로운 일이 많다.
「8」 사리를 분별할 수 있는 힘이나 정신. 또는 줏대 있게 행동하는 태도.
  예문 속도 없냐? 남에게 이용만 당하게.
「9」 『식물』 식물 줄기의 중심부에 있는, 관다발에 싸인 조직.

개념 바로 확인하기

단어 뜻에 해당하는 예문을 <보기>에서 고르시오.
(1) 일정하게 둘러싸인 것의 안쪽으로 들어간 부분. (   )
(2) 사람의 몸에서 배의 안 또는 위장. (   )
(3) 품고 있는 마음이나 생각. ≒내리. (   )
(4) 어떤 현상이나 상황, 일의 안이나 가운데. (   )

보기
ⓐ 패물을 장 속 깊숙이 숨겼다.
ⓑ 전혀 말을 안 하니 그 속을 누가 알겠니?
ⓒ 그 사건은 온 국민을 충격 속으로 몰아넣었다.
ⓓ 과음으로 쓰린 속을 다스리는 데는 꿀물이 최고이다.

★ 반대말
겉

★ 비슷한말   반대말
속내   겉

★ 비슷한말
속사정(속事情), 속정(속情), 이면(裏面)

[정답]
(1) ⓐ (2) ⓓ (3) ⓑ (4) ⓒ

(2) 짚다

> **짚다** 동
> 【…을】
> 「1」 바닥이나 벽, 지팡이 따위에 몸을 의지하다.
> 　예문 지팡이를 짚은 노인.
> 「2」 손으로 이마나 머리 따위를 가볍게 눌러 대다.
> 　예문 맥을 짚다.
> 「3」 여럿 중에 하나를 꼭 집어 가리키다.
> 　예문 손가락으로 글자를 짚어 가며 가르치다.
> 「4」 상황을 헤아려 어떠할 것으로 짐작하다.
> 　예문 적의 허점을 짚다.

개념 바로 확인하기

단어 뜻에 해당하는 예문을 <보기>에서 고르시오.

(1) 바닥이나 벽, 지팡이 따위에 몸을 의지하다. (　)
(2) 손으로 이마나 머리 따위를 가볍게 눌러 대다. (　)
(3) 여럿 중에 하나를 꼭 집어 가리키다. (　)
(4) 상황을 헤아려 어떠할 것으로 짐작하다. (　)

보기
ⓐ 남의 마음을 짚다.
ⓑ 땅을 짚고 일어나다.
ⓒ 이마를 짚어 보니 열이 있었다.
ⓓ 시험 문제를 짚어 주었는데도 성적이 좋지 않다.

[정답]
(1) ⓑ　(2) ⓒ　(3) ⓓ　(4) ⓐ

2 바꿔 쓰기

(1) 떼다

발급(發給)하다	필 발, 줄 급
	증명서 따위를 발행하여 주다.
	[예문] 영수증을 떼어 주세요.
제거(除去)하다	덜 제, 갈 거
	없애버리다.
	[예문] 전봇대에 붙어 있는 벽보를 뗐다.
개봉(開封)하다	열 개, 봉할 봉
	봉하여 두었던 것을 떼거나 열다.
	[예문] 얼른 편지를 떼어 보라.
분리(分離)하다	나눌 분, 떠날 리
	서로 나누어 떨어지게 하다.
	[예문] 문학은 우리의 현실 생활과 뗄 수 없는 관계이다.
수료(修了)하다	닦을 수, 마칠 료
	일정한 학과를 다 배워 끝내다.
	[예문] 컴퓨터 초급 과정을 뗐다.

(2) 들다

입주(入住)하다	들 입, 살 주
	「1」 새집에 들어가 살다. [예문] 새 아파트에 들다.
	「2」 새로 개간한 땅이나 수복(收復)한 땅에 들어가 살다.
포함(包含)되다	쌀 포, 머금을 함
	어떤 사물이나 현상 가운데 함께 들어가거나 함께 넣어지다.
	[예문] 반에서 5등 안에 들다.
가입(加入)하다	더할 가, 들 입
	조직이나 단체 따위에 들어가거나, 서비스를 제공하는 상품 따위를 신청하다.
	[예문] 사진 동호회에 들다.
침입(侵入)하다	침노할 침, 들 입
	침범하여 들어가거나 들어오다.
	[예문] 경찰이 빈집에 들어오려던 도둑을 잡았다.
소요(所要)되다	바 소, 중요할 요
	필요로 되거나 요구되다.
	[예문] 개인 사업에는 돈이 많이 든다.

3 한자 성어

방약무인(傍若無人) 2018 국가직 7급	곁 방, 같을 약, 없을 무, 사람 인
	곁에 사람이 없는 것처럼 아무 거리낌 없이 함부로 말하고 행동하는 태도가 있음.
좌고우면(左顧右眄) 2018 국가직 7급	왼쪽 좌, 돌아볼 고, 오른쪽 우, 곁눈질할 면
	이쪽저쪽을 돌아본다는 뜻으로, 앞뒤를 재고 망설임을 이르는 말.
불치하문(不恥下問) 2018 국가직 7급	아닐 불, 부끄러워할 치, 아래 하, 물을 문
	손아랫사람이나 지위나 학식이 자기만 못한 사람에게 모르는 것을 묻는 일을 부끄러워하지 아니함.
후생가외(後生可畏) 2018 국가직 7급	뒤 후, 날 생, 옳을 가, 두려워할 외
	젊은 후학들을 두려워할 만하다는 뜻으로, 후진들이 선배들보다 젊고 기력이 좋아, 학문을 닦음에 따라 큰 인물이 될 수 있으므로 가히 두렵다는 말.

4 속담

보기 좋은 떡이 먹기도 좋다 2014 지방직 9급	「1」 내용이 좋으면 겉모양도 반반함을 비유적으로 이르는 말.
	「2」 겉모양새를 잘 꾸미는 것도 필요함을 비유적으로 이르는 말.
볶은 콩에 싹이 날까? 2014 지방직 9급	불에다 볶은 콩은 싹이 날 리가 없다는 뜻으로, 아주 가망이 없음을 비유적으로 이르는 말.
뚝배기보다 장맛이 좋다 ★ 2014 지방직 9급	겉모양은 보잘것없으나 내용은 훨씬 훌륭함을 이르는 말.
닭 쫓던 개 지붕 쳐다보듯 2016 군무원 2013 지방직 7급	개에게 쫓기던 닭이 지붕으로 올라가자 개가 쫓아 올라가지 못하고 지붕만 쳐다본다는 뜻으로, 애써 하던 일이 실패로 돌아가거나 남보다 뒤떨어져 어찌할 도리가 없이 됨을 비유적으로 이르는 말.

🌟 비슷한말
꾸러미에 단 장 들었다, 장독보다 장맛이 좋다

5 관용어

곁다리를 들다 2015 서울시 7급	당사자가 아닌 사람이 참견하여 말하다.
길눈이 밝다 2015 서울시 7급	한두 번 가 본 길을 잊지 않고 찾아갈 만큼 길을 잘 기억하다.
틀을 잡다 2015 서울시 7급	일정한 형태나 구성을 갖추다.
활개를 치다 2015 서울시 7급	「1」 힘차게 두 팔을 앞뒤로 어긋나게 흔들며 걷다.
	「2」 의기양양하게 행동하다. 또는 제 세상인 듯 함부로 거들먹거리며 행동하다.
	「3」 부정적인 것이 크게 성행하다.
	「4」 새가 날개를 펼쳐서 퍼덕이다.

개념 확인 문제

[01~02] 문맥을 고려할 때, <보기>에서 밑줄 친 말과 바꿔 쓸 수 있는 한자어를 골라라.

01 보기

ⓐ 발급(發給)하다　　ⓑ 제거(除去)하다　　ⓒ 개봉(開封)하다
ⓓ 분리(分離)하다　　ⓔ 수료(修了)하다

(1) 주민 등록 등본을 <u>떼다</u>. 　　　　　　　　　　(　　)
(2) 관리인이 벽에서 포스터를 <u>떼었다</u>. 　　　　　(　　)

02 보기

ⓐ 입주(入住)하다　　ⓑ 포함(包含)되다　　ⓒ 가입(加入)하다
ⓓ 침입(侵入)하다　　ⓔ 소요(所要)되다

(1) 한국어는 교착어에 <u>든다</u>. 　　　　　　　　　　(　　)
(2) 언 고기가 익는 데에는 시간이 좀 <u>드는</u> 법이다. (　　)

[정답]
01 (1) ⓐ　(2) ⓑ
02 (1) ⓑ　(2) ⓔ

[03~05] 문맥을 고려할 때, <보기>에서 빈칸에 어울리는 말을 골라라.

03

보기
ⓐ 방약무인(傍若無人)   ⓑ 좌고우면(左顧右眄)
ⓒ 불치하문(不恥下問)   ⓓ 후생가외(後生可畏)

(1) 남이 싫어하는 줄도 모르고 _____ 으로 떠들어 댄다. (   )

(2) 그는 자존심이 아주 강한 사람이었지만 모르는 것이 있을 때에는 _____ 할 줄 아는 사람이었다. (   )

04

보기
ⓐ 보기 좋은 떡이 먹기도 좋다   ⓑ 볶은 콩에 싹이 날까
ⓒ 뚝배기보다 장맛이 좋다   ⓓ 닭 쫓던 개 지붕 쳐다보듯

(1) _____ 는데 포스터를 좀더 예쁘고 세련되게 만들어야 하지 않을까? (   )

(2) 순조롭게 진행되어 가던 계약이 막판에 가서 파투가 나자 사장님은 _____ 멍하니 서류들만 쳐다보았다. (   )

05

보기
ⓐ 곁다리를 들다   ⓑ 길눈이 밝다
ⓒ 틀을 잡다   ⓓ 활개를 치다

(1) 나무를 하러 자주 다니던 산이어서 산에서는 그가 _____ . (   )

(2) 폭력배가 _____ 세상에서는 마음 놓고 살 수 없다. (   )

[정답]

03 (1) ⓐ   (2) ⓒ
04 (1) ⓐ   (2) ⓓ
05 (1) ⓑ   (2) ⓓ

실전 연습 문제

01 ㈀과 문맥적 의미가 가장 유사한 것은?

> 아까부터 ㈀ 속이 자꾸 느글거려 죽겠어요.

① 빈속에 커피를 두 잔 마셨더니 속이 쓰리다.
② 전혀 말을 안 하니 그 속을 도대체 누가 알겠니?
③ 그 사람이 속이 좋아 가만있는 거지, 너 같으면 못 참았을 거야.
④ 겉으로는 화려하게 보이지만 속을 들여다보면 힘들고 괴로운 일이 많다.

02 밑줄 친 부분과 같은 의미로 사용된 것은?   2018 지방직 9급

> **보기**
> 지도 위에 손가락을 짚어 가며 여행 계획을 설명하였다.

① 이마를 짚어 보니 열이 있었다.
② 그는 두 손으로 땅을 짚어야 했다.
③ 그들은 속을 짚어 낼 수가 없는 사람들이었다.
④ 시험 문제를 짚어 주었는데도 성적이 좋지 않다.

03 ㈀~㉣의 상황에 어울리는 한자 성어로 가장 적절한 것은?   2018 국가직 7급 변형

> 내가 사는 집 이름을 사우재(四友齋)라고 하였는데, 그것은 내가 벗하는 이가 셋이고 거기에 또 내가 끼니, 합하여 넷이 되기 때문이다. 그런데 그 세 벗은 오늘날 생존해 있는 선비가 아니고 지금은 세상에 없는 옛 선비들이다. 나는 원래 세상일에 관심이 없는 데다가 또 ㈀ 성격이 제멋대로여서 세상 사람들과 잘 어울리지도 못한다. 그래서 사람들이 무리를 지어 꾸짖고 떼를 지어 배척하므로, ㈁ 집에는 찾아오는 이가 없고 밖에 나가도 찾아갈 만한 곳이 없다. 그래서 스스로 이렇게 탄식했다.
> "벗은 오륜(五倫) 가운데 하나를 차지하는데 나만 홀로 벗이 없으니 어찌 심히 부끄러운 일이 아니겠는가?" 벼슬길에서 물러나 생각해 보았다. ㈂ 온 세상 사람들이 나를 더럽다고 사귀려 들지 않으니 어디서 벗을 찾을 것인가. 할 수 없이 ㈃ 옛 사람들 중에서 사귈 만한 이를 가려내서 벗으로 삼으리라고 마음먹었다.

① ㈀: 방약무인(傍若無人)
② ㈁: 좌고우면(左顧右眄)
③ ㈂: 불치하문(不恥下問)
④ ㈃: 후생가외(後生可畏)

01
서술어 '느글거리다'를 고려할 때, ㈀의 '속'은 '사람의 몸에서 배의 안 또는 위장'의 의미이다. 이와 의미가 유사한 것은 ①이다.

오답체크
② '품고 있는 마음이나 생각'이라는 의미로 쓰였다.
③ '사람이나 사물을 대하는 자세나 태도'라는 의미로 쓰였다.
④ '감추어진 일의 내용'이라는 의미로 쓰였다.

02
<보기>의 밑줄 친 '짚어(짚다)'는 '여럿 중에 하나를 꼭 집어 가리키다.'라는 의미로 쓰였다. 이와 같은 의미로 사용된 것은 ④이다.

오답체크
① '손으로 이마나 머리 따위를 가볍게 눌러 대다.'라는 의미로 쓰였다.
② '바닥이나 벽, 지팡이 따위에 몸을 의지하다.'라는 의미로 쓰였다.
③ '상황을 헤아려 어떠할 것으로 짐작하다.'라는 의미로 쓰였다.

03
'방약무인(傍若無人: 곁 방, 같을 약, 없을 무, 사람 인)'은 곁에 사람이 없는 것처럼 아무 거리낌 없이 함부로 말하고 행동하는 태도가 있음을 이르는 말이다. 따라서 ㈀의 상황에 어울린다.

오답체크
② 좌고우면(左顧右眄: 왼 좌, 돌아볼 고, 오른 우, 곁눈질할 면)은 이쪽저쪽을 돌아본다는 뜻으로, 앞뒤를 재고 망설임을 이르는 말이다. 따라서 찾아오는 사람이 없고, 나갈 만한 데도 없는 상황에 어울리지 않는다.
③ 불치하문(不恥下問: 아닐 불(부), 부끄러울 치, 아래 하, 물을 문)은 손아랫사람이나 지위나 학식이 자기만 못한 사람에게 모르는 것을 묻는 일을 부끄러워하지 아니함을 의미한다. 따라서 사람들로부터 배척당하는 상황에 어울리지 않는다.
④ 후생가외(後生可畏: 뒤 후, 날 생, 옳을 가, 두려워할 외)는 젊은 후학들을 두려워할 만하다는 뜻으로, 후진들이 선배보다 젊고 기력이 좋아, 학문을 닦음에 따라 큰 인물이 될 수 있으므로 가히 두렵다는 말이다. 따라서 사람을 가려 사귀는 상황에 어울리지 않는다.

[정답]
01 ① 02 ④ 03 ①

04 다음 문장과 관련된 속담으로 가장 적절한 것은?　　2014 지방직 9급

> 그 동네에 있는 레스토랑의 음식은 보기와는 달리 너무 맛이 없었어.

① 보기 좋은 떡이 먹기도 좋다.
② 볶은 콩에 싹이 날까?
③ 빛 좋은 개살구
④ 뚝배기보다 장맛이 좋다.

05 다음의 밑줄 친 부분은 두 개의 낱말로 구성되어 있다. 각각의 낱말이 가지고 있는 본래의 의미 이상을 지녔다고 볼 수 없는 것은?　　2015 서울시 7급

① 남이 말하는데 <u>곁다리</u> 들지 마!
② <u>길눈</u>이 밝아서 어디든 잘 찾아간다.
③ 그간의 노력으로 회사의 <u>틀</u>을 잡아 놓았다고 볼 수 있다.
④ 청년의 입에 거품이 일고 네 <u>활개</u>가 뒤틀리고 있었다.

04
제시된 글에서 음식이 보기와 달리 너무 맛이 없었다고 하였다. 따라서 겉만 그럴듯하고 실속이 없는 경우를 비유적으로 이르는 말인 '빛 좋은 개살구'와 관련된다.

05
'활개'는 사람의 어깨에서 팔까지 또는 궁둥이에서 다리까지의 양쪽 부분, 새의 활짝 편 두 날개를 의미한다. '거품이 일고'라는 상황을 고려할 때, 팔다리가 뒤틀린다는 의미이다. 따라서 관용어가 쓰인 문장이 아니다.

보충 '활개'가 들어간 관용어
1. 네 활개(를) 치다
　「1」 크게 팔다리를 휘저으며 걷다.
　　예 그는 그길로 벌떡 일어나서 네 활개를 치고 집으로 내려왔다.
　「2」 의기양양하게 다니거나 행동하다.
　　예 깡패들이 네 활개를 치고 다니던 시절은 이미 지났다.
2. 두 활개를 펴다
　의기양양하여 혼자 마음대로 놀다.
　예 돈을 많이 벌더니 두 활개를 펴고 제 세상 만난 듯 다닌다.
3. 활개(를) 젓다
　두 팔을 서로 어긋나게 번갈아 앞뒤로 흔들며 걷다.
　예 한복은 두 활개를 저으며 걸음을 빨리 한다.
4. 활개(를) 치다
　「1」 힘차게 두 팔을 앞뒤로 어긋나게 흔들며 걷다.
　　예 귀남 아비는 어디로 가는지 두 활개를 치며 걸어 내려가는 것이었다.
　「2」 의기양양하게 행동하다. 또는 제 세상인 듯 함부로 거들먹거리며 행동하다.
　　예 그는 그 동네에서는 제법 활개 치며 산다.
　「3」 부정적인 것이 크게 성행하다.
　　예 음란 비디오가 활개 치다.
　「4」 새가 날개를 펼쳐서 퍼덕이다.
　　예 꿩 한 마리가 푸드덕 활개 치며 날아간다.
5. 활개(를) 펴다
　「1」 팔다리를 쭉 펴다.
　　예 지금은 이렇게 활개를 펴고 깊은 잠에 빠져 있다.
　「2」 남의 눈치를 살피지 아니하고 떳떳하게 기를 펴다.
　　예 외국에 나가셨던 아버지가 큰돈을 벌어서 돌아오신 후 우리 식구는 활개를 펴고 살게 되었다.

[정답]
04 ③　05 ④

Day 11 필수 어휘로 **어휘력 끌어올리기**

1회독	
2회독	
3회독	

어휘 학습

1 문맥적 의미

(1) 발

발¹ 몡
「1」 사람이나 동물의 다리 맨 끝부분.
　예문 축구공을 발로 차다.
「2」 가구 따위의 밑을 받쳐 균형을 잡고 있는, 짧게 도드라진 부분.
　예문 이 장롱은 발이 맞지 않아서인지 어딘가 한쪽으로 좀 기운 듯하다.
「3」 '걸음'을 비유적으로 이르는 말.
　예문 발이 빠른 선수.
「4」 한시(漢詩)의 시구 끝에 다는 운자(韻字).
　예문 발을 달다.
「5」 한자의 아랫부분을 이루는 부수를 통틀어 이르는 말.
「6」 (수량을 나타내는 말 뒤에 쓰여) 걸음을 세는 단위.
　예문 한 발 뒤로 물러서다.

발³ 몡
가늘고 긴 대를 줄로 엮거나, 줄 따위를 여러 개 나란히 늘어뜨려 만든 물건. 주로 무엇을 가리는 데 쓴다.
　예문 여름에는 문에 발을 늘어뜨리고 지낸다.

발⁴ 몡
새로 생긴 나쁜 버릇이나 관례.
　예문 그러다가는 무슨 일을 하려면 뇌물을 바쳐야 하는 발이 생길까 겁난다.

발⁵ 몡
실이나 국수 따위의 가늘고 긴 물체의 가락.
　예문 삼베가 발이 아주 고와서 모시와 진배없다.

개념 바로 확인하기

단어 뜻에 해당하는 예문을 <보기>에서 고르시오.
(1) 사람이나 동물의 다리 맨 끝부분. (　)
(2) '걸음'을 비유적으로 이르는 말. (　)
(3) 가늘고 긴 대를 줄로 엮거나, 줄 따위를 여러 개 나란히 늘어뜨려 만든 물건. 주로 무엇을 가리는 데 쓴다. (　)
(4) 새로 생긴 나쁜 버릇이나 관례. (　)

보기
ⓐ 발을 맞추어 나가자 앞으로 가자.
ⓑ 할아버지는 대나무로 발을 엮어서 문에 드리우셨다.
ⓒ 오랜만에 등산을 했더니 발과 다리가 쑤시고 아프다.
ⓓ 자꾸 쓸데없이 혀를 날름 내밀다가 그것이 발이 되면 고치기가 힘드니 조심해라.

[정답]
(1) ⓒ　(2) ⓐ　(3) ⓑ　(4) ⓓ

(2) 싸다

싸다¹ 〔동〕

① 【…을 …에】【…을 …으로】
물건을 안에 넣고 보이지 않게 씌워 가리거나 둘러 말다.
예문 선물을 예쁜 포장지에 싸다.

② 【…을】
「1」 어떤 물체의 주위를 가리거나 막다.
예문 분수를 싸고 둘러선 사람들.
「2」 어떤 물건을 다른 곳으로 옮기기 좋게 상자나 가방 따위에 넣거나 종이나 천, 끈 따위를 이용해서 꾸리다.
예문 도시락을 싸다.

싸다² 〔동〕

【…을】
「1」 주로 어린아이가 똥이나 오줌을 참지 못하고 누다.
예문 아이가 잠을 자다가 이불에 오줌을 쌌다.
「2」 (속되게) 똥이나 오줌을 누다.
예문 눈을 비비며 요강 곁으로 가 철철 오줌을 쌌다.

싸다⁴ 〔형〕

「1」 걸음이 재빠르다.
예문 걸음이 싸다★.
「2」 (입을 주어로 하여) 들은 말 따위를 진중하게 간직하지 아니하고 잘 떠벌리다.
예문 입이 싸다★.
「3」 불기운이 세다.
예문 싼 불에 국을 끓이다.
「4」 성질이 곧고 굳세다.
「5」 비탈진 정도가 급하다.

싸다⁵ 〔형〕

「1」 물건값이나 사람 또는 물건을 쓰는 데 드는 비용이 보통보다 낮다.
예문 물건을 싸게★ 팔다.
「2」 ('-어(도)'와 함께 쓰여) 저지른 일 따위에 비추어서 받는 벌이 마땅하거나 오히려 적다.
예문 지은 죄로 보면 그는 맞아 죽어도 싸다.

개념 바로 확인하기

단어 뜻에 해당하는 예문을 <보기>에서 고르시오.

(1) 물건을 안에 넣고 보이지 않게 씌워 가리거나 둘러 말다. ( )
(2) 어떤 물체의 주위를 가리거나 막다. ( )
(3) 물건값이나 사람 또는 물건을 쓰는 데 드는 비용이 보통보다 낮다. ( )
(4) ('-어(도)'와 함께 쓰여) 저지른 일 따위에 비추어서 받는 벌이 마땅하거나 오히려 적다. ( )

보기
ⓐ 어제 가 본 동네는 생각보다 집값이 쌌다.
ⓑ 그따위 파렴치한 짓을 하고 다니니 욕먹어 싸다.
ⓒ 철 지난 옷을 보자기에 싸서 다락에 넣어 두었다.
ⓓ 기다랗게 돌출한 육지가 바다를 휘둘러 싸고 좁아진 물길을 향해 돛단배 한 척이 가고 있었다.

★ 반대말
뜨다

★ 반대말
뜨다

★ 반대말
비싸다

[정답]
(1) ⓒ (2) ⓓ (3) ⓐ (4) ⓑ

2 바꿔 쓰기

(1) 끊다

중단(中斷)하다	가운데 중, 끊을 단
	중도에서 끊다.
	[예문] 말을 잠시 끊다.
구입(購入)하다	살 구, 들 입
	물건 따위를 사들이다.
	[예문] 매표소에서 입장권을 끊다.
차단(遮斷)하다	막을 차, 끊을 단
	다른 것과의 관계나 접촉을 막거나 끊다.
	[예문] 외부와 일체 접촉을 끊어 버렸다.
절단(切斷)하다	끊을 절, 끊을 단
	자르거나 베어서 끊다.
	[예문] 고무줄을 끊다.
발행(發行)하다	필 발, 다닐 행
	화폐, 증권, 증명서 따위를 만들어 세상에 내놓아 널리 쓰도록 하다.
	[예문] 출금 전표를 끊다.

(2) 뽑다

인출(引出)하다	끌 인, 날 출
	「1」 끌어서 빼내다.
	「2」 예금 따위를 찾다.
	[예문] 은행에서 거액을 뽑다.
등용(登用)하다	오를 등, 쓸 용
	인재를 뽑아서 쓰다.
	[예문] 유능한 사람을 관리를 뽑다.
선발(選拔)하다	가릴 선, 뺄 발
	많은 가운데서 골라 뽑다.
	[예문] 그를 국가대표에 뽑다.
선출(選出)하다	가릴 선, 날 출
	여럿 가운데서 골라내다.
	[예문] 학생들이 반장을 뽑다.
득점(得點)하다	얻을 득, 점 점
	운동 경기 따위에서 점수를 얻다.
	[예문] 4번 선수의 우전 안타로 가볍게 선취점을 뽑았다.

3 한자 성어

안빈낙도(安貧樂道) 2019 소방직 9급	편안할 안, 가난할 빈, 즐거울 낙(락), 길 도
	가난한 생활을 하면서도 편안한 마음으로 도를 즐겨 지킴.
교학상장(敎學相長) 2019 소방직 9급	가르칠 교, 배울 학, 서로 상, 길 장
	가르치고 배우는 과정에서 스승과 제자가 함께 성장함.
호가호위(狐假虎威)★ 2019 소방직 9급	여우 호, 거짓 가, 범 호, 위엄 위
	남의 권세를 빌려 위세를 부림.
자승자박(自繩自縛) 2013 국가직 9급	스스로 자, 줄 승, 스스로 자, 묶을 박
	「1」 자기의 줄로 자기 몸을 옭아 묶는다는 뜻으로, 자기가 한 말과 행동에 자기 자신이 옭혀 곤란하게 됨을 비유적으로 이르는 말. 「2」 제 마음으로 번뇌를 일으켜 괴로움을 만듦을 비유적으로 이르는 말.

★ 여우가 호랑이의 위세를 빌려 호기를 부린다는 데에서 유래한다.

4 속담

울며 겨자 먹기★ 2013 지방직 7급	맵다고 울면서도 겨자를 먹는다는 뜻으로, 싫은 일을 억지로 마지못하여 함을 비유적으로 이르는 말.
양지가 음지 되고 음지가 양지 된다★ 2016 경찰직 1차	운이 나쁜 사람도 좋은 수를 만날 수 있고 운이 좋은 사람도 늘 좋기만 하는 것이 아니라 어려운 시기가 있다는 말로, 세상사는 늘 돌고 돈다는 말.
까마귀 날자 배 떨어진다★ 2018 소방직 9급 2015 서울시 9급 2008 국가직 9급	아무 관계없이 한 일이 공교롭게도 때가 같아 어떤 관계가 있는 것처럼 의심을 받게 됨을 비유적으로 이르는 말.
간에 붙었다 쓸개에 붙었다 한다 2013 지방직 7급	자기에게 조금이라도 이익이 되면 지조 없이 이편에 붙었다 저편에 붙었다 함을 비유적으로 이르는 말.

★ 비슷한말
눈물 흘리면서 겨자 먹기

★ 비슷한말
삼대 정승이 없고 삼대 거지가 없다

★ 비슷한말
오비이락(烏飛梨落)

5 관용어

개가를 올리다 2013 서울시 7급	큰 성과를 거두다.
개발에 편자★ 2013 서울시 7급	옷차림이나 지닌 물건 따위가 제격에 맞지 아니하여 어울리지 않음을 비유적으로 이르는 말.
가락이 나다 2013 서울시 7급	일하는 기운이나 능률이 오르다.
개 콧구멍으로 알다 2013 서울시 7급	시시한 것으로 알아 대수롭지 아니하게 여기다.

★ 비슷한말
개 귀에 방울, 개 대가리에 관[옥관자], 개 목에 방울(이라), 개에(게) 호패, 개 발에 (놋)대갈[버선/토시짝]

개념 확인 문제

[01~02] 문맥을 고려할 때, <보기>에서 밑줄 친 말과 바꿔 쓸 수 있는 한자어를 골라라.

01

> 보기
>
> ⓐ 중단(中斷)하다 ⓑ 구입(購入)하다 ⓒ 차단(遮斷)하다
> ⓓ 절단(切斷)하다 ⓔ 발행(發行)하다

(1) 인터넷으로 비행기표를 <u>끊었다</u>. ( )
(2) 요금을 내지 않았더니 수도를 <u>끊겠다</u>는 연락이 왔다. ( )

02

> 보기
>
> ⓐ 인출(引出)하다 ⓑ 등용(登用)하다 ⓒ 선발(選拔)하다
> ⓓ 선출(選出)하다 ⓔ 득점(得點)하다

(1) 그 당시에는 서얼들을 벼슬에 <u>뽑지</u> 않았다. ( )
(2) 대의원들은 부통령을 차기 대통령 후보로 <u>뽑았다</u>. ( )

[정답]
01 (1) ⓑ (2) ⓐ
02 (1) ⓑ (2) ⓓ

[03~05] 문맥을 고려할 때, <보기>에서 빈칸에 어울리는 말을 골라라.

03

보기

ⓐ 안빈낙도(安貧樂道) ⓑ 교학상장(敎學相長)
ⓒ 호가호위(狐假虎威) ⓓ 자승자박(自繩自縛)

(1) 그 감독은 팀원들로부터 배운 게 많다며 _____을 화두로 훈시하였다. (　　)

(2) 성품이 올곧은 자네가 아버지의 권세에 기대어 _____ 할 생각을 가진 것은 아니겠지? (　　)

04

보기

ⓐ 울며 겨자 먹기 ⓑ 양지가 음지 되고 음지가 양지 된다
ⓒ 까마귀 날자 배 떨어진다 ⓓ 간에 붙었다 쓸개에 붙었다 한다

(1) 아버지께서는 _____ 법이라며 항상 약한 사람의 편에 서라고 말씀하셨다. (　　)

(2) _____고 하필 내가 너희 집에 있을 때 네 어머니 물건이 없어진 건지 정말 속이 상한다. (　　)

05

보기

ⓐ 개가를 올리다 ⓑ 개발에 편자
ⓒ 가락이 나다 ⓓ 개 콧구멍으로 알다.

(1) 탐사 1년 만에 _____ 돌아온 대원들. (　　)

(2) 나를 시시하게 여기는 태도가 사람을 아예 _____. (　　)

[정답]
03 (1) ⓑ　(2) ⓒ
04 (1) ⓑ　(2) ⓒ
05 (1) ⓐ　(2) ⓓ

실전 연습 문제

01
01 밑줄 친 단어와 문맥적 의미가 가장 유사한 것은?

> 신이 발에 꼭 맞다.

① 축구공을 발로 차다.
② 발을 멈추고 그를 봤다.
③ 발로 햇빛을 가리고 싶다.
④ 국수의 발이 참 가늘었다.

'신이', '맞다'를 볼 때, 밑줄 친 '발'은 '사람이나 동물의 다리 맨 끝부분'을 의미한다. 이와 의미가 유사한 것은 ①이다.

오답체크
② '걸음'의 의미로 쓰였다.
③ '가늘고 긴 대를 줄로 엮거나, 줄 따위를 여러 개 나란히 늘어뜨려 만든 물건'의 의미로 쓰였다.
④ '실이나 국수 따위의 가늘고 긴 물체의 가락'의 의미로 쓰였다.
※ ③과 ④는 소리가 '발'로 같을 뿐, 그 의미는 완전히 다르다. 즉 동음이의 관계이다.

02
02 ⊙의 단어와 의미가 같은 것은?   2021 국가직 9급

> 친구에게 줄 선물을 예쁜 포장지에 ⊙ 싼다.

① 사람들이 안채를 겹겹이 싸고 있다.
② 사람들은 봇짐을 싸고 산길로 향한다.
③ 아이는 몇 권의 책을 싼 보퉁이를 들고 있다.
④ 내일 학교에 가려면 책가방을 미리 싸 두어라.

⊙의 '싸다'는 '물건을 안에 넣고 보이지 않게 씌워 가리거나 둘러 말다.'라는 의미이다. 이와 의미가 유사한 것은 ③이다.

오답체크
① '어떤 물체의 주위를 가리거나 막다.'라는 의미로 쓰였다.
②, ④ '어떤 물건을 다른 곳으로 옮기기 좋게 상자나 가방 따위에 넣거나 종이나 천, 끈 따위를 이용해서 꾸리다.'라는 의미로 쓰였다.

03
03 다음 시조에 드러나는 주제 의식과 관련된 사자성어로 적절한 것은?   2019 소방직 변형

> 이 작품은 작가가 벼슬을 그만두고 고향에 내려가 소일할 때 자연에 묻혀 사는 즐거움을 노래한 것이다.
>
> 십년(十年)을 경영(經營)ᄒᆞ여 초려삼간(草廬三間) 지여 내니
> 나 ᄒᆞᆫ 간 ᄃᆞᆯ ᄒᆞᆫ 간에 청풍(淸風) ᄒᆞᆫ 간 맛뎌 두고
> 강산(江山)은 들일 ᄃᆡ 업스니 둘러 두고 보리라
>
> — 송순의 시조

① 교학상장(教學相長)
② 안빈낙도(安貧樂道)
③ 주마간산(走馬看山)
④ 호가호위(狐假虎威)

제시된 작품의 화자는 자연 속에서의 삶을 노래하고 있다. 따라서 작품에 드러난 주제 의식과 관련된 사자성어는 '가난한 생활을 하면서도 편안한 마음으로 도를 즐겨 지킴'을 이르는 ② '안빈낙도(安貧樂道: 편안할 안, 가난할 빈, 즐길 낙(락), 길 도)'이다.

[정답]
01 ① 02 ③ 03 ②

04 밑줄 친 문장의 상황에 부합하는 속담으로 가장 적절한 것은?

2013 지방직 7급

> 나는 대뜸 달겨들어서 나도 모르는 사이에 큰 수탉을 단매로 때려 엎었다. 닭은 푹 엎어진 채 다리 하나 꼼짝 못 하고 그대로 죽어 버렸다. 그리고 나는 멍하니 섰다가 점순이가 매섭게 눈을 흡뜨고 닥치는 바람에 뒤로 벌렁 나자빠졌다.
> "이놈아! 너, 왜 남의 닭을 때려 죽이니?"
> "그럼 어때?" / 하고, 일어나다가
> "뭐 이 자식아! 누 집 닭인데?"
> 하고 복장을 떼미는 바람에 다시 벌렁 자빠졌다. 그러고 나서 가만히 생각을 하니 분하기도 하고 무안스럽고, 또 한편 일을 저질렀으니 인젠 땅이 떨어지고 집도 내쫓기고 해야 될지 모른다.
> 나는 비슬비슬 일어나며 소맷자락으로 눈을 가리고는 얼김에 엉하고 울음을 놓았다. 그러다 점순이가 앞으로 다가와서
> "그럼, 너, 이담부턴 안 그럴 테냐?"
> 하고 물을 때에야 비로소 살 길을 찾은 듯싶었다. 나는 눈물을 우선 씻고 뭘 안 그러는지 명색도 모르건만
> "그래!" / 하고 무턱대고 대답하였다.
> "요담부터 또 그래 봐라. 내 자꾸 못살게 굴 테니."
> "<u>그래 그래, 인젠 안 그럴 테야.</u>"
> "닭 죽은 건 염려 마라. 내 안 이를 테니."
> 그리고 뭣에 떠다밀렸는지 나의 어깨를 짚은 채 그대로 퍽 쓰러진다. 그 바람에 나의 몸뚱이도 겹쳐서 쓰러지며 한창 피어 퍼드러진 노란 동백꽃 속으로 푹 파묻혀 버렸다.
> — 김유정, 〈동백꽃〉

① 간에 붙었다 쓸개에 붙었다 하는군.
② 닭 쫓던 개 지붕 쳐다보는 꼴이야.
③ 이건 울며 겨자 먹는 꼴이지 뭐야.
④ 소 잃고 외양간 고치는 격이군.

04
닭이 죽어 당황한 내게 점순이의 말은 한 줄기 빛과 같았을 것이다. 싫지만 그렇게 대답하지 않으면 안 되는 상황에서 '그래 그래, 인젠 안 그럴 테야'라고 '나'가 말하는 상황이다. 따라서 제시된 상황에는 속담 '울며 겨자 먹기'가 어울린다.

05 다음 중 관용어의 뜻풀이가 적절하지 않은 것은?

2013 서울시 7급

① 가락이 나다 – 일의 능률이 오르다.
② 개 콧구멍으로 알다 – 시시한 것으로 알아 대수롭지 않게 여기다.
③ 개발에 편자 – 가진 물건이나 입은 옷 등이 제격에 맞지 않음.
④ 개천에 든 소 – 먹을 것이 많아 유복한 처지에 든 사람
⑤ 개가를 올리다 – 대표로 하다.

05
'개가(凱歌: 개선할 개, 노래 가)'는 개선가, 이기거나 큰 성과가 있을 때의 환성을 이르는 말이다. '개가'를 활용한 관용어 '개가를 올리다'의 의미는 '대표로 하다'가 아니라 '큰 성과를 거두다'이다.

[정답]
04 ③ 05 ⑤

Day 12 필수 어휘로 어휘력 끌어올리기

1회독
2회독
3회독

어휘 학습

1 문맥적 의미

(1) 다음

다음 명

「1」 어떤 차례의 바로 뒤.
　예문 친구의 당번 순서는 내 다음이다.

「2」 이번 차례의 바로 뒤.
　예문 다음 순서는 노래자랑이다.

「3」 나란히 있는 사물의 바로 인접한 것.
　예문 우리 집 다음 집은 커다란 이층집이다.

「4」 (동사의 관형사형 어미 '-ㄴ' 뒤에 쓰여) 어떤 일이나 과정이 끝난 뒤.
　예문 먼저 남편 옷을 고른 다음 아내는 장갑 한 짝만 집어 들었다.

「5」 어떤 시일이나 시간이 지난 뒤.
　예문 우리 다음에 언제 또 만날까?

「6」 (주로 '…이 아닌 다음에야' 꼴로 쓰여) 그 아닌 사실을 힘주어 나타냄.
　예문 천하의 장사가 아닌 다음에야 누가 저렇게 큰 바위를 들 수 있겠는가?

「7」 한 층 낮은 자리.
　예문 우리 집안에서는 할머니 다음은 아버지가 아니고 어머니이다.

「8」 주로 바둑 따위에서, 뒤의 수단.
　예문 다음 수가 없다.

「9」 뒤따르는 것.
　예문 다음을 소리 나는 대로 써 보자.

「10」 뒤따르는 결과.
　예문 저는 다음까지도 생각해서 말씀드리고 있는 것입니다.

개념 바로 확인하기

단어 뜻에 해당하는 예문을 <보기>에서 고르시오.

(1) 어떤 차례의 바로 뒤. (　　)
(2) (동사의 관형사형 어미 '-ㄴ' 뒤에 쓰여) 어떤 일이나 과정이 끝난 뒤. (　　)
(3) 어떤 시일이나 시간이 지난 뒤. (　　)
(4) 뒤따르는 것. (　　)

보기
ⓐ 다음에 술이나 한잔합시다.
ⓑ 다음을 읽고 묻는 말에 답하시오.
ⓒ 동생은 한동안 울고 난 다음에 곤히 잠이 들었다.
ⓓ 추석 다음 날도 공휴일이어서 여유 있게 성묘를 다녀왔다.

[정답]
(1) ⓓ (2) ⓒ (3) ⓐ (4) ⓑ

(2) 걸다

걸다¹ 형

「1」 흙이나 거름 따위가 기름지고 양분이 많다.
  예문 논이 걸어서★ 벼가 잘 자란다.

「2」 액체 따위가 내용물이 많고 진하다.
  예문 풀을 너무 걸게 쑤어서 풀질하기가 어렵다.

「3」 음식 따위가 가짓수가 많고 푸짐하다.
  예문 이 식당은 반찬이 걸게 나온다.

「4」 말씨가 거칠고 험하다.
  예문 이웃집 아낙은 입이 어찌나 건지 아무도 못 당한다.

「5」 ('-게'의 꼴로 쓰여) 푸짐하고 배부르다.
  예문 잔칫집에 가서 걸게 먹고 왔다.

걸다² 동

① 【…에 …을】

「1」 벽이나 못 따위에 어떤 물체를 떨어지지 않도록 매달아 올려놓다.
  예문 벽에 그림을 걸다.

「2」 자물쇠, 문고리를 채우거나 빗장을 지르다.
  예문 정문에 자물쇠를 걸다.

「3」 솥이나 냄비 따위를 이용할 수 있도록 준비하여 놓다.
  예문 아궁이에 냄비를 걸다.

「4」 기계 따위가 작동하도록 준비하여 놓다.
  예문 물레에 솜을 걸다.

「5」 어느 단체에 속한다고 이름을 내세우다.
  예문 문단에 이름을 걸어 놓은 작가는 많지만 작품 활동을 하는 작가는 그렇게 많지 않다.

「6」 기계 장치가 작동되도록 하다.
  예문 차에 시동을 걸다.

「7」 다른 사람이나 문제 따위가 관련이 있음을 주장하다.
  예문 그는 자신의 잘못이 드러나자 자기 일에 다른 사람을 걸고 나왔다.

② 【…에/에게 …을】

「1」 돈 따위를 계약이나 내기의 담보로 삼다.
  예문 노름에 돈을 걸다.

「2」 의논이나 토의의 대상으로 삼다.
  예문 그는 부당 해고라고 회사에 소송을 걸었다.

「3」 어떤 상태에 빠지도록 하다.
  예문 마술사는 비둘기에게 마술을 걸어 개구리가 되게 만들었다.

「4」 앞으로의 일에 대한 희망 따위를 품거나 기대하다.
  예문 아들에게 기대를 걸다.

개념 바로 확인하기

단어 뜻에 해당하는 예문을 <보기>에서 고르시오.
(1) 돈 따위를 계약이나 내기의 담보로 삼다. ( )
(2) 어떤 상태에 빠지도록 하다. ( )
(3) 목숨, 명예 따위를 담보로 삼거나 희생할 각오를 하다. ( )
(4) 다른 사람을 향해 먼저 어떤 행동을 하다. ( )

보기
ⓐ 범인을 잡는 데 현상금을 걸었다.
ⓑ 그는 자신의 직위를 걸고 친구를 보호했다.
ⓒ 그는 관객들에게 최면을 걸어 모두 잠들게 했다.
ⓓ 그는 사소한 일에 시비를 걸어 주먹을 휘두르곤 했다.

★ 비슷한말
옥유하다(沃腴하다)

[정답]
(1) ⓐ (2) ⓒ (3) ⓑ (4) ⓓ

「5」 목숨, 명예 따위를 담보로 삼거나 희생할 각오를 하다.
예문 그에게 운명을 걸다.

「6」 다른 사람을 향해 먼저 어떤 행동을 하다.
예문 여자에게 말을 걸다.

「7」 전화를 하다.
예문 회사에 전화를 걸다.

「8」 긴급하게 명령하거나 요청하다.
예문 소대원들에게 비상을 걸었다.

「9」 다리나 발 또는 도구 따위를 이용하여 상대편을 넘어뜨리려는 동작을 하다.
예문 그는 지나가는 친구에게 발을 걸어 넘어뜨렸다.

2 바꿔 쓰기

(1) 있다

존재(存在)하다	있을 존, 있을 재
	현실에 실재하다.
	예문 귀신이 정말로 있을까?
소재(所在)하다	바 소, 있을 재
	어떤 곳에 있다.
	예문 그 지역에 있는 가장 큰 건물이 무엇인지 알아보아라.
부유(富裕)하다	부유할 부, 넉넉할 유
	재물이 넉넉하다.
	예문 있는 집 아이라 씀씀이가 다르구나.
개재(介在)하다	끼일 개, 있을 재
	어떤 것들 사이에 끼여 있다.
	예문 우리 두 사람이 결혼에 이르기까지 많은 문제가 있었다.
체류(滯留)하다	막힐 체, 머무를 류
	객지에 가서 머물러 있다.
	예문 기자는 일본에서 4일간 있은 뒤 미국으로 향할 예정이다.

(2) 줄이다

삭감(削減)하다	깎을 삭, 덜 감
	깎아서 줄이다.
	[예문] 예산을 줄이다.
감량(減量)하다	덜 감, 헤아릴 량
	수량이나 무게를 줄이다.
	[예문] 체중을 줄이다.
경감(輕減)하다	가벼울 경, 덜 감
	부담이나 고통 따위를 덜어서 가볍게 하다.
	[예문] 올해는 큰 흉년이 들어 소작료를 절반으로 줄여 주었다.
반감(半減)하다	반 반, 덜 감
	절반으로 줄다. 또는 절반으로 줄이다.
	[예문] 그의 지루한 설명은 흥미를 줄이고 말았다.
단축(短縮)하다	짧을 단, 줄일 축
	시간이나 거리 따위를 짧게 줄이다.
	[예문] 근무 시간을 줄이다.

3 한자 성어

연목구어(緣木求魚) 2018 서울시 9급(3월)	인연 연, 나무 목, 구할 구, 물고기 어
	나무에 올라가서 물고기를 구한다는 뜻으로, 도저히 불가능한 일을 굳이 하려 함을 비유적으로 이르는 말.
전호후랑(前虎後狼) 2018 서울시 9급(3월)	앞 전, 범 호, 뒤 후, 이리 랑
	앞문에서 호랑이를 막고 있으려니까 뒷문으로 이리가 들어온다는 뜻으로, 재앙이 끊일 사이 없이 닥침을 비유적으로 이르는 말.
천의무봉(天衣無縫) 2018 서울시 9급(3월)	하늘 천, 옷 의, 없을 무, 꿰맬 봉
	「1」 천사의 옷은 꿰맨 흔적이 없다는 뜻으로, 일부러 꾸민 데 없이 자연스럽고 아름다우면서 완전함을 이르는 말.★
	「2」 완전무결하여 흠이 없음을 이르는 말.
	「3」 세상사에 물들지 아니한 어린이와 같은 순진함을 이르는 말.
적반하장(賊反荷杖) 2013 법원직 9급 2011 법원직 9급 2009 지방직 9급	도둑 적, 돌이킬 반, 연 하, 지팡이 장
	도둑이 도리어 매를 든다는 뜻으로, 잘못한 사람이 아무 잘못도 없는 사람을 나무람을 이르는 말.

★ 주로 시가(詩歌)나 문장에 대하여 이르는 말이다.

4 속담

쇠털같이 많은 날 2009 국가직 9급	헤아릴 수 없이 많은 나날을 비유적으로 이르는 말. ≒쇠털 같은 날.
열 길 물속은 알아도 한 길 사람의 속은 모른다	사람의 속마음을 알기란 매우 힘듦을 비유적으로 이르는 말.
떼어 놓은 당상 2009 국가직 9급	떼어 놓은 당상이 변하거나 다른 데로 갈 리 없다는 데서, 일이 확실하여 조금도 틀림이 없음을 이르는 말.
물 건너온 범 2009 국가직 9급	한풀 꺾인 사람을 비유적으로 이르는 말.

5 관용어

속이 살다 2010 국가직 7급	겉으로는 수그러진 듯하나 속에는 반항하는 마음이 있다.
속이 마르다 2010 국가직 7급	「1」 성격이 꼬장꼬장하다. 「2」 생각하는 것이 답답하고 너그럽지 못하다.
속을 주다 2010 국가직 7급	마음속에 있는 것을 숨김없이 드러내 보이다.
속이 달다 2010 국가직 7급	마음이 죄이고 안타까워지다.

개념 확인 문제

[01~02] 문맥을 고려할 때, <보기>에서 밑줄 친 말과 바꿔 쓸 수 있는 한자어를 골라라.

01
보기
ⓐ 존재(存在)하다 ⓑ 소재(所在)하다 ⓒ 부유(富裕)하다
ⓓ 개재(介在)하다 ⓔ 체류(滯留)하다

(1) 철수가 백두산 천지에 괴물이 <u>있을</u> 거라고 말했다. ( )
(2) <u>있는</u> 사람들은 없는 사람들의 고통을 모른다. ( )

02
보기
ⓐ 삭감(削減)하다 ⓑ 감량(減量)하다 ⓒ 경감(輕減)하다
ⓓ 반감(半減)하다 ⓔ 단축(短縮)하다

(1) 10년 형을 3년 형으로 <u>줄이다</u>. ( )
(2) 그는 몸무게를 1킬로그램밖에 <u>줄이지</u> 못했다. ( )

[03~05] 문맥을 고려할 때, <보기>에서 빈칸에 어울리는 말을 골라라.

03
보기
ⓐ 연목구어(緣木求魚) ⓑ 전호후랑(前虎後狼)
ⓒ 천의무봉(天衣無縫) ⓓ 적반하장(賊反荷杖)

(1) 미희는 너무나 _____ 하여 사람들에게 잘 속는다. ( )
(2) 실업자가 늘고 있는 상황에서 소비 심리가 개선되기를 바라는 것은 _____ 나 마찬가지다. ( )

04
보기
ⓐ 쇠털같이 많은 날 ⓑ 열 길 물속은 알아도 한 길 사람의 속은 모른다
ⓒ 떼어 놓은 당상 ⓓ 물 건너온 범

(1) 네가 이번 달리기 시합에 출전하기만 하면 1등은 _____ 이야. ( )
(2) _____ 더니 원준이가 현정이를 좋아하고 있을 줄 누가 알았겠어? ( )

05
보기
ⓐ 속이 살다 ⓑ 속이 마르다
ⓒ 속을 주다 ⓓ 속이 달다

(1) 언니가 앞으로 어디로 발령이 나게 될 것인지 궁금하여 _____. ( )
(2) 그는 사람들과 원만하게 지냈지만 사실은 누구에게도 _____ 는 않았다. ( )

[정답]
01 (1) ⓐ (2) ⓒ
02 (1) ⓒ (2) ⓑ
03 (1) ⓒ (2) ⓐ
04 (1) ⓒ (2) ⓑ
05 (1) ⓓ (2) ⓒ

실전 연습 문제

01 ㅇ과 의미가 가장 유사한 것은?

> 동생은 한동안 울고 난 ㅇ 다음에 곤히 잠이 들었다.

① 다음으로 교장 선생님의 훈화가 있겠습니다.
② 간수는 창문을 닫고 다음 감방으로 걸어간다.
③ 먼저 아이에게 밥을 먹인 다음 사내는 밥을 먹었다.
④ 다음 달에도 성적이 오르지 않으면 아버지께 혼이 날 것이다.

01
'울다. 그리고 다음에 잠이 들었다.'의 의미이다. 즉 ㅇ의 '다음'은 '어떤 일이나 과정이 끝난 뒤'의 의미이다. 이와 의미가 유사한 것은 ③이다.

오답체크
① '이번 차례의 바로 뒤'라는 의미로 쓰였다.
② '나란히 있는 사물의 바로 인접한 것'이라는 의미로 쓰였다.
④ '이번 차례의 바로 뒤'라는 의미로 쓰였다.

02 ㅇ의 상황에 어울리는 사자성어는?   2018 서울시 9급(3월) 변형

> 나모도 바히 돌도 업슨 뫼헤 매게 또친 가토리 안과,
> 대천(大川) 바다 한가온대 일천(一千) 석 시른 비에 노도 일코 닷도 일코 농총도 근코 돗대도 것고 치도 싸지고 브람 부러 물결치고 안개 뒤셧계 주자진 날에 갈 길은 천리만리 나믄듸 사면이 거머어득 져뭇 천지 적막 가치 노을 쩟는듸 수적 만난 ㅇ 도사공의 안과,
> 엇그제 님 여흰 내 안히야 엇다가 구을ᄒ리오.

① 권토중래(捲土重來)   ② 연목구어(緣木求魚)
③ 전호후랑(前虎後狼)   ④ 천의무봉(天衣無縫)

02
도사공은 사면초가의 위기에 처해 있다. 따라서 '도사공'에게는 재앙이 끊일 사이 없이 닥침을 비유적으로 이르는 말인 '전호후랑(前虎後狼: 앞 전, 범 호, 뒤 후, 이리 랑)'이 어울린다.

오답체크
① 권토중래(捲土重來: 말 권, 흙 토, 거듭 중, 올 래)는 땅을 말아 일으킬 것 같은 기세로 다시 온다는 뜻으로, 한 번 실패하였으나 힘을 회복하여 다시 쳐들어옴을 이르는 말이다. 실패 후 회복하는 내용이 아니기 때문에 ㅇ과 관련이 없다.
② 연목구어(緣木求魚: 인연 연, 나무 목, 구할 구, 물고기 어)는 나무에 올라가서 물고기를 구한다는 뜻으로, 도저히 불가능한 일을 굳이 하려 함을 비유적으로 이르는 말이다. 불가능한 일을 굳이 하려는 상황이 아니라, 난처한 일이 연속하여 일어나는 상황이므로 ㅇ과 관련이 없다.
④ 천의무봉(天衣無縫: 하늘 천, 옷 의, 없을 무, 꿰맬 봉)은 일부러 꾸민 데 없이 자연스럽고 아름다우면서 완전함을, 완전무결하여 흠이 없음을 이르는 말이다. 흠이 없는 상황이 아니기 때문에 ㅇ과 관련이 없다.

[정답]
01 ③ 02 ③

03 밑줄 친 말의 문맥적 의미와 가장 가까운 것은?

2018 국가직 7급

> 보기
>
> 나는 우리 회사의 장래를 너에게 <u>걸었다</u>.

① 이 작가는 이번 작품에 생애를 <u>걸었다</u>.
② 우리나라는 첨단 산업에 승부를 <u>걸었다</u>.
③ 마지막 전투에 주저 없이 목숨을 <u>걸었다</u>.
④ 그는 친구를 보호하기 위해 자신의 직위를 <u>걸었다</u>.

04 다음 문장 중에서 밑줄 친 관용 표현이 문맥에 어울리지 않는 것은?

2009 국가직 9급

① <u>입추의 여지가 없을</u> 정도로 공연장에는 관람객이 많았다.
② <u>쇠털같이 많은 날</u>에 왜 그리 서두릅니까?
③ 그는 경기에 임하자 <u>물 건너온 범</u>처럼 맹활약을 하였다.
④ 이번 시험을 잘 보았으니 합격은 <u>떼어 놓은 당상</u>이다.

05 밑줄 친 관용 표현의 쓰임이 적절하지 않은 것은?

2010 국가직 7급

① 저래 봬도 <u>속이 살아서</u> 그 사람은 곧잘 바른 소리를 한다.
② 그는 <u>속이 마른</u> 사람이니까 내가 사죄를 하면 용서해 줄 것이다.
③ 아무에게나 그렇게 <u>속을 주고</u> 다니다가 오히려 당하는 수가 있으니 조심해라.
④ 남들은 대학에 못 가서 <u>속이 달아</u> 있는데, 그는 대학에 붙고도 안 간다고 하니 어찌된 일인지 모르겠다.

03
목적어가 '장래를'인 것을 볼 때, 〈보기〉의 '회사의 장래'는 '회사의 미래'라는 의미로 해석할 수 있다. 이를 볼 때, 〈보기〉의 '걸다'는 '앞으로의 일에 대한 희망 따위를 품거나 기대하다.'라는 의미로 쓰였다. 이와 의미가 가장 유사한 것은 ②이다.

오답체크

②를 제외한 나머지는 모두 '목숨, 명예 따위를 담보로 삼거나 희생할 각오를 하다.'라는 의미로 쓰였다.

04
'물 건너온 범'은 한풀 꺾인 사람을 비유하여 이르므로 '맹활약을 하였다'란 말과 어울리지 않는다.

오답체크

① '입추의 여지가 없다'는 발 들여놓은 데가 없을 정도로 많은 사람들이 꽉 찬 경우를 이르는 말이므로, '관람객이 많았다'와 잘 어울린다.
② '쇠털같이 많은 날'은 시간적 여유가 많다는 의미이다. 따라서 '날이 많은데 굳이 왜 서두르느냐.'라는 의미로 그 쓰임이 적절하다.
④ 시험을 잘 보았기 때문에 반드시 시험에 붙을 거라는 의미이다. 따라서 '떼어 놓은 당상'의 쓰임은 적절하다.

05
'속이 마른 사람'은 너그럽지 못한 성격을 나타내므로 '용서해 줄 것이다'라는 서술어와 의미가 통하지 않는다.

오답체크

① '속이 살다'는 겉으로는 수그러진 듯하나 속에는 반항하는 마음이 있다는 의미이다. 따라서 바른 소리를 곧잘 하는 사람에게 어울린다.
③ '속을 주다'는 마음속에 있는 것을 숨김 없이 드러내어 보인다는 의미이다. 따라서 아무에게나 속마음을 드러내면 당할 수 있으니 조심하라고 충고하는 상황에 어울린다.
④ '속이 달다'는 안타깝거나 조마조마하여 마음이 몹시 조급해진다는 의미이다. 따라서 대학에 붙고도 안 가는 사람을 본 상황에 어울린다.

[정답]
03 ② 04 ③ 05 ②

Day 13 필수 어휘로 어휘력 끌어올리기

1회독
2회독
3회독

어휘 학습

1 문맥적 의미

(1) 눈

눈¹ 명

「1」 빛의 자극을 받아 물체를 볼 수 있는 감각 기관. 척추동물의 경우 안구·시각 신경 따위로 되어 있어, 외계에서 들어온 빛은 각막·눈동자·수정체를 지나 유리체를 거쳐 망막에 이르는데, 그 사이에 굴광체(屈光體)에 의하여 굴절되어 망막에 상을 맺는다.
  예문 그녀는 맑은 물로 눈에 들어간 먼지를 씻어 냈다.

「2」 물체의 존재나 형상을 인식하는 눈의 능력. 눈으로 두 광점을 구별할 수 있는 능력으로, 광도나 그 밖의 조건이 동일할 때, 시각 세포의 분포 밀도가 클수록 시력이 좋다. =시력.
  예문 눈이 나빠 안경을 쓴다.

「3」 사물을 보고 판단하는 힘.
  예문 그는 보는 눈이 정확하다.

「4」 ('눈으로' 꼴로 쓰여) 무엇을 보는 표정이나 태도.
  예문 동경의 눈으로 바라보다.

「5」 사람들의 눈길.
  예문 다른 사람의 눈을 의식하다.

「6」 태풍에서, 중심을 이루는 부분. ≒목.

눈² 명

자·저울·온도계 따위에 표시하여 길이·양(量)·도수(度數) 따위를 나타내는 금. =눈금.
  예문 시장 상인이 저울의 눈을 속였다.

눈⁴ 명

대기 중의 수증기가 찬 기운을 만나 얼어서 땅 위로 떨어지는 얼음의 결정체.
  예문 하늘에서 눈이 내리다.

개념 바로 확인하기

단어 뜻에 해당하는 예문을 <보기>에서 고르시오.

1) 빛의 자극을 받아 물체를 볼 수 있는 감각 기관. 척추동물의 경우 안구·시각 신경 따위로 되어 있어, 외계에서 들어온 빛은 각막·눈동자·수정체를 지나 유리체를 거쳐 망막에 이르는데, 그 사이에 굴광체(屈光體)에 의하여 굴절되어 망막에 상을 맺는다. (　)
(2) 물체의 존재나 형상을 인식하는 눈의 능력. 눈으로 두 광점을 구별할 수 있는 능력으로, 광도나 그 밖의 조건이 동일할 때, 시각 세포의 분포 밀도가 클수록 시력이 좋다. =시력. (　)
(3) 사물을 보고 판단하는 힘. (　)
(4) ('눈으로' 꼴로 쓰여) 무엇을 보는 표정이나 태도. (　)

보기
ⓐ 제발 눈 좀 크게 뜨고 다녀라.
ⓑ 그는 그녀를 슬픔 어린 눈으로 바라보았다.
ⓒ 할머니께선 팔순을 넘기셨는데도 아직 눈이 좋으시다.
ⓓ 아무리 보는 눈이 없어도 그렇지 어찌 그런 물건을 살 수 있니?

[정답]
(1) ⓐ　(2) ⓒ　(3) ⓓ　(4) ⓑ

(2) 살다

살다¹ 동

①
「1」 생명을 지니고 있다.
　예문 그는 백 살까지 살았다★.
「2」 불 따위가 타거나 비치고 있는 상태에 있다.
　예문 잿더미에 불씨가 아직 살아 있다.
「3」 본래 가지고 있던 색깔이나 특징 따위가 그대로 있거나 뚜렷이 나타나다.
　예문 개성이 살아 있는 글.
「4」 성질이나 기운 따위가 뚜렷이 나타나다.
　예문 칭찬 몇 마디 해 주었더니 기운이 살아서 잘난 척이다.
「5」 마음이나 의식 속에 남아 있거나 생생하게 일어나다.
　예문 어렸을 때 배운 노래 한 구절이 머릿속에 아직도 살아 있다.
「6」 움직이던 물체가 멈추지 않고 제 기능을 하다.
　예문 그렇게 세게 부딪혔는데도 시계가 살아 있다.
「7」 경기나 놀이 따위에서, 상대편에게 잡히지 않고 제 기능을 하다.
　예문 포는 죽고 차만 살아 있다.
「8」 글이나 말, 또는 어떤 현상의 효력 따위가 현실과 관련되어 생동성이 있다.
　예문 산 역사.

② 【…에】【…에서】
어느 곳에 거주하거나 거처하다.
　예문 고래는 물에 사는 짐승이다.

③ 【…을】
「1」 어떤 직분이나 신분의 생활을 하다.
　예문 벼슬을 살다.
「2」 (주로 '삶'을 목적어로 취하여) 어떤 생활을 영위하다.
　예문 정의로운 삶을 살다.

④ 【(…과)】 ('과'가 나타나지 않을 때는 여럿임을 뜻하는 말이 주어로 온다)
어떤 사람과 결혼하여 함께 생활하다.
　예문 지금의 아내와 살게 되기까지 우여곡절이 많았다.

살다² 형
크기가 기준이나 표준보다 약간 크다.
　예문 그 아주머니는 나에게 고기를 팔 때마다 늘 근수를 살게 달아 주었다.

개념 바로 확인하기

단어 뜻에 해당하는 예문을 <보기>에서 고르시오.

(1) 어느 곳에 거주하거나 거처하다. (　)
(2) 어떤 직분이나 신분의 생활을 하다. (　)
(3) (주로 '삶'을 목적어로 취하여) 어떤 생활을 영위하다. (　)
(4) ('과'가 나타나지 않을 때는 여럿임을 뜻하는 말이 주어로 온다) 어떤 사람과 결혼하여 함께 생활하다. (　)

보기
ⓐ 교통사고로 2년 형을 살다.
ⓑ 그는 하루 종일 연구실에서 산다.
ⓒ 아버지는 평생 구도자의 삶을 살고 싶어 하신다.
ⓓ 그 두 사람이 연애할 때는 그렇게 싸우더니 지금은 결혼하여 잘 산다.

★ 반대말
죽다

[정답]
(1) ⓑ　(2) ⓐ　(3) ⓒ　(4) ⓓ

2 바꿔 쓰기

(1) 가깝다

친밀(親密)하다	친할 친, 빽빽할 밀
	지내는 사이가 매우 친하고 가깝다.
	예문 그는 동료들과 가깝게 지낸다.
근접(近接)하다	가까울 근, 접할 접
	가까이 접근하다.
	예문 15년 가까운 결혼 생활에 아내는 남편의 표정을 보기만 해도 남편의 생각을 알 수 있다.
유사(類似)하다	무리 유(류), 같을 사
	서로 비슷하다.
	예문 이 그림은 거의 사실에 가까운 세밀한 묘사가 돋보인다.
인접(隣接)하다	이웃 인(린), 접할 접
	이웃하여 있다. 또는 옆에 닿아 있다.
	예문 휴전선이 가까워서 군인들을 많이 볼 수 있었다.
근사(近似)하다	가까울 근, 같을 사
	거의 같다.
	예문 실전에 가까운 군사 훈련.

(2) 먹다

흡연(吸煙)하다	숨 들이쉴 흡, 연기 연
	담배를 피우다.
	예문 담배를 끊었다가 먹는 담배라 머리가 아득한 것 같았다.
복용(服用)하다	입을 복, 쓸 용
	약을 먹다.
	예문 소화제를 먹다.
착복(着服)하다	붙을 착, 입을 복
	남의 금품을 부당하게 자기 것으로 하다.
	예문 사장은 직원들의 임금을 먹고 달아났다.
결심(決心)하다	결정할 결, 마음 심
	할 일에 대하여 어떻게 하기로 마음을 굳게 정하다.
	예문 열심히 공부하기로 마음을 먹었다.
실점(失點)하다	잃을 실, 점 점
	운동 경기나 승부 따위에서 점수를 잃다.
	예문 상대편에게 먼저 한 골을 먹었다.

3 한자 성어

견강부회(牽强附會) 2022 군무원 9급	끌 견, 강할 강, 붙을 부, 모일 회
	이치에 맞지 않는 말을 억지로 끌어 붙여 자기에게 유리하게 함.
호시우보(虎視牛步) 2022 군무원 9급	범 호, 볼 시, 소 우, 걸을 보
	범처럼 노려보고 소처럼 걷는다는 뜻으로, 예리한 통찰력으로 꿰뚫어 보며 성실하고 신중하게 행동함을 이르는 말.
도청도설(道聽塗說) 2022 군무원 9급	길 도, 들을 청, 진흙 도, 말씀 설
	길에서 듣고 길에서 말한다는 뜻으로, 길거리에 퍼져 돌아다니는 뜬소문을 이르는 말.
전화위복(轉禍爲福)★ 2022 군무원 9급	구를 전, 재앙 화, 할 위, 복 복
	재앙과 근심, 걱정이 바뀌어 오히려 복이 됨.

🏆 비슷한말
새옹지마(塞翁之馬)

4 속담

달도 차면 기운다 2018 서울시 9급(6월)	「1」 세상의 온갖 것이 한번 번성하면 다시 쇠하기 마련이라는 말.★
	「2」 행운이 언제까지나 계속되는 것은 아님을 비유적으로 이르는 말.★
밑 빠진 독에 물 붓기 2015 지방직 9급	밑 빠진 독에 아무리 물을 부어도 독이 채워질 수 없다는 뜻으로, 아무리 힘이나 밑천을 들여도 보람 없이 헛된 일이 되는 상태를 비유적으로 이르는 말.
여름 불도 쬐다 나면 서운하다 2015 지방직 9급	「1」 당장에 쓸데없거나 대단치 않게 생각되던 것도 막상 없어진 뒤에는 아쉽게 생각된다는 말.★
	「2」 오랫동안 해 오던 일을 그만두기는 퍽 어렵다는 말.
빈대 잡으려다 초가삼간 태운다★ 2015 지방직 9급	손해를 크게 볼 것을 생각지 아니하고 자기에게 마땅치 아니한 것을 없애려고 그저 덤비기만 하는 경우를 비유적으로 이르는 말.

🏆 비슷한말
그릇도 차면 넘친다, 차면 넘친다[기운다], 달이 둥글면 이지러지고 그릇이 차면 넘친다

🏆 비슷한말
달이 둥글면 이지러지고 그릇이 차면 넘친다

🏆 비슷한말
오뉴월 겻불도 쬐다 나면 서운하다[섭섭하다]

🏆 비슷한말
빈대 미워 집에 불 놓는다

5 관용어

입이 높다 2017 지방직 7급	보통 음식으로 만족하지 아니하고 맛있고 좋은 음식만을 바라는 버릇이 있다.
입이 뜨다 2017 지방직 7급	(사람이) 입이 무거워 말수가 적다.
입 아래 코★ 2017 지방직 7급	입에 들어가는 밥술도 제가 떠 넣어야 한다.
입이 질다 2017 지방직 7급	「1」 속된 말씨로 거리낌 없이 말을 함부로 하다. 「2」 말을 수다스럽게 많이 하는 버릇이 있다.

★ '입 아래 코'는 속담이다.

개념 확인 문제

[01~02] 문맥을 고려할 때, <보기>에서 밑줄 친 말과 바꿔 쓸 수 있는 한자어를 골라라.

01

보기
ⓐ 친밀(親密)하다   ⓑ 근접(近接)하다   ⓒ 유사(類似)하다
ⓓ 인접(隣接)하다   ⓔ 근사(近似)하다

(1) 무뚝뚝한 사람들과 <u>가깝게</u> 지내기란 쉽지 않다.   (   )

(2) 다 큰 녀석이 하는 짓은 어린애에 <u>가깝다</u>.   (   )

02

보기
ⓐ 흡연(吸煙)하다   ⓑ 복용(服用)하다   ⓒ 착복(着服)하다
ⓓ 결심(決心)하다   ⓔ 실점(失點)하다

(1) 경리 직원이 회사의 공금을 <u>먹었다</u>.   (   )

(2) 나는 마음을 독하게 <u>먹고</u> 그녀를 외면하였다.   (   )

[정답]
01 (1) ⓐ   (2) ⓒ
02 (1) ⓒ   (2) ⓓ

[03~05] 문맥을 고려할 때, <보기>에서 빈칸에 어울리는 말을 골라라.

03 보기

ⓐ 견강부회(牽强附會)   ⓑ 호시우보(虎視牛步)
ⓒ 도청도설(道聽塗說)   ⓓ 전화위복(轉禍爲福)

(1) 나도 그 사람에 대한 이야기는 많이 듣기는 들었지만 _____을 믿을 수 있나?
( )

(2) 자신의 생각과 부처의 생각을 동일시하려 한 그의 말은 그저 현재의 상황을 넘겨보려는 _____일 뿐이었다.
( )

04 보기

ⓐ 달도 차며 기운다   ⓑ 밑 빠진 독에 물 붓기
ⓒ 여름 불도 쬐다 나면 서운하다   ⓓ 빈대 잡으려다 초가삼간 태운다

(1) 낭비가 심한 그에게 돈을 주는 것은, 비하건대 _____다. ( )

(2) _____ 일 있나, 그깟 조무래기에 신경을 쓰다간 일당 전부를 놓칠 수도 있어.
( )

05 보기

ⓐ 입이 높다   ⓑ 입이 뜨다
ⓒ 입 아래 코   ⓓ 입이 질다

(1) 그는 매사에 침착하고 _____ 함께 일하기 좋다. ( )

(2) 사람이 저렇게 _____ 어디 신임을 얻을 수 있겠나. ( )

[정답]
03 (1) ⓒ   (2) ⓐ
04 (1) ⓑ   (2) ⓓ
05 (1) ⓑ   (2) ⓓ

실전 연습 문제

01 ㉠과 의미가 가장 유사한 것은?

> 그녀는 자신의 앞에 펼쳐진 이 뜻밖의 풍경을 어안이 벙벙해진 ㉠ 눈으로 쳐다보았다.

① 아기의 눈은 맑디맑다.
② 눈이 나빠 칠판 글씨가 보이지 않는다.
③ 그녀가 비참하다는 눈으로 나를 바라보았다.
④ 위력이 강한 태풍일수록 눈의 크기가 크고 선명하다.

02 다음에 제시된 단어의 의미에 맞게 쓴 문장으로 적절하지 않은 것은? 2019 지방직 9급

단어	의미	문장
살다	경기나 놀이에서, 상대편에게 잡히지 않고 제 기능을 하다.	㉠
	어떤 직분이나 신분의 생활을 하다.	㉡
	마음이나 의식 속에 남아 있거나 생생하게 일어나다.	㉢
	움직이던 물체가 멈추지 않고 제 기능을 하다.	㉣

① ㉠: 장기에서 포는 죽고 차만 살아 있다.
② ㉡: 그는 벼슬을 살기 싫어 속세를 버렸다.
③ ㉢: 옷에 풀기가 아직 살아 있다.
④ ㉣: 그렇게 세게 부딪혔는데도 시계가 살아 있다.

03 다음 중 사자성어가 가장 적절하게 쓰이지 않은 것은? 2022 군무원 9급

① 견강부회(牽强附會)하지 말고 타당한 논거로 반박을 하세요.
② 그는 언제나 호시우보(虎視牛步) 하여 훌륭한 리더가 되었다.
③ 함부로 도청도설(道聽塗說)에 현혹되어 주책없이 행동하지 마시오.
④ 이번에 우리 팀이 크게 이긴 것을 전화위복(轉禍爲福)으로 여기자.

01
㉠의 '눈'은 '무엇을 보는 표정이나 태도'를 의미한다. 이와 의미가 유사한 것은 ③이다.

오답체크
① '빛의 자극을 받아 물체를 볼 수 있는 감각 기관'의 의미로 쓰였다.
② '시력'의 의미로 쓰였다.
④ '태풍에서, 중심을 이루는 부분'의 의미로 쓰였다.

02
'옷에 풀기가 아직 살아 있다.'의 '살다'는 '본래 가지고 있던 색깔이나 특징 따위가 그대로 있거나 뚜렷이 나타나다.'라는 의미이다. ㉢의 '살다'에 해당하는 예문은 '어렸을 때 배운 노래 한 구절이 머릿속에 아직도 살아 있다.'의 '살다'이다.

03
'전화위복(轉禍爲福: 구를 전, 재앙 화, 할 위, 복 복)'은 재앙과 근심, 걱정이 바뀌어 오히려 복이 됨을 이르는 말이다. 제시된 문장에는 '재앙'에 해당하는 내용은 제시되어 있지 않고, 단순히 크게 이겼다고만 하였다. 따라서 '전화위복'의 쓰임은 적절하지 않다.

오답체크
① 견강부회(牽强附會: 끌 견, 강할 강, 붙을 부, 모일 회)는 이치에 맞지 않는 말을 억지로 끌어 붙여 자기에게 유리하게 함을 이르는 말이다. 문맥상 '억지 논리'를 펼치지 말고, 타당한 논거로 반박하라는 의미이므로 그 쓰임이 적절하다.
② 호시우보(虎視牛步: 범 호, 볼 시, 소 우, 걸을 보)는 범처럼 노려보고 소처럼 걷는다는 뜻으로, 예리한 통찰력으로 꿰뚫어 보며 성실하고 신중하게 행동함을 이르는 말이다. 문맥상 성실하고 신중하게 행동해서 훌륭한 리더가 되었다는 의미이므로 그 쓰임이 적절하다.
③ 도청도설(道聽塗說: 길 도, 들을 청, 진흙 도, 말씀 설)은 길에서 듣고 길에서 말한다는 뜻으로, 길거리에 퍼져 돌아다니는 뜬소문을 이르는 말이다. 따라서 떠도는 말에 현혹되어 주책없이 행동하지 말라고 말하는 상황에 어울리는 말이다.

[정답]
01 ③ 02 ③ 03 ④

04 다음과 같은 뜻의 속담은?

2015 지방직 9급

> 임시변통은 될지 모르나 그 효력이 오래가지 못할 뿐만 아니라 결국에는 사태가 더 나빠진다는 것을 말한다.

① 빈대 잡으려다 초가삼간 태운다.
② 언 발에 오줌 누기
③ 여름 불도 쬐다 나면 서운하다.
④ 밑 빠진 독에 물 붓기

04
'임시변통'과 '결국에는 사태가 더 나빠진다'가 핵심적인 말이다. 임시변통의 행위가 결국 나쁜 사태를 초래한다는 뜻을 가진 속담은 '언 발에 오줌 누기'이다. '언 발에 오줌 누기'는 발이 시려서 임시변통으로 오줌을 누면 당장은 발이 따뜻해질 수는 있지만, 그 효력이 오래가지 못하고, 결국에는 동상(凍傷)까지 걸릴 수 있다는 점에서 애초보다 더 나쁜 결과를 초래한다는 말이다.

오답체크
① 빈대 잡으려다 초가삼간 태운다는 '손해를 크게 볼 것을 생각하지 아니하고 자기에게 마땅치 아니한 것을 없애려고 그저 덤비기만 하는 경우'를 비유적으로 이르는 말이다. 무모하게 덤비는 어리석음과 관련된 말이므로 답이 아니다.
③ 여름 불도 쬐다 나면 서운하다는 '당장에 쓸데없거나 대단치 않게 생각되던 것도 막상 없어진 뒤에는 아쉽게 생각된다.'는 말이다. 임시변통으로 쓸 것도 없는 상황에 속하므로 답이 아니다.
④ 밑 빠진 독에 물 붓기는 밑 빠진 독에 아무리 물을 부어도 독이 채워질 수 없다는 뜻으로, '아무리 힘이나 밑천을 들여도 보람 없이 헛된 일이 되는 상태'를 비유적으로 이르는 말이다.

05 밑줄 친 관용어의 사용이 적절하지 않은 것은?

2017 지방직 7급

① 저 친구는 <u>입이 높아</u> 일반 음식은 먹지 않아.
② 그는 <u>입이 뜨고</u> 과묵한 사람이다.
③ <u>입 아래 코</u>라고 일의 순서가 바뀌었다.
④ 사람이 저렇게 <u>입이 진</u> 것을 보니 교양이 있겠구나.

05
④의 밑줄 친 관용구 '입이 질다'는 '속된 말씨로 거리낌 없이 말을 함부로 하다.' 또는 '말을 수다스럽게 많이 하는 버릇이 있다.'라는 의미이다. 따라서 '교양이 있겠구나.'란 말과 어울리지 않는다.

[정답]
04 ② 05 ④

Day 14 필수 어휘로 어휘력 끌어올리기

1회독
2회독
3회독

어휘 학습

1 문맥적 의미

(1) 머리

머리 명

「1」 사람이나 동물의 목 위의 부분. 눈, 코, 입 따위가 있는 얼굴을 포함하며 머리털이 있는 부분을 이른다. 뇌와 중추 신경 따위가 들어 있다.
  예문 머리를 다치다.

「2」 생각하고 판단하는 능력.
  예문 머리가 나쁘다.

「3」 머리에 난 털. =머리털.
  예문 아침마다 머리를 감다.

「4」 한자에서 글자의 윗부분에 있는 부수. '家', '花'에서 '宀', '艹' 따위이다.

「5」 단체의 우두머리.
  예문 그는 우리 모임의 머리 노릇을 하고 있다.

「6」 사물의 앞이나 위를 비유적으로 이르는 말.
  예문 장도리 머리 부분.

「7」 일의 시작이나 처음을 비유적으로 이르는 말.
  예문 머리도 끝도 없이 일이 뒤죽박죽이 되었다.

「8」 어떤 때가 시작될 무렵을 비유적으로 이르는 말.
  예문 해 질 머리.

「9」 한쪽 옆이나 가장자리.
  예문 한 머리에서는 장구를 치고 또 한 머리에서는 징을 두드려 대고 있었다.

「10」 일의 한 차례나 한 판을 비유적으로 이르는 말.
  예문 한 머리 태풍이 지나고 햇빛이 비쳤다.

「11」 『음악』 음표의 희거나 검은 둥근 부분. =음표 머리.

개념 바로 확인하기

단어 뜻에 해당하는 예문을 <보기>에서 고르시오.
(1) 사람이나 동물의 목 위의 부분. 눈, 코, 입 따위가 있는 얼굴을 포함하며 머리털이 있는 부분을 이른다. 뇌와 중추 신경 따위가 들어 있다. ( )
(2) 생각하고 판단하는 능력. ( )
(3) 머리에 난 털. =머리털. ( )
(4) 단체의 우두머리. ( )

보기
ⓐ 그는 머리가 덥수룩해서 지저분해 보인다.
ⓑ 저는 머리가 되기에는 아직 부족한 점이 많습니다.
ⓒ 그녀는 머리를 숙여 공손하게 선생님께 인사를 했다.
ⓓ 그는 행동이 가볍고 민첩한 데다가 머리까지 뛰어났다.

비슷한말
두뇌(頭腦)

[정답]
(1) ⓒ (2) ⓓ (3) ⓐ (4) ⓑ

(2) 삼다

삼다¹ 동

【…을】

「1」 짚신이나 미투리 따위를 걸어서 만들다.

예문 할아버지는 윗목으로 앉아서 새끼를 꼬고 할머니는 그 옆에서 왕얽이짚신을 삼는다.

「2」 삼이나 모시 따위의 섬유를 가늘게 찢어서 그 끝을 맞대고 비벼 꼬아 잇다.

예문 삼을 삼다 말고 쉬는 때면 뒤꼍의 무 구덩이에 가서 긴 싸리 꼬챙이로 무를 찔러 내어 그걸 깎아 먹으며…. ≪한수산, 유민≫

삼다² 동

【…을 …으로】

「1」 어떤 대상과 인연을 맺어 자기와 관계있는 사람으로 만들다.

예문 고아를 양자로 삼다.

「2」 무엇을 무엇이 되게 하거나 여기다.

예문 위기를 전화위복의 계기로 삼다.

「3」 (주로 '삼아' 꼴로 쓰여)('…으로' 성분은 단독형으로 쓰인다) 무엇을 무엇으로 가정하다.

예문 그녀는 딸을 친구 삼아 이야기하곤 한다.

개념 바로 확인하기

단어 뜻에 해당하는 예문을 <보기>에서 고르시오.

(1) 짚신이나 미투리 따위를 걸어서 만들다. （　）

(2) 어떤 대상과 인연을 맺어 자기와 관계 있는 사람으로 만들다. （　）

(3) 무엇을 무엇이 되게 하거나 여기다. （　）

(4) (주로 '삼아' 꼴로 쓰여)('…으로' 성분은 단독형으로 쓰인다) 무엇을 무엇으로 가정하다. （　）

보기

ⓐ 친구의 딸을 며느리로 삼다.
ⓑ 이제 와서 그것을 굳이 문제 삼을 것까지는 없다.
ⓒ 두 사람은 삼으로 손수 삼은 미투리를 신고 있었다.
ⓓ 할아버지는 철수에게 자신의 경험을 이야깃거리 삼아 들려주셨다.

[정답]
(1) ⓒ　(2) ⓐ　(3) ⓑ　(4) ⓓ

2 바꿔 쓰기

(1) 따르다

모방(模倣)하다	법 모, 본받을 방
	다른 것을 본뜨거나 본받다.
	[예문] 우리는 선생님이 보여 주는 동작을 그대로 따라서 했다.
준수(遵守)하다	좇을 준, 지킬 수
	전례나 규칙, 명령 따위를 그대로 좇아서 지키다.
	[예문] 관례에 따라 일을 처리하다.
추종(追從)하다	쫓을 추, 좇을 종
	「1」 남의 뒤를 따라서 좇다.
	[예문] 기계 설계 분야에서는 그를 따를 사람이 없다.
	「2」 권력이나 권세를 가진 사람이나 자신이 동의하는 학설 따위를 별 판단 없이 믿고 따르다.
	[예문] 그는 권력자를 무조건 따른다.
수반(隨伴)하다	따를 수, 짝 반
	어떤 일과 더불어 생기다. 또는 그렇게 되게 하다.
	[예문] 사업을 시작하는 데는 많은 어려움이 따르게 될 것이다.
의거(依據)하다	의거할 의, 의거할 거
	어떤 사실이나 원리 따위에 근거하다.
	[예문] 가족들은 고인의 뜻에 따라 불교 의식에 따른 장례식을 거행했다.

(2) 거두다

철회(撤回)하다	거둘 철, 돌 회
	이미 제출하였던 것이나 주장하였던 것을 다시 회수하거나 번복하다.
	[예문] 사장은 그가 낸 사표를 거두라고 당부하며 휴가를 주었다.
징수(徵收)하다	부를 징, 거둘 수
	「1」 나라, 공공 단체, 지주 등이 돈, 곡식, 물품 따위를 거두어들이다.
	[예문] 회원들에게서 회비를 거두다.
	「2」 행정 기관이 법에 따라서 조세, 수수료, 벌금 따위를 국민에게서 거두어들이다.
	[예문] 국민들로부터 세금을 공정하게 거두다.
수확(收穫)하다	거둘 수, 벼 벨 확
	익거나 다 자란 농수산물을 거두어들이다.
	[예문] 농촌에서는 벼를 거두느라 눈코 뜰 새 없이 바쁘다.

정리(整理)하다	가지런할 정, 다스릴 리
	흐트러지거나 혼란스러운 상태에 있는 것을 한데 모으거나 치워서 질서 있는 상태가 되게 하다.
	[예문] 이부자리를 거두다.
중지(中止)하다	가운데 중, 그칠 지
	하던 일을 중도에서 그만두다.
	[예문] 지원을 거두다.

3 한자 성어

변화무쌍(變化無雙) 2023 군무원 9급	변할 변, 될 화, 없을 무, 쌍 쌍
	변하는 정도가 비할 데 없이 심함.
무소불위(無所不爲) 2023 군무원 9급	없을 무, 바 소, 아닐 불, 할 위
	하지 못하는 일이 없음.
선견지명(先見之明) 2023 군무원 9급	미리 선, 볼 견, 갈 지, 밝을 명
	어떤 일이 일어나기 전에 미리 앞을 내다보고 아는 지혜.
괄목상대(刮目相對) 2024 지방직 7급 / 2023 군무원 9급	비빌 괄, 눈 목, 서로 상, 대답할 대
	눈을 비비고 상대편을 본다는 뜻으로, 남의 학식이나 재주가 놀랄 만큼 부쩍 늚을 이르는 말.

4 속담

지렁이도 밟으면 꿈틀한다★	아무리 눌려 지내는 미천한 사람이나, 순하고 좋은 사람이라도 너무 업신여기면 가만있지 아니한다는 말.
열흘 붉은 꽃이 없다★ 2018 서울시 9급(6월)	부귀영화란 일시적인 것이어서 그 한때가 지나면 그만임을 비유적으로 이르는 말.
물도 가다 구비를 친다 2018 서울시 9급(6월)	사람의 한평생에는 전환기가 있기 마련이라는 말.
꽃이 시들면 오던 나비도 안 온다 2018 서울시 9급(6월)	사람이 세도가 좋을 때는 늘 찾아오다가 그 처지가 보잘것없게 되면 찾아오지 아니함을 비유적으로 이르는 말.

★ 비슷한말
굼벵이도 밟으면(다치면/디디면) 꿈틀한다, 지나가는 달팽이도 밟으면 꿈틀한다

★ 비슷한말
봄꽃도 한때

5 관용어

손이 크다	「1」 씀씀이가 후하고 크다.
	「2」 수단이 좋고 많다.
발이 묶이다	몸을 움직일 수 없거나 활동할 수 없는 형편이 되다.
콧대를 꺾다 2016 소방직 9급	(어떤 사람이 다른 사람을) 상대방의 자만심이나 자존심을 꺾어 기를 죽이다.
첫 삽을 푸다 2016 소방직 9급	건설이나 공사 따위의 일을 처음으로 시작하다.

개념 확인 문제

[01~02] 문맥을 고려할 때, <보기>에서 밑줄 친 말과 바꿔 쓸 수 있는 한자어를 골라라.

01

보기		
ⓐ 모방(模倣)하다	ⓑ 준수(遵守)하다	ⓒ 추종(追從)하다
ⓓ 수반(隨伴)하다	ⓔ 의거(依據)하다	

(1) 강아지들이 제 어미를 <u>따라서</u> 멍멍 짖는다. ( )

(2) 식순에 <u>따라</u> 다음은 애국가 제창이 있겠습니다. ( )

02

보기		
ⓐ 철회(撤回)하다	ⓑ 징수(徵收)하다	ⓒ 수확(收穫)하다
ⓓ 정리(整理)하다	ⓔ 중지(中止)하다	

(1) 이제 그만 총질을 <u>거두시오</u>! ( )

(2) 마을 부녀회 회원들은 집집마다 돌아가면서 가을 고추를 <u>거두는</u> 일을 돕고 있다.

( )

[정답]
01 (1) ⓐ (2) ⓔ
02 (1) ⓔ (2) ⓒ

[03~05] 문맥을 고려할 때, <보기>에서 빈칸에 어울리는 말을 골라라.

03

보기
ⓐ 변화무쌍(變化無雙) ⓑ 무소불위(無所不爲)
ⓒ 선견지명(先見之明) ⓓ 괄목상대(刮目相對)

(1) 율곡 선생은 전쟁에 대한 _____ 이 있었기 때문에 강병설을 주장했다. (   )

(2) 힘 있는 자가 힘없는 자에게 일방적으로 _____ 의 힘을 행하는 시대는 지나갔다.
(   )

04

보기
ⓐ 지렁이도 밟으면 꿈틀한다   ⓑ 열흘 붉은 꽃이 없다
ⓒ 물도 가다 구비를 친다   ⓓ 꽃이 시들면 오던 나비도 안 온다

(1) _____ 이라, 있는 체하는 놈들 두고 보라지. 제 놈들은 언제까지 그럴 줄 알지.
(   )

(2) _____ 는데, 그 사람이 순하긴 해도 그렇게 막 대하다가는 큰코다칠지도 모르네.
(   )

05

보기
ⓐ 손이 크다   ⓑ 발이 묶이다
ⓒ 콧대를 꺾다   ⓓ 첫 삽을 푸다

(1) _____ 어머니는 친구가 오면 언제나 음식을 푸짐하게 차리곤 하셨다. (   )

(2) 그는 집안일에 _____ 당분간은 공부를 할 수 없게 되었다. (   )

[정답]

03 (1) ⓒ   (2) ⓑ
04 (1) ⓑ, ⓓ   (2) ⓐ
05 (1) ⓐ   (2) ⓑ

실전 연습 문제

01 ㉠과 의미가 가장 유사한 것은?

> 이 아이는 총명한 ㉠ 머리를 가지고 있지만 노력을 안 하는 편이다.

① 철수는 모임의 머리 노릇을 하고 있다.
② 총각은 이발소에 가서 머리를 짧게 잘랐다.
③ 어제 술을 많이 마신 탓인지 머리가 꽤 아프구나.
④ 아이는 머리가 좋아 한 번만 들으면 잊어버리는 법이 없다.

01
'총명한'이라는 수식어를 볼 때, ㉠의 '머리'는 '두뇌'라는 의미로 쓰였다. 이와 의미가 유사한 것은 ④이다.

오답체크
① '우두머리'의 의미로 쓰였다.
② '머리카락'의 의미로 쓰였다.
③ '사람이나 동물의 목 위의 부분'의 의미로 쓰였다.

02 밑줄 친 부분과 의미가 가장 유사한 것은? _{2016 국회직 9급 변형}

> **보기**
> 나는 팔을 베개 삼아 베고 누웠다.

① 친구의 딸을 며느리로 삼다.
② 위기를 전화위복의 계기로 삼다.
③ 그녀는 고양이를 친구 삼아 여행을 떠났다.
④ 이제 와서 그것을 굳이 문제 삼을 것까지는 없다.

02
〈보기〉의 '삼다'는 "무엇을 무엇으로 가정하다."라는 의미로 쓰였다. 이와 의미가 유사한 것은 ③이다.

오답체크
① '어떤 대상과 인연을 맺어 자기와 관계 있는 사람으로 만들다.'라는 의미로 쓰였다.
②, ④ '무엇을 무엇이 되게 하거나 여기다.'라는 의미로 쓰였다.

03 빈칸에 들어갈 한자성어로 가장 적절한 것은? _{2024 지방직 7급}

> 이 안에 자신을 이해해 줄 [   ]이/가 하나도 없다고 생각하니, 그는 새삼스럽게 고독을 느끼고 모든 사람들이 야속했다.

① 管鮑之交
② 過猶不及
③ 孤掌難鳴
④ 刮目相對

03
문맥상 자신을 이해해 줄 '사람'이 하나도 없어서, 외롭다는 내용이다. 따라서 빈칸에는 관중과 포숙의 사귐이란 뜻으로, 우정이 아주 돈독한 친구 관계를 이르는 말인 '관포지교(管鮑之交: 피리 관, 절인 어물 포, 갈 지, 사귈 교)'가 어울린다.

오답체크
② 과유불급(過猶不及: 지날 과, 원숭이 유, 아닐 불(부), 미칠 급)은 정도를 지나침은 미치지 못함과 같다는 뜻으로, 중용(中庸)이 중요함을 이르는 말이다.
③ 고장난명(孤掌難鳴: 외로울 고, 손바닥 장, 어려울 난, 울 명)은 외손뼉만으로는 소리가 울리지 아니한다는 뜻으로, 혼자의 힘만으로 어떤 일을 이루기 어려움을 이르는 말이다.
④ 괄목상대(刮目相對: 비빌 괄, 눈 목, 서로 상, 대할 대)는 눈을 비비고 상대편을 본다는 뜻으로, 남의 학식이나 재주가 놀랄 만큼 부쩍 늘었음을 이르는 말이다.

[정답]
01 ④ 02 ③ 03 ①

04 '권력의 무상함'을 나타내는 속담으로 가장 옳지 않은 것은?

2018 서울시 9급(6월)

① 달도 차면 기운다.
② 열흘 붉은 꽃이 없다.
③ 물도 가다 구비를 친다.
④ 꽃이 시들면 오던 나비도 안 온다.

05 다음 중 관용어가 사용되지 않은 문장은?

2016 소방직 9급

① 철수는 이번 시험에서 미역국을 먹었다.
② 아름이는 영희의 콧대를 꺾었다.
③ 드디어 그 공사의 첫 삽을 폈다.
④ 영희는 음식 만드는 일을 제일 꺼린다.

04
'무상(無常: 없을 무, 항상 상)하다'는 '모든 것이 덧없다.', '일정하지 않고 늘 변하는 데가 있다.'라는 의미이다. 그런데 속담 '물도 가다 구비를 친다.'는 사람의 한평생에는 '전환기'가 있기 마련이라는 말이다. 따라서 '권력의 무상함.'을 나타내는 속담으로 적절하지 않다.

05
관용어는 '두 개 이상의 단어로 이루어져 있으면서 그 단어들의 의미만으로는 전체의 의미를 알 수 없는, 특수한 의미를 나타내는 말'을 이른다. 그런데 ④는 단어의 본래적 의미만 가지기 때문에 '관용어'가 사용되지 않았다.

오답체크
① '미역국을 먹다'는 관용어로, '시험에서 떨어지다.'라는 의미이다.
② '콧대를 꺾다'는 관용어로, '상대방의 자만심이나 자존심을 꺾어 기를 죽이다.'라는 의미이다.
③ '첫 삽을 푸다'는 관용어로, '일을 처음으로 시작하다.'라는 의미이다.

[정답]
04 ③   05 ④

Day 15 필수 어휘로 어휘력 끌어올리기

1회독
2회독
3회독

어휘 학습

1 문맥적 의미

(1) 사이

> 사이 [명]
> 「1」 한곳에서 다른 곳까지, 또는 한 물체에서 다른 물체까지의 거리나 공간.
>   예문 서울과 인천 사이.
> 「2」 한때로부터 다른 때까지의 동안.
>   예문 오후 11시에서 12시 사이.
> 「3」 (주로 '없다'와 함께 쓰여) 어떤 일에 들이는 시간적인 여유나 겨를.
>   예문 쉴 사이 없이 일하다.
> 「4」 서로 맺은 관계. 또는 사귀는 정분.
>   예문 선후배 사이.

개념 바로 확인하기

단어 뜻에 해당하는 예문을 <보기>에서 고르시오.

(1) 한곳에서 다른 곳까지, 또는 한 물체에서 다른 물체까지의 거리나 공간.
( )
(2) 한때로부터 다른 때까지의 동안.
( )
(3) (주로 '없다'와 함께 쓰여) 어떤 일에 들이는 시간적인 여유나 겨를. ( )
(4) 서로 맺은 관계. 또는 사귀는 정분. ( )

보기
ⓐ 편하게 앉아 있을 사이가 없다.
ⓑ 나뭇가지 사이로 달빛이 흘러들었다.
ⓒ 부부 사이에도 가려야 할 말과 조심해야 할 행동이 있다.
ⓓ 내가 잠깐 자리를 비운 사이에 누군가가 책상에 초콜릿을 두고 갔다.

[정답]
(1) ⓑ (2) ⓓ (3) ⓐ (4) ⓒ

(2) 갈다

갈다¹ 동

【…을 …으로】

「1」 이미 있는 사물을 다른 것으로 바꾸다.
예문 고장 난 전등을 빼고 새것으로 갈아 끼웠다.

「2」 어떤 직책에 있는 사람을 다른 사람으로 바꾸다.
예문 임원을 새 인물로 갈다.

갈다² 동

【…을】

「1」 날카롭게 날을 세우거나 표면을 매끄럽게 하기 위하여 다른 물건에 대고 문지르다.
예문 기계로 칼을 갈다★.

「2」 잘게 부수기 위하여 단단한 물건에 대고 문지르거나 단단한 물건 사이에 넣어 으깨다.
예문 무를 강판에 갈아 즙을 내다.

「3」 먹을 풀기 위하여 벼루에 대고 문지르다.
예문 벼루에 먹을 갈다.

「4」 윗니와 아랫니를 맞대고 문질러 소리를 내다.
예문 자면서 뽀드득뽀드득 이를 갈다.

갈다³ 동

「1」【…을】쟁기나 트랙터 따위의 농기구나 농기계로 땅을 파서 뒤집다.
예문 경운기로 논도 갈고 지게질로 객토도 했다. ≪윤흥길, 완장≫

「2」【…에 …을】주로 밭작물의 씨앗을 심어 가꾸다.
예문 밭에 보리를 갈다.

개념 바로 확인하기

단어 뜻에 해당하는 예문을 <보기>에서 고르시오.

(1) 이미 있는 사물을 다른 것으로 바꾸다. ( )

(2) 날카롭게 날을 세우거나 표면을 매끄럽게 하기 위하여 다른 물건에 대고 문지르다. ( )

(3) 잘게 부수기 위하여 단단한 물건에 대고 문지르거나 단단한 물건 사이에 넣어 으깨다. ( )

(4) 윗니와 아랫니를 맞대고 문질러 소리를 내다. ( )

보기
ⓐ 맷돌에 녹두를 갈다.
ⓑ 기계로 옥돌을 갈아 구슬을 만든다.
ⓒ 컴퓨터의 부속품을 좋은 것으로 갈았다.
ⓓ 어젯밤에 그가 이를 얼마나 심하게 갈던지 잠을 잘 수가 없었다.

★ 비슷한말
연마하다(研磨하다/練磨하다/鍊磨하다), 지려하다(砥礪하다)

[정답]
(1) ⓒ (2) ⓑ (3) ⓐ (4) ⓓ

2 바꿔 쓰기

(1) 가다

유지(維持)되다	바 유, 가질 지
	어떤 상태나 상황이 그대로 보존되거나 변함없이 계속되어 지탱되다.
	예문 작심삼일이라고, 결심이 며칠이나 가겠니?
사망(死亡)하다	죽을 사, 망할 망
	사람이 죽다.
	예문 억울하게 간 넋을 추모했다.
변질(變質)되다	변할 변, 바탕 질
	성질이 달라지거나 물질의 질이 변하게 되다.
	예문 콩나물무침이 시큼하게 맛이 갔어.
작동(作動)하다	지을 작, 움직일 동
	기계 따위가 작용을 받아 움직이다. 또는 기계 따위를 움직이게 하다.
	예문 고물 차인데도 별 탈 없이 잘 간다.
경과(經過)하다	경서 경, 지날 과
	시간이 지나가다.
	예문 재미가 있어서 시간이 가는 줄도 몰랐다.

(2) 닦다

수련(修練)하다	닦을 수, 익힐 련
	인격, 기술, 학문 따위를 닦아서 단련하다.
	예문 그동안 닦은 기량을 마음껏 펼칠 수 있는 기회가 왔다.
청소(淸掃)하다	맑을 청, 쓸 소
	때, 먼지 녹 따위의 더러운 것을 없애거나 윤기를 내려고 겉죽을 문지르다.
	예문 방바닥을 걸레로 닦다.
건설(建設)하다	세울 건, 베풀 설
	건물, 설비, 시설 따위를 새로 만들어 세우다.
	예문 고속도로를 닦다.
질책(叱責)하다	꾸짖을 질, 꾸짖을 책
	꾸짖어 나무라다.
	예문 사람을 그렇게 닦아 몰지만 말고 차근히 사정을 들어 보세.
마련하다★	어떤 일을 하기 위한 기초를 헤아려서 갖추다.
	예문 회사의 기반을 닦은 뒤에 다른 활동도 모색해 볼 것이다.

★ '마련하다'는 고유어이다.

3 한자 성어

토사구팽(兔死狗烹) 2020 지방직 9급 2016 기상직 9급	토끼 토, 죽을 사, 개 구, 삶을 팽
	토끼가 죽으면 토끼를 잡던 사냥개도 필요 없게 되어 주인에게 삶아 먹힌다는 뜻으로, 필요할 때는 쓰고 필요 없을 때는 야박하게 버리는 경우를 이르는 말.
수불석권(手不釋卷) 2020 지방직 9급	손 수, 아닐 불, 풀 석, 책 권
	손에서 책을 놓지 아니하고 늘 글을 읽음.
아전인수(我田引水) 2020 지방직 9급	나 아, 밭 전, 당길 인, 물 수
	자기 논에 물 대기라는 뜻으로, 자기에게만 이롭게 되도록 생각하거나 행동함을 이르는 말.
절차탁마(切磋琢磨) 2016 국회직 9급 2014 지방직 9급 2010 지방직 7급	끊을 절, 갈 차, 쪼을 탁, 갈 마
	옥이나 돌 따위를 갈고 닦아서 빛을 낸다는 뜻으로, 부지런히 학문과 덕행을 닦음을 이르는 말.

4 속담

소경 머루 먹듯 2017 경찰직 1차	좋고 나쁜 것을 분별하지 못하고 이것저것 아무것이나 취하는 모양을 비유적으로 이르는 말.
재미난 골에 범 난다 2017 경찰직 1차	「1」 편하고 재미있다고 위험한 일이나 나쁜 일을 계속하면 나중에는 큰 화를 당하게 됨을 이르는 말.★ 「2」 지나치게 재미있으면 그 끝에 가서는 좋지 않은 일이 생김을 이르는 말.
깻묵에도 씨가 있다 2017 경찰직 1차	언뜻 보면 없을 듯한 곳에도 자세히 살펴보면 혹 있을 수 있음을 비유적으로 이르는 말.
가물에 돌 친다 2017 경찰직 1차	물이 없는 가뭄에 도랑을 미리 쳐서 물길을 낸다는 뜻으로, 무슨 일이든지 사전에 미리 준비를 해야 함을 비유적으로 이르는 말.

★ 비슷한말
오래 앉으면 새도 살을 맞는다

5 관용어

말꼬리를 물다★ 2017 지방직 9급	남의 말이 끝나자마자 이어 말하다.
말이 있다 2017 지방직 9급	어떤 말이 상정되거나 토론이 되다.
맛을 붙이다 2017 지방직 9급	마음에 당겨 재미를 붙이다.
말길이 되다 2017 지방직 9급	남에게 소개하는 의논의 길이 트이다.

★ 비슷한말
말꼬리를 잡다, 말끝을 잡다

개념 확인 문제

[01~02] 문맥을 고려할 때, <보기>에서 밑줄 친 말과 바꿔 쓸 수 있는 한자어를 골라라.

01

> 보기
>
> ⓐ 유지(維持)되다　　ⓑ 사망(死亡)하다　　ⓒ 변질(變質)되다
> ⓓ 작동(作動)하다　　ⓔ 경과(經過)하다

(1) 유통 기한이 지났는지 우유가 맛이 <u>갔다</u>.　　　　　　　　　　　(　　)

(2) 담배를 끊겠다는 결심이 결국 사흘도 못 <u>갔다</u>.　　　　　　　　(　　)

02

> 보기
>
> ⓐ 수련(修練)하다　　　　ⓑ 청소(淸掃)하다
> ⓒ 건설(建設)하다　　　　ⓓ 질책(叱責)하다

(1) 아이를 그렇게 <u>닦아</u> 몰지만 말고 차근차근 일깨워 줘라.　　　　(　　)

(2) 화랑은 무술과 도의를 <u>닦고</u>, 나라에 봉사하는 정신을 길러 삼국 통일에 큰 공헌을 하였다.　　　　　　　　　　　　　　　　　　　　　　　　　　　　　　　(　　)

[정답]
01 (1) ⓒ　(2) ⓐ
02 (1) ⓓ　(2) ⓐ

[03~05] 문맥을 고려할 때, <보기>에서 빈칸에 어울리는 말을 골라라.

03 보기

ⓐ 토사구팽(兔死狗烹) ⓑ 수불석권(手不釋卷)
ⓒ 아전인수(我田引水) ⓓ 절차탁마(切磋琢磨)

(1) 평생 일한 직장에서 하루아침에 _____을 당하다니! ( )
(2) 그들은 서로들 _____ 격으로 각기 딴생각으로 일을 해석했다. ( )

04 보기

ⓐ 소경 머루 먹듯 ⓑ 재미난 골에 범 난다
ⓒ 깻묵에도 씨가 있다 ⓓ 가물에 돌 친다

(1) _____고, 자네도 미리 준비를 해야 된단 말일세. ( )
(2) _____고, 매일 도박만 하더니 집안이 폭삭 망하게 생겼다. ( )

05 보기

ⓐ 말꼬리를 물다 ⓑ 말이 있다
ⓒ 맛을 붙이다 ⓓ 말길이 되다

(1) 그는 내 _____ 계속 설명해 나갔다. ( )
(2) 그는 요즘 등산에 _____ 매주 일요일마다 등산을 한다. ( )

[정답]
03 (1) ⓐ (2) ⓒ
04 (1) ⓓ (2) ⓑ
05 (1) ⓐ (2) ⓒ

실전 연습 문제

01 ㉠과 의미가 가장 유사한 것은?

> 영조는 1위와의 ㉠ 사이를 좁히기 위해 젖 먹던 힘까지 다해 달렸다.

① 편하게 앉아 있을 사이가 없다.
② 딸이 잠깐 방을 나간 사이 전화가 울렸다.
③ 소희와 나는 친구 사이로 지낸 지가 벌써 십오 년째이다.
④ 부산과 양산 사이 국도에 안개가 심하게 끼어 4중 충돌 사고가 일어났다.

01
㉠의 '사이'는 '한곳에서 다른 곳까지, 또는 한 물체에서 다른 물체까지의 거리나 공간'을 의미한다. 이와 의미가 유사한 것은 ④이다.

오답체크
① '어떤 일에 들이는 시간적인 여유나 겨를'이라는 의미로 쓰였다.
② '한때로부터 다른 때까지의 동안'이라는 의미로 쓰였다.
③ '서로 맺은 관계. 또는 사귀는 정분'이라는 의미로 쓰였다.

---

02 다음 용례를 통해 '갈다'의 사전적 의미를 설명한 것으로 가장 적절하지 않은 것은? 2018 경찰직 2차

> ㉠ 기계로 칼을 갈다.
> ㉡ 맷돌에 녹두를 갈다.
> ㉢ 자면서 뽀드득뽀드득 이를 갈다.
> ㉣ 이따금씩 '끙!' 하고 목을 갈기도 하였다.

① ㉠을 통해 '날카롭게 날을 세우거나 표면을 매끄럽게 하기 위하여 다른 물건에 대고 문지르다.'의 의미를 설정할 수 있다.
② ㉡을 통해 '잘게 부수기 위하여 단단한 물건을 대고 문지르거나 단단한 물건 사이에 넣어 으깨다.'의 의미를 설정할 수 있다.
③ ㉢을 통해 '윗니와 아랫니를 마주 대고 문지르다.'의 의미를 설정할 수 있다.
④ ㉣을 통해 '이미 있는 것을 다른 것으로 바꾸다.'의 의미를 설정할 수 있다.

02
㉣에서 '갈다'는 '목 안을 매끄럽게 하기 위하여 목에 힘을 주다.'라는 의미로 쓰였다.
※ '이미 있는 것을 다른 것으로 바꾸다.' 의미를 가진 '갈다'의 예문으로는 '창을 열고 실내 공기를 갈았다.'나 '컴퓨터의 부속품을 좋은 것으로 갈았다.'가 있다.

---

03 다음에 서술된 A사의 상황을 가장 적절하게 표현한 한자 성어는? 2020 지방직 9급 변형

> 최근 출시된 A사의 신제품이 뜨거운 호응을 얻고 있다. 이번 제품의 성공으로 A사는 B사에게 내주었던 업계 1위 자리를 탈환했다.

① 토사구팽(兔死狗烹)
② 권토중래(捲土重來)
③ 수불석권(手不釋卷)
④ 아전인수(我田引水)

03
"이번 신제품의 성공으로 A사는 B사에게 내주었던 업계 1위 자리를 탈환했다."라는 내용을 볼 때, 땅을 말아 일으킬 것 같은 기세로 다시 온다는 뜻으로, 한 번 실패하였으나 힘을 회복하여 다시 쳐들어옴을 이르는 말인 '권토중래(捲土重來: 말 권, 흙 토, 거듭 중, 올 래)'가 어울린다.

[정답]
01 ④   02 ④   03 ②

04 다음 중 속담의 뜻풀이로 적절하지 않은 것은?

2017 경찰직 1차

① 소경 머루 먹듯: 좋고 나쁜 것을 분별하지 못하고 아무것이나 취함.
② 재미난 골에 범 난다: 즐거운 일을 찾아 계속하다 보면 큰 인물이 될 수 있음.
③ 깻묵에도 씨가 있다: 아무리 하찮아 보이는 물건에도 제 속은 있음.
④ 가물에 돌 친다: 가뭄에 도랑을 미리 치워 물길을 낸다는 뜻으로 사전에 미리 준비해야 함.

05 밑줄 친 말의 의미는?

2017 지방직 9급

> 몇 달 만에야 <u>말길이 되어</u> 겨우 상대편을 만나 보았다.

① 남의 말이 끝나자마자 이어 말하다.
② 자신을 소개하는 길이 트이다.
③ 어떤 말이 상정되거나 토론이 되다.
④ 마음에 당겨 재미를 붙이다.

04
속담 '재미난 골에 범 난다.'는 '편하고 재미있다고 위험한 일이나 나쁜 일을 계속하면 나중에는 큰 화를 당하게 됨.'을, '지나치게 재미있으면 그 끝에 가서는 좋지 않은 일이 생김.'을 이르는 말이다.
※ '깻묵'은 기름을 짜고 남은 깨의 찌꺼기로, 흔히 낚시의 밑밥이나 논밭의 밑거름으로 쓰인다.

05
'말길'은 '말하는 길', '말하는 기회 또는 실마리'를 의미한다. 관용어 '말길이 되다'는 '남에게 소개하는 의논의 길이 트이다.'라는 의미이다.

[오답체크]
① '남의 말이 끝나자마자 이어 말하다.'라는 의미를 가진 관용어는 '말꼬리를 물다'이다.
③ '어떤 말이 상정되거나 토론이 되다.'라는 의미를 가진 관용어는 '말이 있다'이다.
④ '마음에 당겨 재미를 붙이다.'라는 의미를 가진 관용어는 '맛을 붙이다'이다.

[정답]
04 ② 05 ②

Day 16 필수 어휘로 어휘력 끌어올리기

1회독
2회독
3회독

어휘 학습

1 문맥적 의미

(1) 물

물¹ 명
「1」 자연계에 강, 호수, 바다, 지하수 따위의 형태로 널리 분포하는 액체. 순수한 것은 빛깔, 냄새, 맛이 없고 투명하다. 산소와 수소의 화학적 결합물로, 어는점 이하에서는 얼음이 되고 끓는점 이상에서는 수증기가 된다. 공기와 더불어 생물이 살아가는 데 없어서는 안 될 중요한 물질이다.
  예문 물로 입안을 헹구다.
「2」 못, 내, 호수, 강, 바다 따위를 두루 이르는 말.
  예문 물고기들이 물에서 헤엄친다.
「3」 '조수'를 달리 이르는 말.
  예문 물이 빠지다.
「4」 음료수나 술 따위를 비유적으로 이르는 말.
  예문 내 비록 물 팔아 먹고살지만 이것만은 도저히 용납할 수 없다.
「5」 (일부 명사 뒤에 쓰여)('들다', '먹다'와 함께 쓰여) 그곳에서의 경험이나 영향을 비유적으로 이르는 말.
  예문 사회 물을 먹어야 세상살이를 좀 알게 될 것이다.

물² 명
물감이 물건에 묻어서 드러나는 빛깔.
  예문 옷감에 물을 들이다.

물³ 명
물고기 따위의 싱싱한 정도.
  예문 물이 좋은 생선.

개념 바로 확인하기

단어 뜻에 해당하는 예문을 <보기>에서 고르시오.

(1) 못, 내, 호수, 강, 바다 따위를 두루 이르는 말. (　)
(2) (일부 명사 뒤에 쓰여)('들다', '먹다'와 함께 쓰여) 그곳에서의 경험이나 영향을 비유적으로 이르는 말. (　)
(3) 물감이 물건에 묻어서 드러나는 빛깔. (　)
(4) 물고기 따위의 싱싱한 정도. (　)

보기
ⓐ 이 꽁치는 물이 좋지 않다.
ⓑ 옷을 벗어 머리에 이고 물을 건넜다.
ⓒ 옷에 정성스럽게 들인 물이 빠져서 속상했다.
ⓓ 서울에 나가 몇 년 살더니 동생은 서울 물이 들어 아주 멋쟁이가 되었다.

[정답]
(1) ⓑ (2) ⓓ (3) ⓒ (4) ⓐ

(2) 쓰다

쓰다¹ 동

① 【…에 …을】
「1」 붓, 펜, 연필과 같이 선을 그을 수 있는 도구로 종이 따위에 획을 그어서 일정한 글자의 모양이 이루어지게 하다.
예문 연습장에 붓글씨를 쓰다.

「2」 【…에 -고】 머릿속의 생각을 종이 혹은 이와 유사한 대상 따위에 글로 나타내다.
예문 그는 조그마한 수첩에 일기를 써 왔다.

② 【…을】
「1」 원서, 계약서 등과 같은 서류 따위를 작성하거나 일정한 양식을 갖춘 글을 쓰는 작업을 하다.
예문 그는 지금 계약서를 쓰고 있다.

「2」 머릿속에 떠오른 곡을 일정한 기호로 악보 위에 나타내다.
예문 그는 노래도 부르고 곡도 쓰는 가수 겸 작곡자이다.

쓰다² 동

① 【…에 …을】
「1」 모자 따위를 머리에 얹어 덮다.
예문 모자를 쓰다.

「2」 얼굴에 어떤 물건을 걸거나 덮어쓰다.
예문 얼굴에 마스크를 쓰다.

「3」 먼지나 가루 따위를 몸이나 물체 따위에 덮은 상태가 되다.
예문 광부들이 온몸에 석탄가루를 까맣게 쓰고 일을 한다.

② 【…을】
「1」 우산이나 양산 따위를 머리 위에 펴 들다.
예문 밖에 비가 오니 우산을 쓰고 가거라.

「2」 사람이 죄나 누명 따위를 가지거나 입게 되다.
예문 그는 억울하게 누명을 썼다.

쓰다³ 동

① 【…에 …을】
「1」 어떤 일을 하는 데에 재료나 도구, 수단을 이용하다.
예문 빨래하는 데에 합성 세제를 많이 쓴다고 빨래가 깨끗하게 되는 것은 아니다.

「2」 【…을 …으로】 사람에게 어떤 일을 하게 하다.
예문 하수도 공사에 인부를 쓴다.

② 【…에/에게 …을】
「1」 (흔히, '한턱', '턱' 따위와 함께 쓰여) 다른 사람에게 베풀거나 내다.
예문 그는 취직 기념으로 친구들에게 한턱을 썼다.

개념 바로 확인하기

단어 뜻에 해당하는 예문을 <보기>에서 고르시오.

(1) 어떤 일을 하는 데에 재료나 도구, 수단을 이용하다. ( )
(2) 사람에게 어떤 일을 하게 하다. ( )
(3) 어떤 일에 마음이나 관심을 기울이다. ( )
(4) 어떤 일을 하는 데 시간이나 돈을 들이다. ( )

보기
ⓐ 마음의 병에는 쓸 약도 없다.
ⓑ 회사에서는 그 자리에 경험자를 쓰기로 했다.
ⓒ 선생님, 일부러 제게 마음을 쓰지 않으셔도 됩니다.
ⓓ 아르바이트에 시간을 많이 써서 공부할 시간이 없다.

[정답]
(1) ⓐ (2) ⓑ (3) ⓒ (4) ⓓ

「2」 어떤 일에 마음이나 관심을 기울이다.
　　예문 나 정말 괜찮으니까 그 일에 신경 쓰지 마.
「3」 합당치 못한 일을 강하게 요구하다.
　　예문 공적인 일을 추진하는 데에는 억지를 쓰면 안 된다.
「4」 【…을 …으로】 어떤 일을 하는 데 시간이나 돈을 들이다.
　　예문 오늘 아이들에게 너무 많은 돈을 썼다.
「5」 【-려고】 ('-려고' 대신에 '-기 위하여'가 쓰이기도 한다) 힘이나 노력 따위를 들이다.
　　예문 이상하게도 그는 오늘 상대 선수에게 너무 힘을 쓰지 못했다.

③ 【…을】
「1」 몸의 일부분을 제대로 놀리거나 움직이다.
　　예문 강한 볼을 던지려면 어깨도 강해야 하지만 허리를 잘 써야 한다.
「2」 【…을 …으로】 어떤 건물이나 장소를 일정 기간 사용하거나 임시로 다른 일을 하는 곳으로 이용하다.
　　예문 아랫방을 쓰는 사람이 방세를 내지 않는다.
「3」 【…에/에게 …을】【…을 …으로】 어떤 말이나 언어를 사용하다.
　　예문 그는 시골에서 온 지 얼마 안 되었는데도 서울말을 유창하게 쓴다.

④ ('-아서/면 쓰-' 구성으로 쓰여)(주로 반어적인 표현에 쓰여)
도리에 맞는 바른 상태가 되다.
예문 어른에게 대들면 쓰나?

쓰다⁴ 동
시체를 묻고 무덤을 만들다.
예문 공원묘지에 묘를 쓰다.

쓰다⁵ 동
【…을】
장기나 윷놀이 따위에서 말을 규정대로 옮겨 놓다.
예문 윷놀이는 말을 잘 쓰는 것이 제일 중요하다.

쓰다⁶ 형
①
「1」 혀로 느끼는 맛이 한약이나 소태, 씀바귀의 맛과 같다.
　　예문 이 커피는 향기도 없고 쓰기만 하다.
「2」 달갑지 않고 싫거나 괴롭다.
　　예문 여러 번 실패를 경험했지만 언제나 그 맛은 썼다.

② 【…이】
몸이 좋지 않아서 입맛이 없다.
예문 며칠을 앓았더니 입맛이 써서 맛있는 게 없다.

2 바꿔 쓰기

(1) 내놓다

희생(犧牲)하다	희생 희, 희생 생	
	다른 사람이나 어떤 목적을 위하여 자신의 목숨, 재산, 명예, 이익 따위를 바치거나 버리다. 또는 그것을 빼앗기다.	
	예문 전체를 위해서라면 나의 개인적인 명예쯤은 내놓고, 모든 비난을 감수할 용의가 있다.	
대접(待接)하다	기다릴 대, 접할 접	
	음식을 차려 접대하다.	
	예문 손님에게 차와 과일을 내놓았다.	
매매(賣買)하다	팔 매, 살 매	
	물건을 팔고 사다.	
	예문 집을 내놓다.	
발표(發表)하다	필 발, 겉 표	
	세상에 널리 드러내어 알리다.	
	예문 후보들은 경쟁적으로 유권자들에게 공약을 내놓았다.	
사퇴(辭退)하다	말 사, 물러날 퇴	
	어떤 일을 그만두고 물러서다.	
	예문 그는 이번 경기에 패배하여 이사회에 감독직을 내놓았다.	

(2) 서다

수립(樹立)되다	나무 수, 설 립	
	국가나 정부, 제도, 계획 따위가 이룩되어 세워지다.	
	예문 결심이 서다.	
정지(停止)하다	머무를 정, 그칠 지	
	움직이고 있던 것이 멎거나 그치다. 또는 중도에서 멎거나 그치게 하다.	
	예문 지나가던 긴 행렬이 갑자기 우리 앞에서 섰다.	
개장(開場)되다	열 개, 마당 장	
	장이나 씨름판 따위가 열리다.	
	예문 내일은 오일장이 서는 날이다.	
건립(建立)되다	세울 건, 설 립	
	건물, 기념비, 동상, 탑 따위가 만들어져 세워지다.	
	예문 상하이는 대한민국 임시 정부가 선 곳이다.	
기립(起立)하다	일어날 기, 설 립	
	일어나서 서다.	
	예문 회장이 들어오자 간부들이 모두 서서 그를 맞았다.	

3 한자 성어

간난신고(艱難辛苦) 2018 서울시 7급(3월)	어려울 간, 어려울 난, 매울 신, 괴로울 고
	몹시 힘들고 어려우며 고생스러움.
빈이무원(貧而無怨) 2018 서울시 7급(3월)	가난할 빈, 말 이을 이, 없을 무, 원망할 원
	가난하지만 남을 원망하지 않음.
단사표음(簞食瓢飮) 2018 서울시 7급(3월)	소쿠리 단, 먹이 사, 바가지 표, 마실 음
	대나무로 만든 밥그릇에 담은 밥과 표주박에 든 물이라는 뜻으로, 청빈하고 소박한 생활을 이르는 말. ≒단표, 일단사일표음.
좌불안석(坐不安席) 2012 국가직 7급	앉을 좌, 아닐 불, 편안할 안, 자리 석
	앉아도 자리가 편안하지 않다는 뜻으로, 마음이 불안하거나 걱정스러워서 한군데에 가만히 앉아 있지 못하고 안절부절못하는 모양을 이르는 말.

4 속담

발 없는 말이 천 리 간다 2012 지방직 9급	말은 비록 발이 없지만 천 리 밖까지도 순식간에 퍼진다는 뜻으로, 말을 삼가야 함을 비유적으로 이르는 말.
굴러온 돌이 박힌 돌 뺀다 2012 지방직 9급	외부에서 들어온 지 얼마 안 되는 사람이 오래전부터 있던 사람을 내쫓거나 해치려 함을 비유적으로 이르는 말.
낮말은 새가 듣고 밤말은 쥐가 듣는다 2012 지방직 9급	「1」 아무도 안 듣는 데서라도 말조심해야 한다는 말. 「2」 아무리 비밀히 한 말이라도 반드시 남의 귀에 들어가게 된다는 말.
고기는 씹어야 맛이요, 말은 해야 맛이라 2012 지방직 9급	고기의 참맛을 알려면 겉만 핥을 것이 아니라 자꾸 씹어야 하듯이, 하고 싶은 말이나 해야 할 말은 시원히 다 해 버려야 좋다는 말.

5 관용어

손이 맑다 2016 국회직 9급	「1」 재수가 없어 생기는 것이 없다. 「2」 인색하여 남에게 물건을 주는 품이 후하지 못하다.
발을 타다 2016 국회직 9급	강아지 따위가 걸음을 걷기 시작하다.
귀가 질기다 2016 국회직 9급	「1」 둔하여 남의 말을 잘 이해하지 못하다. 「2」 말을 싹싹하게 잘 듣지 않고 끈덕지다.
코가 빠지다 2016 국회직 9급	근심에 싸여 기가 죽고 맥이 빠지다.

개념 확인 문제

[01~02] 문맥을 고려할 때, <보기>에서 밑줄 친 말과 바꿔 쓸 수 있는 한자어를 골라라.

01

<보기>
ⓐ 희생(犧牲)하다   ⓑ 대접(待接)하다   ⓒ 매매(賣買)하다
ⓓ 발표(發表)하다   ⓔ 사퇴(辭退)하다

(1) 정부는 연초에 국민들에게 경제 개혁 안을 <u>내놓았다</u>. (   )
(2) 주민들은 새로 들어온 의료 봉사단에 음식을 <u>내놓으면서</u> 고마운 마음을 표현하고자 했다. (   )

02

<보기>
ⓐ 수립(樹立)되다   ⓑ 정지(停止)하다   ⓒ 개장(開場)되다
ⓓ 건립(建立)되다   ⓔ 기립(起立)하다

(1) 치밀한 계획이 <u>서면</u> 시작해라. (   )
(2) 작은 시침바늘은 12시에 <u>서</u> 있었다. (   )

[03~05] 문맥을 고려할 때, <보기>에서 빈칸에 어울리는 말을 골라라.

03

<보기>
ⓐ 간난신고(艱難辛苦)   ⓑ 빈이무원(貧而無怨)
ⓒ 단사표음(簞食瓢飮)   ⓓ 좌불안석(坐不安席)

(1) 온갖 _____를 무릅쓰고 성공을 거두었다. (   )
(2) 회사에 감원이 있을 거란 소문이 돌자 모두들 _____이었다. (   )

04

<보기>
ⓐ 발 없는 말이 천 리 간다   ⓑ 굴러온 돌이 박힌 돌 뺀다
ⓒ 낮말은 새가 듣고 밤말은 쥐가 듣는다   ⓓ 고기는 씹어야 맛이요, 말은 해야 맛이라

(1) 새로 들어온 여비서 때문에 회사에서 해고된 그녀는 _____며 분을 참지 못했다. (   )
(2) _____고, 우리가 한 말이 다른 사람 귀에 들어가면 큰일이니 입조심해야 한다. (   )

05

<보기>
ⓐ 손이 맑다   ⓑ 발을 타다   ⓒ 귀가 질기다   ⓓ 코가 빠지다.

(1) 이렇게 고집만 피우다니 생각보다 _____! (   )
(2) 그 소식을 듣자 마을 사람들 모두 _____ 아무 일도 하지 못했다. (   )

[정답]
01 (1) ⓓ (2) ⓑ
02 (1) ⓐ (2) ⓑ
03 (1) ⓐ (2) ⓓ
04 (1) ⓑ (2) ⓐ, ⓒ
05 (1) ⓒ (2) ⓓ

실전 연습 문제

01
①의 '물'은 그곳에서의 경험이나 영향을 비유적으로 이르는 말이다. 이와 의미가 유사한 것은 ②이다.

오답체크
① '자연계에 강, 호수, 바다, 지하수 따위의 형태로 널리 분포하는 액체'라는 의미로 쓰였다.
③ '물고기 따위의 싱싱한 정도'의 의미로 쓰였다.
④ '물감이 물건에 묻어서 드러나는 빛깔'의 의미로 쓰였다.
※ ③과 ④는 ⊙과 소리가 같을 뿐, 의미적 관련성이 없다. 따라서 동음이의 관계이다.

02
〈보기〉의 '쓰다'는 '어떤 일을 하는 데에 재료나 도구, 수단을 이용하다.'라는 의미이다. 영어로 치자면, 'use'의 의미이다. ①의 '쓰다'는 '합당치 못한 일을 강하게 요구하다.'라는 의미로 〈보기〉와 의미적 관련성이 있다. 따라서 〈보기〉와 다의 관계에 있는 것은 ①이다.

오답체크
①을 제외한 나머지는 모두 '쓰다'라는 소리만 동일하고, 의미적 관련성은 없는 동음이의 관계이다.

03
〈보기〉는 누추함에 개의치 않고 기품 있게 살아가려는, 당당한 자세를 가지고 있다. 따라서 '몹시 힘들고 어려우며 고생스러움.'이라는 뜻을 가진 ②의 '간난신고(艱難辛苦: 어려울 간, 어려울 난, 매울 신, 쓸 고)'는 글쓴이의 태도로 적절하지 않다.

[정답]
01 ② 02 ① 03 ②

---

01 ⊙과 문맥적 의미가 유사한 것은?

> 그 친구는 서울 ⊙ 물을 먹더니 아주 세련되게 변했다.

① 사람의 몸은 7할 이상이 물이다.
② 그는 외국 물 좀 먹더니 말씨가 달라졌다.
③ 물이 좋은 생선을 샀으니 저녁 먹으러 오너라.
④ 옷에 정성스럽게 들인 물이 금방 빠져서 속상했다.

02 〈보기〉의 밑줄 친 부분과 다의 관계에 있는 '쓰다'의 용례로 가장 알맞은 것은?
2015 경찰직 2차

보기
> 이런 증세에는 이 약을 쓰면 바로 효과를 볼 수 있다.

① 아이가 자신이 좋아하는 반찬만 먹겠다고 생떼를 쓴다.
② 선산에 자신의 묘를 써 달라는 것이 그의 유언이었다.
③ 그가 말하는 것을 들어보니 아예 소설을 쓰고 있었다.
④ 아이는 추운지 이불을 머리끝까지 쓰고 누웠다.

03 〈보기〉의 글쓴이가 보이는 삶의 태도로 가장 적절하지 않은 것은?
2018 서울시 7급(3월) 변형

보기
> 방의 넓이는 10홀, 남으로 외짝문 두 개 열렸다. 한낮의 해 쬐어, 밝고도 따사로워라. 집은 겨우 벽만 세웠지만, 온갖 책 갖추었다. 쇠코잠방이로 넉넉하니, 탁문군(卓文君)의 짝일세. 차 반 사발 따르고, 향 한 대 피운다. 한가롭게 숨어 살며, 천지와 고금을 살핀다. 사람들은 누추한 방이라 말하면서, 누추하여 거처할 수 없다 하네. 내가 보기엔, 신선이 사는 곳이라, 마음 안온하고 몸 편안하니, 누추하다 뉘 말하는가. 내가 누추하게 여기는 건, 몸과 명예 모두 썩는 것, 집이야 쑥대로 엮은 거지만, 도연명도 좁은 방에서 살았지. 군자가 산다면, 누추한 게 무슨 대수랴.

① 안분지족(安分知足)
② 간난신고(艱難辛苦)
③ 빈이무원(貧而無怨)
④ 단사표음(簞食瓢飮)

04 다음 글의 내용과 관련된 속담으로 가장 적절한 것은?

2012 국가직 9급

> 우리 토박이말이 있는데도 그것을 쓰지 않고 외국에서 들여온 말을 쓰는 버릇이 생겼다. '가람'이 옛날부터 있는데도 중국에서 '강(江)'이 들어오더니 '가람'을 물리쳤고 '뫼'가 있는데도 굳이 '산(山)'이 그 자리에 올라앉고 말았다.
> 원래 '외래어'란, 우리말로는 적당하게 표현할 말이 없을 때에 마지못해 외국말에서 빌려다 쓰다가 보니 이제 완전히 우리말과 똑같이 되어 버린 것을 말한다. '학교, 선생, 비행기, 가족계획' 등등의 무수한 한자어가 그것이며, '버스, 빌딩, 커피, 뉴스' 등등 서양에서 들여온 외국어가 그것이다.

① 발 없는 말이 천 리 간다.
② 굴러온 돌이 박힌 돌 뺀다.
③ 낮말은 새가 듣고 밤말은 쥐가 듣는다.
④ 말은 해야 맛이고 고기는 씹어야 맛이다.

05 다음 중 밑줄 친 표현의 쓰임이 옳지 않은 것은?

2016 국회직 9급

① <u>손이 맑으면</u> 따르는 사람도 많은 법이다.
② 우리 집 강아지들이 <u>발을 타기</u> 시작했다.
③ 워낙 <u>귀가 질긴</u> 친구라 알아듣지 못할 것이다.
④ 마을 사람들 모두 <u>코가 빠져</u> 아무 일도 하지 못했다.
⑤ 그는 어머니의 모습이 <u>눈에 밟혀</u> 차마 발걸음을 옮길 수 없었다.

Day 17 필수 어휘로 어휘력 끌어올리기

1회독
2회독
3회독

어휘 학습

1 문맥적 의미

(1) 다리

다리¹ 명
「1」 사람이나 동물의 몸통 아래 붙어 있는 신체의 부분. 서고 걷고 뛰는 일 따위를 맡아 한다. ≒각.
 예문 다리를 다치다.
「2」 물체의 아래쪽에 붙어서 그 물체를 받치거나 직접 땅에 닿지 아니하게 하거나 높이 있도록 버티어 놓은 부분.
 예문 이 의자는 다리가 하나 부러졌다.
「3」 오징어나 문어 따위의 동물의 머리에 여러 개 달려 있어, 헤엄을 치거나 먹이를 잡거나 촉각을 가지는 기관.
 예문 그는 술안주로 오징어 다리를 씹었다.
「4」 안경의 테에 붙어서 귀에 걸게 된 부분.
 예문 다리가 부러진 안경.

다리² 명
「1」 물을 건너거나 또는 한편의 높은 곳에서 다른 편의 높은 곳으로 건너다닐 수 있도록 만든 시설물.
 예문 우리 마을 입구에는 나무로 만든 다리가 있다.
「2」 둘 사이의 관계를 이어 주는 사람이나 사물을 비유적으로 이르는 말.
 예문 나는 그 사람을 잘 모르니 자네가 다리가 되어 주게나.
「3」 중간에 거쳐야 할 단계나 과정.
 예문 이 물건은 우리에게 오는 데 다리를 여럿 거친 것이다.
「4」 지위의 등급.
 예문 그는 삼 년 만에 벼슬이 한 다리가 올랐다.

개념 바로 확인하기

단어 뜻에 해당하는 예문을 <보기>에서 고르시오.

(1) 사람이나 동물의 몸통 아래 붙어 있는 신체의 부분. 서고 걷고 뛰는 일 따위를 맡아 한다. ≒각. ( )
(2) 물체의 아래쪽에 붙어서 그 물체를 받치거나 직접 땅에 닿지 아니하게 하거나 높이 있도록 버티어 놓은 부분. ( )
(3) 물을 건너거나 또는 한편의 높은 곳에서 다른 편의 높은 곳으로 건너다닐 수 있도록 만든 시설물. ( )
(4) 둘 사이의 관계를 이어 주는 사람이나 사물을 비유적으로 이르는 말. ( )

보기
ⓐ 저 다리만 건너면 할머니 댁이야.
ⓑ 뱀은 다리가 없지만 빨리 움직인다.
ⓒ 지게도 용도에 따라서 다리의 길이가 다르다.
ⓓ 얘, 그 남자가 마음에 있으면 내가 다리 역할을 해 줄게.

[정답]
(1) ⓑ (2) ⓒ (3) ⓐ (4) ⓓ

(2) 부치다

부치다¹ 동

【…에/에게】
모자라거나 미치지 못하다.
예문 그 일은 힘에 부친다.

부치다² 동

① 【…을 …에/에게】【…을 …으로】
편지나 물건 따위를 일정한 수단이나 방법을 써서 상대에게로 보내다.
예문 편지를 집으로 부치다.

② 【…을 …에】
「1」 어떤 문제를 다른 곳이나 다른 기회로 넘기어 맡기다.
예문 안건을 회의에 부치다.
「2」 어떤 일을 거론하거나 문제 삼지 아니하는 상태에 있게 하다.
예문 회의 내용을 극비에 부치다.
「3」 원고를 인쇄에 넘기다.
예문 접수된 원고를 편집하여 인쇄에 부쳤다.
「4」 마음이나 정 따위를 다른 것에 의지하여 대신 나타내다.
예문 논개는 길게 한숨을 뿜은 뒤에 진주 망한 한을 시에 부쳐 바람에 날린다.
「5」 먹고 자는 일을 제집이 아닌 다른 곳에서 하다.
예문 삼촌 집에 숙식을 부치다.

③ 【…에】 (주로 '부쳐', '부치는' 꼴로 쓰여)
어떤 행사나 특별한 날에 즈음하여 어떤 의견을 나타내다. 주로 글의 제목이나 부제(副題)에 많이 쓰는 말이다.
예문 식목일에 부치는 글.

부치다³ 동

【…을】
논밭을 이용하여 농사를 짓다.
예문 부쳐 먹을 내 땅 한 평 없다.

부치다⁴ 동

【…을】
번철이나 프라이팬 따위에 기름을 바르고 빈대떡, 저냐, 전병(煎餅) 따위의 음식을 익혀서 만들다.
예문 달걀을 부치다★.

부치다⁵ 동

【…을】
부채 따위를 흔들어서 바람을 일으키다.
예문 부채를 부치다★.

개념 바로 확인하기

단어 뜻에 해당하는 예문을 <보기>에서 고르시오.
(1) 모자라거나 미치지 못하다. ( )
(2) 편지나 물건 따위를 일정한 수단이나 방법을 써서 상대에게로 보내다. ( )
(3) 어떤 문제를 다른 곳이나 다른 기회로 넘기어 맡기다. ( )
(4) 먹고 자는 일을 제집이 아닌 다른 곳에서 하다. ( )

보기
ⓐ 임명 동의안을 표결에 부치다.
ⓑ 아들에게 학비와 용돈을 부치다.
ⓒ 나는 아직도 그에게는 실력이 부친다.
ⓓ 당분간만 밥은 주인집에다 부쳐 먹기로 교섭했다.

★ 비슷한말
지지다

★ 비슷한말
요선하다(搖扇하다)

[정답]
(1) ⓒ (2) ⓑ (3) ⓐ (4) ⓓ

2 바꿔 쓰기

(1) 돌다

유행(流行)하다	흐를 유(류), 갈 행
	「1」 전염병이 널리 퍼져 돌아다니다. 예문 언제부턴가 마을에는 괴질이 돌기 시작하였다. 「2」 특정한 행동 양식이나 사상 따위가 일시적으로 많은 사람의 추종을 받아서 널리 퍼지다. 예문 일부 부유층에서는 사치 풍조가 돌고 있었다.
유통(流通)되다	흐를 유(류), 통할 통
	화폐나 물품 따위가 세상에서 널리 쓰이다. 예문 외국산 농산물이 시중에 돌다.
순회(巡廻)하다	돌 순, 돌 회
	여러 곳을 돌아다니다. 예문 여러 나라를 돌면서 견문을 넓히다.
우회(迂回)하다	멀 우, 돌 회
	곧바로 가지 않고 멀리 돌아서 가다. 예문 먼 길을 돌아서 가다.
작동(作動)되다	지을 작, 움직일 동
	기계 따위가 작용을 받아 움직이다. 예문 기계가 무리 없이 잘 돈다.

(2) 버리다

포기(抛棄)하다	던질 포, 버릴 기
	자기의 권리나 자격, 물건 따위를 내던져 버리다. 예문 나는 너를 버릴 수 없다.
유기(遺棄)하다	끼칠 유, 버릴 기
	내다 버리다. 예문 늙고 병든 부모를 버린 못된 자식 기사가 신문에 나왔다.
근절(根絕)하다	뿌리 근, 끊을 절
	다시 살아날 수 없도록 아주 뿌리째 없애 버리다. 예문 낭비하는 습관을 버리다.
폐기(廢棄)하다	폐할 폐, 버릴 기
	못 쓰게 된 것을 버리다. 예문 유리병을 함부로 버려서는 안 된다.
훼손(毀損)하다	헐 훼, 덜 손
	본바탕을 상하게 하거나 더럽혀서 쓰지 못하게 망치다. 예문 기계를 조립할 때 억지로 끼워 맞추려다가는 기계 자체를 아예 버리기 쉽다.

3 한자 성어

오월동주(吳越同舟) ★ 2017 국가직 9급	오나라 오, 월나라 월, 같을 동, 배 주
	서로 적의를 품은 사람들이 한자리에 있게 된 경우나 서로 협력하여야 하는 상황을 비유적으로 이르는 말.
낭중지추(囊中之錐) 2017 국가직 9급	주머니 낭, 가운데 중, 어조사 지, 송곳 추
	주머니 속의 송곳이라는 뜻으로, 재능이 뛰어난 사람은 숨어 있어도 저절로 사람들에게 알려짐을 이르는 말.
마이동풍(馬耳東風) 2017 국가직 9급	말 마, 귀 이, 동녘 동, 바람 풍
	동풍이 말의 귀를 스쳐 간다는 뜻으로, 남의 말을 귀담아듣지 아니하고 지나쳐 흘려버림을 이르는 말.
근묵자흑(近墨者黑) 2017 국가직 9급	가까울 근, 먹 묵, 놈 자, 검을 흑
	먹을 가까이하는 사람은 검어진다는 뜻으로, 나쁜 사람과 가까이 지내면 나쁜 버릇에 물들기 쉬움을 비유적으로 이르는 말.

★ 중국 춘추 전국 시대에, 서로 적대시하는 오나라 사람과 월나라 사람이 같은 배를 탔으나 풍랑을 만나서 서로 단합하여야 했다는 데에서 유래한다.

4 속담

천 리 길도 한걸음부터 2009 지방직 7급	무슨 일이나 그 일의 시작이 중요하다는 말.
돌다리도 두들기며 건너라 2014 경찰직 2차 2009 지방직 7급	잘 아는 일이라도 세심하게 주의를 하라는 말. ≒아는 길도 물어 가랬다, 얕은 내도 깊게 건너라.
호랑이 없는 골에 토끼가 왕 노릇 한다 ★ 2009 지방직 7급	뛰어난 사람이 없는 곳에서 보잘것없는 사람이 득세함을 비유적으로 이르는 말.
도랑 치고 가재 잡는다 2021 국회직 8급 2007 국가직 9급	「1」 일의 순서가 바뀌었기 때문에 애쓴 보람이 나타나지 않음을 비유적으로 이르는 말. 「2」 한 가지 일로 두 가지 이익을 봄을 비유적으로 이르는 말.

★ 비슷한말
범 없는 골에 토끼가 스승이라, 혼자 사는 동네 면장이 구장

5 관용어

가랑이가 찢어지다 2021 지방직 9급	「1」 몹시 가난한 살림살이를 비유적으로 이르는 말. ★ 「2」 (비유적으로) 하는 일이 힘에 부치거나 일손이 부족하여 일해 나가기가 몹시 벅차다.
호흡을 맞추다 2021 지방직 9급	일을 할 때 서로의 행동이나 의향을 잘 알고 처리하여 나가다.
코웃음을 치다 2021 지방직 9급	남을 깔보고 비웃다.
바가지를 쓰다 2021 지방직 9급	「1」 요금이나 물건값을 실제 가격보다 비싸게 지불하여 억울한 손해를 보다. 「2」 어떤 일에 대한 부당한 책임을 억울하게 지게 되다.

★ 비슷한말
똥구멍(이) 찢어지다[째지다]

개념 확인 문제

[01~02] 문맥을 고려할 때, <보기>에서 밑줄 친 말과 바꿔 쓸 수 있는 한자어를 골라라.

01

보기
ⓐ 유행(流行)하다 ⓑ 유통(流通)되다 ⓒ 순회(巡廻)하다
ⓓ 우회(迂回)하다 ⓔ 작동(作動)되다

(1) 전국에 독감이 <u>돌고</u> 있다. ( )

(2) 불경기로 돈이 안 <u>돈다</u>. ( )

02

보기
ⓐ 포기(抛棄)하다 ⓑ 유기(遺棄)하다 ⓒ 근절(根絶)하다
ⓓ 폐기(廢棄)하다 ⓔ 훼손(毁損)하다

(1) 어른 앞에서 말대꾸를 하다니, 당장에 그 버릇을 <u>버리지</u> 못하느냐? ( )

(2) 이 집을 계약하고 싶으면 먼저 계약했던 전세 계약금을 <u>버려야</u> 한다. ( )

[정답]
01 (1) ⓐ (2) ⓑ
02 (1) ⓒ (2) ⓐ

[03~05] 문맥을 고려할 때, <보기>에서 빈칸에 어울리는 말을 골라라.

03 보기

ⓐ 오월동주(吳越同舟) ⓑ 낭중지추(囊中之錐)
ⓒ 마이동풍(馬耳東風) ⓓ 근묵자흑(近墨者黑)

(1) 그에게는 나의 충고가 _____ 이었다. ( )

(2) 어머니는 어렸을 적부터 _____ 이라며 좋은 친구들과 사귀어야 한다고 말씀하셨다. ( )

04 보기

ⓐ 천 리 길도 한걸음부터 ⓑ 돌다리도 두들기며 건너라
ⓒ 호랑이 없는 골에 토끼가 왕 노릇한다 ⓓ 도랑 치고 가재 잡는다

(1) _____ 더니 정수가 없으니까 만년 심부름꾼이던 영석이가 큰소리를 치는구나. ( )

(2) 시골에 내려갔다 오렴. 일에서 벗어나 한동안 푹 쉴 수도 있고 맑은 공기에 몸도 다시 건강해질 테니 _____ 거 아니겠니? ( )

05 보기

ⓐ 가랑이가 찢어지다 ⓑ 호흡을 맞추다
ⓒ 코웃음을 치다 ⓓ 바가지를 쓰다

(1) 괜히 그 사람들 따라 하다가는 _____ 거다. ( )

(2) 일은 과장이 잘못했는데, _____ 것은 계장이었다. ( )

[정답]
03 (1) ⓒ (2) ⓓ
04 (1) ⓒ (2) ⓓ
05 (1) ⓐ (2) ⓓ

실전 연습 문제

01 다음 중 '새로 구입한 의자는 다리가 튼튼하다.'의 '다리'와 동음이의어인 것은?

2017 국가직 7급 변형

① 다리에 쥐가 나다.
② 안경의 다리를 부러뜨렸다.
③ 술안주로 오징어 다리를 씹었다.
④ 박물관에 가려면 한강 다리를 건너야 한다.

해설 01
'새로 구입한 의자는 다리가 튼튼하다.'의 '다리'는 'leg[脚]'의 의미이다. 그런데 ④의 '다리'는 'bridge[橋]'라는 의미이다. 따라서 둘은 동음이의 관계이다.

02 ㉠과 의미가 가장 유사한 것은?

정부는 중요 정책을 국민 투표에 ㉠ 부쳤다.

① 옷을 아들이 사는 기숙사로 부치다.
② 인권 침해 책임자를 재판에 부쳐 처벌하였다.
③ 그는 긴 여행에 체력이 부쳐서 집에서 꼼짝하지 않고 쉬었다.
④ 아리송한 그의 정체를 의문에 부치고 당분간은 함께하기로 하였다.

해설 02
㉠은 '어떤 문제를 다른 곳이나 다른 기회로 넘기어 맡기다.'라는 의미로 쓰였다. 이와 의미가 유사한 것은 ②이다.

오답체크
① '편지나 물건 따위를 일정한 수단이나 방법을 써서 상대에게로 보내다.'라는 의미로 쓰였다.
③ '모자라거나 미치지 못하다.'라는 의미로 쓰였다.
④ '어떤 일을 거론하거나 문제 삼지 아니하는 상태에 있게 하다.'라는 의미로 쓰였다.

03 밑줄 친 부분과 관련된 사자성어로 가장 적절한 것은?

2017 국가직 9급 변형

전국 시대 말, 진나라의 공격을 받은 조나라 혜문왕은 동생인 평원군을 초나라에 보내어 구원군을 청하기로 했다. 이십 명의 수행원이 필요한 평원군은 그의 삼천여 식객 중에서 십구 명은 쉽게 뽑았으나, 나머지 한 명을 뽑지 못한 채 고심했다. 이때에 모수라는 식객이 나섰다. 평원군은 어이없어하며 자신의 집에 언제부터 있었는지 물었다. 모수가 삼 년이 되었다고 대답하자 평원군은 재능이 뛰어난 사람은 숨어 있어도 저절로 사람들에게 알려지게 되는 법인데, 모수의 이름을 들어본 적이 없다고 답했다. 그러자 모수는 "나리께서 이제까지 저를 단 한 번도 주머니 속에 넣어 주시지 않았기 때문입니다. 하지만 이번에 주머니 속에 넣어 주신다면 끝뿐이 아니라 자루까지 드러날 것입니다." 하고 재치 있는 답변을 했다. 만족한 평원군은 모수를 수행원으로 뽑았고, 초나라에 도착한 평원군은 모수가 활약한 덕분에 국빈으로 환대받고, 구원군도 얻을 수 있었다.

① 오월동주(吳越同舟)
② 낭중지추(囊中之錐)
③ 마이동풍(馬耳東風)
④ 근묵자흑(近墨者黑)

해설 03
주머니 속에 넣으면 드러날 것이라는 말을 볼 때, 밑줄 친 부분은 '주머니 속의 송곳이라는 뜻으로, 재능이 뛰어난 사람은 숨어 있어도 저절로 사람들에게 알려짐.'을 이르는 말인 '낭중지추(囊中之錐: 주머니 낭, 가운데 중, 갈 지, 송곳 추)'와 관련이 있다.

[정답]
01 ④ 02 ② 03 ②

04 빈칸에 들어갈 말로 적절한 것은?

2009 지방직 7급

> 사　장: 에, 본인은 이 자리에서 '신경영'이라는 과제를 엄숙하게 선언하고자 합니다. 본인은 그동안 우리 회사의 임직원들이 어떻게 근무해 왔는가를 잘 알고 있습니다. 물론 대다수 선량한 직원들은 열심히 근무하고 있습니다마는, 일부 몇몇 임직원들의 나태한 근무 자세가 선량하게 일하는 대다수의 사원들에게 적지 않은 악영향을 미치고 있음을 아무도 부인할 수 없을 것입니다. 30분 늦게 출근하고 나서는 교통이 막혀서 늦었다고 둘러대는 사람, 근무 시간에 사사로이 전화하는 사람, 회사 물건을 자기 것처럼 쓰는 사람, 30분 일찍 점심 먹으러 나가서는 퇴근 시간이 다 되어서 들어오는 사람, 윗사람에게 고분고분하고 아랫사람에게 쓸데없는 권위를 부리는 사람, 이러한 몇몇 사람들로 인하여 이 회사가 발전하지 못하고 있음을 본인은 잘 알고 있습니다. 더 이상 우리는 이런 사람들과 함께는 냉엄한 생존경쟁의 사회에서 이겨 나갈 수가 없습니다. 따라서 이러한 사람은 스스로 자신의 거취를 결정하여야겠습니다. 본인은 '신경영'이라는 대과제에 거슬리는 사람은 철저히 도태시키겠습니다. (박수 소리)
> 　　　　　　　　　　　　　(잠시 후)
> 부　장: 이봐, 박 대리, 우리 이러다가 큰일 나겠어. 이번은 심상치가 않은데. 내일 아침부터 우리 부원만이라도 "신경영 운동에 적극 참여하자."라는 리본을 달고 근무하자구.
> 박 대리: 아이구, 저런 이야기 한두 번 들어 봅니까. 얼마나 오래가나 두고 보자구요. 하지만 일단 _____.

① 천리 길도 한걸음부터라잖아요.
② 돌다리도 두들기며 건너라고 했잖아요.
③ 호랑이가 없는 곳에는 토끼가 왕이지요.
④ 소나기가 올 때는 피해 가는 것이 최고지요.

05 밑줄 친 부분과 바꿔 쓸 수 있는 관용 표현으로 적절하지 않은 것은?

2021 지방직 9급

① 몹시 가난한 형편에 누구를 돕겠느냐?
　- 가랑이가 찢어질
② 그가 중간에서 연결해 주어 물건을 쉽게 팔았다.
　- 호흡을 맞춰
③ 그는 상대편을 보고는 속으로 깔보며 비웃었다.
　- 코웃음을 쳤다
④ 주인의 말에 넘어가 실제보다 비싸게 이 물건을 샀다
　- 바가지를 쓰고

Day 18 필수 어휘로 **어휘력 끌어올리기**

1회독
2회독
3회독

어휘 학습

1 문맥적 의미

(1) 배

배¹ 명

「1」『생명』 사람이나 동물의 몸에서 위장, 창자, 콩팥 따위의 내장이 들어 있는 곳으로 가슴과 엉덩이 사이의 부위.
예문 배에 힘을 주다.

「2」『동물』 절족동물, 특히 곤충에서 머리와 가슴이 아닌 부분. 여러 마디로 되어 있으며 숨구멍, 항문 따위가 있다.

「3」 긴 물건 가운데의 볼록한 부분. 예문 배가 불룩한 돌기둥.

「4」『의학』 여성의 몸에서 아이가 드는 부분.
예문 임신 후 오 개월부터는 배가 눈에 띄게 불러 왔다.

「5」『물리』 정상 진동이나 정상파에서 진폭이 가장 큰 부분.
예문 정상파는 진폭의 크기, 진동의 마디, 배의 위치가 시간적, 공간적으로 이동하지 않는 파장이다.

「6」 (수량을 나타내는 말 뒤에 쓰여) 짐승이 새끼를 낳거나 알을 까는 횟수를 세는 단위.
예문 그 돼지는 1년에 두 배나 새끼를 낳았는데, 한 배마다 여러 마리의 새끼를 낳았다.

배² 명

사람이나 짐 따위를 싣고 물 위로 떠다니도록 나무나 쇠 따위로 만든 물건. 모양과 쓰임에 따라 보트, 나룻배, 기선(汽船), 군함(軍艦), 화물선, 여객선, 유조선 따위로 나눈다. ≒ 선박, 선척, 주선.
예문 오징어잡이 배.

배³ 명

배나무의 열매. ≒ 생리, 이자. 예문 할아버지는 물이 많고 단 배를 좋아하신다.

배⁸ 명

「1」 어떤 수나 양을 두 번 합한 만큼. ≒ 갑절, 곱, 곱절. 예문 물가가 배로 올랐다.

「2」 (주로 고유어 수 뒤에 쓰여) 일정한 수나 양이 그만큼 거듭됨을 이르는 말.
예문 힘이 세 배★나 들다.

개념 바로 확인하기

단어 뜻에 해당하는 예문을 <보기>에서 고르시오.

(1) 『생명』 사람이나 동물의 몸에서 위장, 창자, 콩팥 따위의 내장이 들어 있는 곳으로 가슴과 엉덩이 사이의 부위. ( )

(2) 『의학』 여성의 몸에서 아이가 드는 부분. ( )

(3) 어떤 수나 양을 두 번 합한 만큼. ≒갑절, 곱, 곱절. ( )

(4) (주로 고유어 수 뒤에 쓰여) 일정한 수나 양이 그만큼 거듭됨을 이르는 말. ( )

보기
ⓐ 속도가 네 배로 빨라졌다.
ⓑ 이번에 그의 월급이 배나 올랐다.
ⓒ 점심을 먹지 못해 배가 많이 고팠다.
ⓓ 그녀는 가만히 자신의 배를 쓸며 그 속의 아기에게 중얼거렸다.

★ 비슷한말
곱절

[정답]
(1) ⓒ (2) ⓓ (3) ⓑ (4) ⓐ

(2) 이르다

이르다¹ 동

【…에】

「1」 어떤 장소나 시간에 닿다.
　예문 목적지에 이르다.

「2」 어떤 정도나 범위에 미치다.
　예문 결론에 이르다.

이르다² 동

①
「1」【…에게 …을】【…에게 -고】 무엇이라고 말하다.
　예문 나는 아이들에게 내가 알고 있는 것을 모두 일러 주었다.

「2」【…을】【…에게 …을】【…에게 -고】【…에게 -도록】 잘 깨닫도록 일의 이치를 밝혀 말해 주다. =타이르다.
　예문 안 가겠다고 떼를 쓰는 아이를 일러서 겨우 병원에 데리고 갔다.

「3」【…에게 …을】【…에게 -고】 미리 알려 주다.
　예문 친구에게 약속 시간을 일러 주었다.

「4」【…에게 …을】【…에게 -고】 어떤 사람의 잘못을 윗사람에게 말하여 알게 하다.
　예문 친구의 잘못을 선생님에게 다 이르다가는★ 친구를 잃을지도 모른다.

② 【…을 -고】
어떤 대상을 무엇이라고 이름 붙이거나 가리켜 말하다.
　예문 이를 도루묵이라고 이른다.

③ (주로 '이르기를'이나 '이르되' 꼴로 쓰여)
책이나 속담 따위에 예부터 말하여지다.
　예문 옛말에 이르기를 부자는 망해도 삼 년은 간다고 했다.

이르다³ 형

【…보다】【-기에】
대중이나 기준을 잡은 때보다 앞서거나 빠르다.
　예문 그는 여느 때보다 이르게★ 학교에 도착했다.

개념 바로 확인하기

단어 뜻에 해당하는 예문을 <보기>에서 고르시오.

(1) 어떤 장소나 시간에 닿다. (　)
(2) 어떤 사람의 잘못을 윗사람에게 말하여 알게 하다. (　)
(3) 책이나 속담 따위에 예부터 말하여지다. (　)
(4) 대중이나 기준을 잡은 때보다 앞서거나 빠르다. (　)

보기
ⓐ 자정에 이르러서야 집에 돌아왔다.
ⓑ 올해는 예년보다 첫눈이 이른 감이 있다.
ⓒ 형은 엄마에게 내가 벽에 낙서했다고 일렀다.
ⓓ 옛말에 이르기를 가는 말이 고와야 오는 말이 곱다고 했다.

🏆 비슷한말
고자(告者)질하다

🏆 준말　　반대말
일다　　　늦다

[정답]
(1) ⓐ　(2) ⓒ　(3) ⓓ　(4) ⓑ

2 바꿔 쓰기

(1) 잡다

결정(決定)하다	결정할 결, 정할 정
	분명하게 정하다.
	[예문] 일단 날부터 잡고 다음 이야기를 합시다.
장악(掌握)하다	손바닥 장, 쥘 악
	무엇을 마음대로 할 수 있게 휘어잡다.
	[예문] 불법적인 무력으로 정권을 잡았다.
만류(挽留)하다	당길 만, 머무를 류
	붙들고 못 하게 말리다.
	[예문] 나는 그녀를 잡고 싶었지만 열차 시간 때문에 어쩔 수 없이 보냈다.
모함(謀陷)하다	꾀할 모, 빠질 함
	나쁜 꾀로 남을 어려운 처지에 빠지게 하다.
	[예문] 나는 그 일에 대해 전혀 모르니까 괜히 생사람 잡지 마.
짐작(斟酌)하다	짐작할 짐, 따를 작
	사정이나 형편 따위를 어림잡아 헤아리다.
	[예문] 이 책들을 권당 5,000원으로 잡아도 100권이면 50만 원이다.

(2) 고치다

치료(治療)하다	다스릴 치, 병 고칠 료
	병이나 상처 따위를 잘 다스려 낫게 하다.
	[예문] 이 병원은 병을 잘 고친다고 소문이 자자하다.
수리(修理)하다	닦을 수, 다스릴 리
	고장 나거나 허름한 데를 손보아 고치다.
	[예문] 고장 난 시계를 고치다.
개선(改善)하다	고칠 개, 착할 선
	잘못된 것이나 부족한 것, 나쁜 것 따위를 고쳐 더 좋게 만들다.
	[예문] 근무 환경을 고치자.
개조(改造)하다	고칠 개, 만들 조
	고쳐 만들거나 바꾸다.
	[예문] 부엌을 입식으로 고치다.
개정(改正)하다	고칠 개, 바를 정
	주로 문서의 내용 따위를 고쳐 바르게 하다.
	[예문] 법률을 고치다.

3 한자 성어

어로불변(魚魯不辨) 2017 국가직 9급(추가)	물고기 어, 노나라 노(로), 아닐 불, 분별할 변
	어(魚) 자와 노(魯) 자를 구별하지 못한다는 뜻으로, 아주 무식함을 비유적으로 이르는 말.
오불관언(吾不關焉) 2017 국가직 9급(추가)	나 오, 아닐 불, 관계할 관, 어찌 언
	나는 그 일에 상관하지 아니함.
양두구육(羊頭狗肉) 2017 국가직 9급(추가)	양 양, 머리 두, 개 구, 고기 육
	양의 머리를 걸어 놓고 개고기를 판다는 뜻으로, 겉보기만 그럴듯하게 보이고 속은 변변하지 아니함을 이르는 말.
주객전도(主客顚倒) 2014 지방직 7급 2013 법원직 9급	주인 주, 손님 객, 넘어질 전, 넘어질 도
	주인과 손의 위치가 서로 뒤바뀐다는 뜻으로, 사물의 경중(輕重)·선후(先後)·완급(緩急) 따위가 서로 뒤바뀜을 이르는 말.

4 속담

모난 돌이 정 맞는다 2013 국가직 5급	「1」 두각을 나타내는 사람이 남에게 미움을 받게 된다는 말. 「2」 강직한 사람은 남의 공박을 받는다는 말.
마파람에 게 눈 감추듯 ★ 2010 기상직 9급	음식을 매우 빨리 먹어 버리는 모습을 비유적으로 이르는 말.
구슬이 서 말이라도 꿰어야 보배 ★ 2012 사회복지직 9급 2010 경북 교육행정직	아무리 훌륭하고 좋은 것이라도 다듬고 정리하여 쓸모 있게 만들어 놓아야 값어치가 있음을 비유적으로 이르는 말.
병 주고 약 준다 ★	남을 해치고 나서 약을 주며 그를 구원하는 체한다는 뜻으로, 교활하고 음흉한 자의 행동을 비유적으로 이르는 말.

★ 비슷한말
두꺼비 파리 잡아먹듯,
사냥개 언 똥 들어먹듯[삼키듯]

★ 비슷한말
진주가 열 그릇이나 꿰어야 구슬

★ 비슷한말
등 치고 배 만진다,
술 먹여 놓고 해장 가자 부른다

5 관용어

진을 치다	자리를 차지하다.
잔뼈가 굵다	오랜 기간 일정한 곳이나 직장에서 일을 하여 그 일에 익숙하다.
입에 침이 마르다	다른 사람이나 물건에 대하여 거듭해서 말하다. =침이 마르다.
오지랖이 넓다 2020 국가직 9급 2008 지방직 9급	「1」 쓸데없이 지나치게 아무 일에나 참견하는 면이 있다. 「2」 염치없이 행동하는 면이 있다.

개념 확인 문제

[01~02] 문맥을 고려할 때, <보기>에서 밑줄 친 말과 바꿔 쓸 수 있는 한자어를 골라라.

01 보기

| ⓐ 결정(決定)하다 | ⓑ 장악(掌握)하다 | ⓒ 만류(挽留)하다 |
| ⓓ 모함(謀陷)하다 | ⓔ 짐작(斟酌)하다 | |

(1) 그녀는 여행 방향을 남쪽으로 <u>잡았다</u>. ( )

(2) 우리는 이번 결혼식에 올 손님을 100명 정도로 <u>잡고</u> 있습니다. ( )

02 보기

| ⓐ 치료(治療)하다 | ⓑ 수리(修理)하다 | ⓒ 개선(改善)하다 |
| ⓓ 개조(改造)하다 | ⓔ 개정(改正)하다 | |

(1) 장마철이 오기 전에 지붕을 <u>고쳐라</u>. ( )

(2) 재래식 화장실을 수세식으로 <u>고치다</u>. ( )

[정답]
01 (1) ⓐ (2) ⓔ
02 (1) ⓑ (2) ⓓ

[03~05] 문맥을 고려할 때, <보기>에서 빈칸에 어울리는 말을 골라라.

03

보기

ⓐ 어로불변(魚魯不辨)   ⓑ 오불관언(吾不關焉)
ⓒ 양두구육(羊頭狗肉)   ⓓ 주객전도(主客顚倒)

(1) _____ 라더니 위로를 받아야 할 분이 위로를 주시는군요. ( )

(2) 민생 법안 처리만을 뒤로 미룬 국회의원들을 보면 _____ 이란 말이 생각난다. ( )

04

보기

ⓐ 모난 돌이 정 맞는다   ⓑ 마파람에 게 눈 감추듯
ⓒ 구슬이 서 말이라도 꿰어야 보배   ⓓ 병 주고 약 준다

(1) 얼마나 허기가 졌던지 우리는 한 상 가득 차려진 음식을 _____ 먹어 치웠다. ( )

(2) _____ 더니 이놈의 회사는 휴가를 미뤄 놓고도 위로차 회식만 시켜 주면 다 되는 줄 알더라. ( )

05

보기

ⓐ 진을 치다   ⓑ 잔뼈가 굵다
ⓒ 입에 침이 마르다   ⓓ 오지랖이 넓다

(1) 열렬한 팬들은 가수의 동선을 쫓아 호텔에까지 따라가서 그 앞에 _____. ( )

(2) 아버지는 새로 들어온 막내며느리를 친척들에게 _____ 칭찬하셨다. ( )

[정답]
03 (1) ⓓ (2) ⓒ
04 (1) ⓑ (2) ⓓ
05 (1) ⓐ (2) ⓒ

실전 연습 문제

01 ㉠과 다의 관계에 있는 것은?
2016 기상직 9급 변형

> 민수를 점심을 많이 먹어서 ㉠ 배가 불렀다.

① 바다를 향해 힘차게 나아가는 배를 보아라.
② 할머니께서는 과일 중에서 배를 가장 좋아한다.
③ 우리 집 앞 가게는 다른 가게보다 두 배나 비싸게 판다.
④ 한 노인이 나무 밑에서 허연 배를 내놓고 낮잠을 자고 있었다.

02 문맥적 의미가 ㉠과 가장 유사한 것은?

> 자정에 ㉠ 이르러서야 집에 돌아왔다.

① 친구에게 약속 시간을 일러 주었다.
② 그는 여느 때보다 이르게 학교에 도착했다.
③ 네 주인에게 손님이 한 시간 후에 도착한다고 일러라.
④ 전쟁이 끝난 뒤 이들은 서로 소식도 모른 채 오늘에 이르게 되었다.

03 밑줄 친 한자 성어의 쓰임이 적절하지 않은 것은?
2017 국가직 9급(추가) 변형

① 그는 이번 실패에 굴하지 않고 권토중래(捲土重來)를 꿈꾸고 있다.
② 그는 어로불변(魚魯不辨)으로 부당 이득을 취한 혐의를 받고 있다.
③ 그는 이번 사건에 오불관언(吾不關焉)하면서 책임을 회피하고 있다.
④ 그의 말이 양두구육(羊頭狗肉)으로 평가받는 것은 겉만 그럴듯해서이다.

01
㉠의 '배'는 '腹(배 복)'의 의미이다. 이와 다의 관계, 즉 '腹(배 복)'의 의미로 쓰인 것은 ④이다.

오답체크
① '바다'를 볼 때, '船(배 선)'의 의미이다. 의미적 관련성이 없기 때문에 동음이의 관계이다.
② '과일'을 볼 때, '梨(배 리)'의 의미이다. 의미적 관련성이 없기 때문에 동음이의 관계이다.
③ '두 배나 비싸게'를 볼 때, '倍(곱 배)'의 의미이다. 의미적 관련성이 없기 때문에 동음이의 관계이다.

02
'자정에'를 볼 때, '어떤 장소나 시간에 닿다.'라는 의미로 쓰였다. 이와 의미가 유사한 것은 ④이다.

오답체크
①, ③ '미리 알려 주다.'라는 의미로 쓰였다.
② '대중이나 기준을 잡은 때보다 앞서거나 빠르다.'라는 의미로 쓰였다.

03
'어로불변(魚魯不辨: 물고기 어, 노둔할 로, 아닐 불(부), 분별할 변)'은 어(魚) 자와 노(魯) 자를 구별하지 못한다는 뜻으로, 아주 무식함을 비유적으로 이르는 말이다. 따라서 '부당 이득을 취한 혐의를 받고 있는 사람'에게는 어울리지 않는 표현이다.

오답체크
① 권토중래(捲土重來: 말 권, 흙 토, 거듭 중, 올 래)는 어떤 일에 실패한 뒤에 힘을 가다듬어 다시 그 일에 착수함을 비유하여 이르는 말이다. 따라서 실패에 굴하지 않고 다시 꿈꾸는 상황에 어울리는 말이다.
③ 오불관언(吾不關焉: 나 오, 아닐 불(부), 빗장 관, 어찌 언)은 나는 그 일에 상관하지 아니함을 의미한다. 따라서 책임을 회피하는 상황에 어울리는 말이다.
④ 양두구육(羊頭狗肉: 양 양, 머리 두, 개 구, 고기 육)은 양의 머리를 걸어 놓고 개고기를 판다는 뜻으로, 겉보기만 그럴듯하게 보이고 속은 변변하지 아니함을 이르는 말이다. 따라서 겉만 그럴듯한 상황에 어울리는 말이다.

[정답]
01 ④　02 ④　03 ②

04 빈칸에 들어갈 속담으로 가장 적절한 것은?

2013 국가직 5급 변형

"□□□□□"라는 속담도 있듯이 모자람보다는 넘침을 경계했던 것이 우리 문화의 특색이기는 하지만, 실은 공자의 말대로 모자라는 것이나 넘치는 것이나 부적절하기는 매한가지다. 어떤 경우든 형편과 사정에 꼭 맞는 '적정량'이 있고, 그것을 지키는 것이 최선이다. 그런데 문제는 어느 정도가 '적정량'인지를 가늠하기 쉽지 않다는 것이다. 컵라면을 맛있게 먹기 위한 물의 적정량은 눈금으로 표시되어 있다. 그러나 세상에는 적정량을 재는 계량컵이 없는 일들이 훨씬 더 많다. 옛사람들이 넘치는 것을 경계했던 것도 그런 까닭이었을 것이다. 적정량을 초과해 화를 입는 것보다는 차라리 조금 모자란 선에서 만족하고 멈출 때 뒤탈이 적다는 것을 경험으로 깨우쳤을 것이다.

① 병 주고 약 준다.
② 모난 돌이 정 맞는다.
③ 마파람에 게 눈 감추듯
④ 구슬이 서 말이라도 꿰어야 보배

04
빈칸 뒤의 "모자람보다는 넘침을 경계했던 것" 부분을 볼 때, 빈칸에는 두각을 나타내는 사람이 남에게 미움을 받게 된다는 뜻을 가진 속담 '모난 돌이 정 맞는다.'가 들어가는 것이 가장 적절하다.

05 빈칸에 들어갈 관용어로 가장 적절한 것은?

2020 국가직 9급 변형

○ 넌 얼마나 □□□□□에 남의 일에 그렇게 미주알고주알 캐는 거냐?
○ 강쇠네는 입이 재고 무슨 일에나 □□□□□, 무작정 덤벙거리고만 다니는 새줄랑이는 아니었다.

① 진을 치다.
② 잔뼈가 굵다.
③ 오지랖이 넓다.
④ 입에 침이 마르다

05
문맥상 빈칸에는 '간섭(干涉: 방패 간, 건널 섭)', '참견(參見: 참여할 참, 볼 견)'의 의미를 가진 관용어가 어울린다. 따라서 빈칸에 공통적으로 들어갈 수 있는 관용어는 "쓸데없이 지나치게 아무 일에나 참견하는 면이 있다.", "염치없이 행동하는 면이 있다."라는 의미를 가진 '오지랖이 넓다'이다.

[정답]
04 ② 05 ③

Day 19 필수 어휘로 어휘력 끌어올리기

1회독
2회독
3회독

어휘 학습

1 문맥적 의미

(1) 때

때¹ 명

「1」 시간의 어떤 순간이나 부분.
  예문 아무 때나 오너라.
「2」 끼니 또는 식사 시간.
  예문 놀다가도 때가 되면 들어와 식사를 해야지.
「3」 좋은 기회나 알맞은 시기.
  예문 때를 기다리다.
「4」 일정한 일이나 현상이 일어나는 시간.
  예문 썰물 때가 되다.
「5」 어떤 경우.
  예문 가끔 현기증이 날 때가 있다.
「6」 일정한 시기 동안.
  예문 졸업 여행 때 찍었던 사진.
「7」 규칙적으로 되풀이되는 자연 현상에 따라서 일 년을 구분한 것. =계절.
  예문 때는 바야흐로 여름이다.
「8」 (수량을 나타내는 말 뒤에 쓰여) 끼니를 세는 단위.

때² 명

「1」 옷이나 몸 따위에 묻은 더러운 먼지 따위의 물질. 또는 피부의 분비물과 먼지 따위가 섞이어 생긴 것.
  예문 때를 밀다.
「2」 불순하고 속된 것.
  예문 순박했던 그도 이제는 때가 많이 묻었다.
「3」 까닭 없이 뒤집어쓴 더러운 이름.
  예문 때를 벗고 새로운 출발을 하다.
「4」 어린 티나 시골티.
  예문 서울에 올라와 때를 벗더니 말끔해졌다.

개념 바로 확인하기

단어 뜻에 해당하는 예문을 <보기>에서 고르시오.

(1) 시간의 어떤 순간이나 부분. ( )
(2) 어떤 경우. ( )
(3) 옷이나 몸 따위에 묻은 더러운 먼지 따위의 물질. 또는 피부의 분비물과 먼지 따위가 섞이어 생긴 것. ( )
(4) 까닭 없이 뒤집어쓴 더러운 이름. ( )

보기
ⓐ 가구에 때가 끼다.
ⓑ 오랜 소송 끝에 때를 씻게 되었다.
ⓒ 내가 웃고 있을 때에 그녀가 나를 보았다.
ⓓ 비가 올 때를 대비해 항상 우산을 가지고 다닌다.

[정답]
(1) ⓒ (2) ⓓ (3) ⓐ (4) ⓑ

(2) 돌아가다

> **돌아가다** 동
>
> ①
> 「1」 물체가 일정한 축을 중심으로 원을 그리면서 움직여 가다.
> 예문 바퀴가 돌아가다.
>
> 「2」 일이나 형편이 어떤 상태로 진행되어 가다.
> 예문 사회가 돌아가는 원리.
>
> 「3」 어떤 것이 차례로 전달되다.
> 예문 술자리가 무르익자 술잔이 돌아가기 시작했다.
>
> 「4」 차례대로 순번을 옮겨 가다.
> 예문 우리는 돌아가면서 점심을 산다.
>
> 「5」 기능이 제대로 작동하다.
> 예문 기계가 잘 돌아간다.
>
> 「6」 돈이나 물건 따위의 유통이 원활하다.
> 예문 요즘은 자금이 잘 돌아간다.
>
> 「7」 정신을 차릴 수 없게 아찔하다.
> 예문 머리가 핑핑 돌아간다.
>
> 「8」 (주로 '-시-'와 결합한 꼴로 쓰여) '죽다'의 높임말.
> 예문 그분이 돌아가신 지도 벌써 십 년이 다 되어 간다.
>
> ② 【…에/에게】【…으로】
> 「1」 원래의 있던 곳으로 다시 가거나 다시 그 상태가 되다.
> 예문 아버지는 고향에 돌아가시는★ 게 꿈이다.
>
> 「2」 차례나 몫, 승리, 비난 따위가 개인이나 단체, 기구, 조직 따위의 차지가 되다.
> 예문 사과가 한 사람 앞에 두 개씩 돌아간다.
>
> ③ 【…으로】
> 「1」 일이나 형편이 어떤 상태로 끝을 맺다.
> 예문 지금까지의 노력이 수포로 돌아갔다.
>
> 「2」 원래의 방향에서 다른 곳을 향한 상태가 되다.
> 예문 입이 왼쪽으로 돌아가다.
>
> 「3」 먼 쪽으로 둘러서 가다.
> 예문 그는 검문을 피해 일부러 옆길로 돌아갔다.
>
> ④ 【…을】
> 「1」 어떤 장소를 끼고 원을 그리듯이 방향을 바꿔 움직여 가다.
> 예문 모퉁이를 돌아가면 우리 집이 보인다.
>
> 「2」 일정한 구역 안을 이리저리 왔다 갔다 하다.
> 예문 고삐를 뗀 소가 마당을 돌아가며 길길이 날뛰고 있다. ≪김춘복, 쌈짓골≫

개념 바로 확인하기

단어 뜻에 해당하는 예문을 <보기>에서 고르시오.

(1) 물체가 일정한 축을 중심으로 원을 그리면서 움직여 가다. (   )
(2) 어떤 것이 차례로 전달되다. (   )
(3) 기능이 제대로 작동하다. (   )
(4) 돈이나 물건 따위의 유통이 원활하다. (   )

보기
ⓐ 마이크가 돌아가자 사람들은 자기소개를 시작했다.
ⓑ 시동을 걸자 기관이 돌아가는 소리가 경쾌하게 났다.
ⓒ 원자재가 잘 돌아가지 않는지 공산품 구하기가 어렵다.
ⓓ 잔디밭에 스프링클러가 원을 그리면서 돌아가고 있었다.

★ 반대말
돌아오다

[정답]
(1) ⓓ (2) ⓐ (3) ⓑ (4) ⓒ

2 바꿔 쓰기

(1) 바꾸다

변경(變更)하다	변할 변, 고칠 경
	다르게 바꾸어 새롭게 고치다.
	예문 계획을 바꾸다.
전환(轉換)하다	구를 전, 바꿀 환
	다른 방향이나 상태로 바꾸다.
	예문 분위기를 바꿔 보려 애쓰다.
교체(交替)하다	사귈 교, 바꿀 체
	사람이나 사물을 다른 사람이나 사물로 대신하다.
	예문 경기가 잘 풀리지 않자 감독은 투수를 바꾸었다.
교환(交換)하다	사귈 교, 바꿀 환
	서로 바꾸다.
	예문 동전을 지폐로 바꾸다.
개혁(改革)하다	고칠 개, 가죽 혁
	제도나 기구 따위를 새롭게 뜯어고치다.
	예문 잘못된 제도와 관행을 바꾸자.

(2) 깨끗하다

완전(完全)하다	완전할 완, 온전할 전
	모자람이나 흠이 없다.
	예문 승부의 결과에 깨끗하게 승복하다.
청결(淸潔)하다	맑을 청, 깨끗할 결
	(주로 위생과 관련하여) 맑고 깨끗하다.
	예문 얼룩이 묻은 행주는 표백제로 깨끗하게 빨아라.
청정(淸淨)하다	맑을 청, 깨끗할 정
	(자연, 마음 등과 관련하여) 맑고 깨끗하다.
	예문 깨끗한 마음. 시냇물이 깨끗하다.
결백(潔白)하다	깨끗할 결, 흰 백
	행동이나 마음씨가 깨끗하고 조촐하여 아무런 허물이 없다.
	예문 그는 죄가 없어! 깨끗하다니까. 그러니 누명은 곧 벗겨질 거야.
개운하다	음식의 맛이 산뜻하고 시원하다.
	예문 깨끗한 뒷맛이 이 국의 매력이다.

3 한자 성어

살신성인(殺身成仁) 2015 교육행정직 7급	죽일 살, 몸 신, 이룰 성, 어질 인 자기의 몸을 희생하여 인(仁)을 이룸.
형설지공(螢雪之功)★ 2015 교육행정직 7급	개똥벌레 형, 눈 설, 어조사 지, 공 공 반딧불·눈과 함께 하는 노력이라는 뜻으로, 고생을 하면서 부지런하고 꾸준하게 공부하는 자세를 이르는 말.
유방백세(流芳百世) 2015 교육행정직 7급	흐를 유(류), 꽃다울 방, 일백 백, 세대 세 꽃다운 이름이 후세에 길이 전함.
사생취의(捨生取義) 2015 교육행정직 7급	버릴 사, 날 생, 취할 취, 옳을 의 목숨을 버리고 의를 좇는다는 뜻으로, 목숨을 버릴지언정 옳은 일을 함을 이르는 말.

★ 진나라 차윤(車胤)이 반딧불을 모아 그 불빛으로 글을 읽고, 손강(孫康)이 가난하여 겨울밤에는 눈빛에 비추어 글을 읽었다는 고사에서 유래한다.

4 속담

기둥 치면 들보가 운다 2016 경찰직 2차	「1」 직접 맞대고 탓하지 않고 간접적으로 넌지시 말을 하여도 알아들을 수가 있음을 비유적으로 이르는 말. 「2」 주(主)가 되는 대상을 탓하거나 또는 그 대상에 일격을 가하거나 하면 그와 관련된 대상들이 자연히 영향을 입게 됨을 비유적으로 이르는 말.
게도 구멍이 크면 죽는다 2016 경찰직 2차	분수에 지나치면 도리어 화를 당하게 된다는 말.
송충이가 갈잎을 먹으면 죽는다 2015 기상직 9급	「1」 솔잎만 먹고 사는 송충이가 갈잎을 먹게 되면 땅에 떨어져 죽게 된다는 뜻으로, 자기 분수에 맞지 않는 짓을 하다가는 낭패를 봄을 비유적으로 이르는 말. 「2」 제 할 일은 안 하고 딴마음을 먹었다가는 낭패를 봄을 비유적으로 이르는 말.
소경이 개천 나무란다★ 2016 경찰직 2차	개천에 빠진 소경이 제 결함은 생각지 아니하고 개천만 나무란다는 뜻으로, 자기 결함은 생각지 아니하고 애꿎은 사람이나 조건만 탓하는 경우를 비유적으로 이르는 말.

★ 비슷한말
눈먼 탓이나 하지 개천 나무래 무엇 하나,
소경 개천 그르다 하여 무얼 해,
소경이 그르냐 개천이 그르냐

5 관용어

칼자루를 쥐다★	어떤 일에 실제적인 권한을 가지다.
입안의 소리 2010 국회직 9급	남이 알아듣지 못하게 입속에서 웅얼웅얼거리는 작은 말소리.
억지 춘향(이)	억지로 어떤 일을 이루게 하거나 어떤 일이 억지로 겨우 이루어지는 경우를 비유적으로 이르는 말.
미립이 트이다 2010 국가직 9급	경험에 의하여 묘한 이치를 깨닫게 되다.

★ 비슷한말
도낏자루를 쥐다

개념 확인 문제

[01~02] 문맥을 고려할 때, <보기>에서 밑줄 친 말과 바꿔 쓸 수 있는 한자어를 골라라.

01

> 보기
>
> ⓐ 변경(變更)하다   ⓑ 전환(轉換)하다   ⓒ 교체(交替)하다
> ⓓ 교환(交換)하다   ⓔ 개혁(改革)하다

(1) 내 친구는 자신의 음반을 내 책과 <u>바꾸고자</u> 했다.   (   )
(2) 등산을 하려던 생각을 <u>바꾸어</u> 해수욕을 하기로 했다.   (   )

02

> 보기
>
> ⓐ 완전(完全)하다   ⓑ 청결(淸潔)하다
> ⓒ 청정(淸淨)하다   ⓓ 결백(潔白)하다

(1) 방 안이 <u>깨끗하다</u>.   (   )
(2) 과거의 화려했던 삶을 <u>깨끗하게</u> 잊어버리고 새 출발을 하다.   (   )

[정답]
01 (1) ⓓ   (2) ⓐ
02 (1) ⓑ   (2) ⓐ

[03~05] 문맥을 고려할 때, <보기>에서 빈칸에 어울리는 말을 골라라.

03

보기
ⓐ 살신성인(殺身成仁)   ⓑ 형설지공(螢雪之功)
ⓒ 유방백세(流芳百世)   ⓓ 사생취의(捨生取義)

(1) _____의 투혼을 발휘하다 숨진 소방관의 영정 앞에서 시민들은 숙연해졌다.
(　　)

(2) 소희는 어려운 집안 형편 때문에 직장에 다니면서도 _____으로 공부하여 대학까지 마쳤다고 한다.
(　　)

04

보기
ⓐ 기둥 치면 들보가 운다   ⓑ 게도 구멍이 크면 죽는다
ⓒ 송충이가 갈잎을 먹으면 죽는다   ⓓ 소경이 개천 나무란다

(1) _____더니 평생 공부만 하던 김 선생이 장사를 하겠다고 나서더니 결국 망하고 말았다.
(　　)

(2) _____는데 네 잘못에 대해서 그 정도로 좋게 이야기를 했으면 알아들어야지 아직까지도 무슨 이야기인지 모르면 어떡해?
(　　)

05

보기
ⓐ 칼자루를 쥐다   ⓑ 입안의 소리
ⓒ 억지 춘향(이)   ⓓ 미립이 트이다.

(1) 나는 선을 보고 싶지 않았으나 부모님의 성화에 _____으로 약속 장소에 나갔다.
(　　)

(2) 중대장은 군인답지 않게 _____로 변명을 늘어놓는 병사 때문에 화가 단단히 났다.
(　　)

[정답]
03 (1) ⓐ   (2) ⓑ
04 (1) ⓒ   (2) ⓐ
05 (1) ⓒ   (2) ⓑ

실전 연습 문제

01 ③과 의미가 가장 유사한 것은?

> 초등학교 동창들을 어렸을 ③ 때 살던 동네에서 만나기로 했다.

① 방학 때 아르바이트를 하다.
② 옷에 묻은 때를 말끔히 씻었다.
③ 공부하는 것도 다 때가 있는 법이다.
④ 내가 웃고 있을 때에 그녀가 나를 보았다.

01
③의 '때'는 '일정한 시기 동안'이라는 의미이다. 이와 의미가 유사한 것은 ①이다.

오답체크
② '먼지'라는 의미이다.
③ '좋은 기회나 알맞은 시기'라는 의미이다.
④ '시간의 어떤 순간이나 부분'이라는 의미이다.

02 문맥상 ③의 의미와 가장 가까운 것은?   9급 출제기조 전환 1차 예시문제

> 고소설에는 돌아가야 할 곳으로서의 원점이 존재한다. 그것은 영웅소설에서라면 중세의 인륜이 원형대로 보존된 세계이고, 가정소설에서라면 가장을 중심으로 가족 구성원들이 평화롭게 공존하는 가정이다. 고소설에서 주인공은 적대자에 의해 원점에서 분리되어 고난을 겪는다. 그들의 목표는 상실한 원점을 회복하는 것, 즉 그곳에서 향유했던 이상적 상태로 ③ 돌아가는 것이다. 주인공과 적대자 사이의 갈등이 전개되는 시간을 서사적 현재라 한다면, 주인공이 도달해야 할 종결점은 새로운 미래가 아니라 다시 도래할 과거로서의 미래이다. 이러한 시공간의 배열을 '회귀의 크로노토프'라고 한다.

① 전쟁은 연합군의 승리로 돌아갔다.
② 사과가 한 사람 앞에 두 개씩 돌아간다.
③ 그는 잃어버린 동심으로 돌아가고 싶었다.
④ 그녀는 자금이 잘 돌아가지 않는다며 걱정했다.

02
'이상적 상태로'라는 부사어를 볼 때, '잃어버린 동심으로'라는 부사어가 쓰인 ③의 '돌아가다'와 의미가 가장 유사하다.

오답체크
① '일이나 형편이 어떤 상태로 끝을 맺다.'라는 의미이다.
② '차례나 몫, 승리, 비난 따위가 개인이나 단체, 기구, 조직 따위의 차지가 되다.'라는 의미이다.
④ '돈이나 물건 따위의 유통이 원활하다.'라는 의미이다.

03 다음 글과 관련된 한자 성어로 적절하지 않은 것은?   2015 교육행정직 7급 변형

> 해마다 이때가 되면 우리의 기억에 되살아나는 사람이 있다. 고(故) 이수현. 그는 2001년 일본 유학 당시 도쿄 지하철역에서 선로에 떨어진 일본인 남성을 구했는데, 자신은 선로에서 미처 빠져나오지 못하고 목숨을 잃었다. 이후 그의 고귀한 정신을 기려야 한다는 목소리가 높았다. 이에 한일 양국에서는 그를 추모하는 행사를 지속적으로 열어 왔으며, 그의 이름을 새긴 추모비도 건립했다. 이수현은 갔지만 우리는 결코 그를 떠나보내지 않았다.

① 살신성인(殺身成仁)
② 형설지공(螢雪之功)
③ 유방백세(流芳百世)
④ 사생취의(捨生取義)

03
'형설지공(螢雪之功: 개똥벌레 형, 눈 설, 갈 지, 공 공)'은 고생을 하면서 부지런하고 꾸준하게 공부하는 자세를 이르는 말인데, 의로운 행동을 하다가 안타깝게 목숨을 잃은 이수현 씨에 대한 추모의 내용을 담은 제시된 글과는 무관하다.

[정답]
01 ① 02 ③ 03 ②

04 다음 중 속담의 뜻풀이로 적절하지 않은 것은? 2016 경찰직 2차 변형

① 기둥 치면 들보가 운다.
 - 전혀 관계가 없는 일에 억울하게 배상을 하게 된다.
② 게도 구멍이 크면 죽는다.
 - 분수에 지나치면 도리어 화를 당하게 된다.
③ 송충이가 갈잎을 먹으면 죽는다.
 - 자기 분수에 맞지 않는 짓을 하다가는 낭패를 본다.
④ 소경이 개천 나무란다.
 - 자기의 과실은 생각지 않고 상대만 원망한다.

05 빈칸에 들어갈 관용 표현으로 가장 적절한 것은?

○ 아내가 가정에서 _____ 있다.
○ 그는 개혁의 _____ 소신껏 정책을 펴 나갔다.

① 억지 춘향
② 입안의 소리
③ 칼자루를 쥐다.
④ 미립이 트이다.

04
속담 '기둥 치면 들보가 운다.'는 직접 맞대고 탓하지 않고 간접적으로 넌지시 말을 하여도 알아들을 수가 있음을 비유적으로 이르는 말. 주(主)가 되는 대상을 탓하거나 또는 그 대상에 일격을 가하거나 하면 그와 관련된 대상들이 자연히 영향을 입게 됨을 비유적으로 이르는 말이다. 따라서 '기둥 치면 들보가 운다.'의 뜻풀이로 '전혀 관계가 없는 일에 억울하게 배상을 하게 된다.'는 적절하지 않다.

05
첫 번째 문장의 '아내가'와 두 번째 문장의 '개혁의'라는 수식어와 소신껏 정책을 펴 나갔다는 내용을 볼 때, 빈칸에는 '어떤 일에 실제적인 권한을 가지다.'라는 의미를 가진 '칼자루를 쥐다'가 어울린다.

[정답]
04 ① 05 ③

Day 20 필수 어휘로 어휘력 끌어올리기

1회독
2회독
3회독

어휘 학습

1 문맥적 의미

(1) 뒤

뒤¹ 명

「1」 향하고 있는 방향과 반대되는 쪽이나 곳.
  예문 내 뒤에 앉아 있는 사람.
「2」 시간이나 순서상으로 다음이나 나중.
  예문 일을 뒤로 미룬다.
「3」 보이지 않는 배후나 겉으로 드러나지 않는 부분.
  예문 사건 뒤에 숨겨진 비밀.
「4」 일의 끝이나 마지막이 되는 부분.
  예문 그 영화는 뒤로 갈수록 재미가 없었다.
「5」 선행한 것의 다음을 잇는 것.
  예문 창가의 뒤를 이어 새로운 시가가 나타났다.
「6」 어떤 일을 할 수 있게 이바지하거나 도와주는 힘.
  예문 마음이 성치 못한 누님을 떼 내 버리고 간다면 그의 뒤는 누가 돌보아 주겠는가.
「7」 어떤 일이 진행된 다음에 나타난 자취나 흔적 또는 결과.
  예문 수술 뒤가 좋지 않다.
「8」 좋지 않은 감정이 있은 다음에도 여전히 남아 있는 감정.
  예문 그는 성격이 괄괄하지만 뒤는 없는 사람이다.
「9」 사람의 똥을 완곡하게 이르는 말.
  예문 뒤가 급하다.
「10」 '엉덩이'를 완곡하게 이르는 말.
  예문 의자에 털썩 뒤를 붙이고 앉았다.
「11」 망건의 양쪽 끝. 머리에 두르면 뒤로 가게 되어 있다.
「12」 집이나 마을 뒤에 있는 밭. =뒷밭.
「13」 어느 지방을 기준으로 하여 그 북쪽 지방을 이르는 말.

개념 바로 확인하기

단어 뜻에 해당하는 예문을 <보기>에서 고르시오.
(1) 향하고 있는 방향과 반대되는 쪽이나 곳. ( )
(2) 시간이나 순서상으로 다음이나 나중. ( )
(3) 보이지 않는 배후나 겉으로 드러나지 않는 부분. ( )
(4) 일의 끝이나 마지막이 되는 부분. ( )

보기
ⓐ 등 뒤에서 이상한 소리가 난다.
ⓑ 이사에 관한 문제는 뒤에 다시 얘기하자.
ⓒ 뒤는 걱정 말고 너는 네 일이나 잘 하면 된다.
ⓓ 앞에서는 아무 말도 못 하다가 뒤에서 딴소리를 한다.

[정답]
(1) ⓐ (2) ⓑ (3) ⓓ (4) ⓒ

(2) 올라가다

올라가다 동

1 【…에】【…으로】

「1」 낮은 곳에서 높은 곳으로 또는 아래에서 위로 가다.
예문 나무에 올라가다.

「2」 지방에서 중앙으로 가다.
예문 서울에 올라가는 대로 편지를 올리겠습니다.

「3」 지방 부서에서 중앙 부서로, 또는 하급 기관에서 상급 기관으로 자리를 옮기다.
예문 이번에 발령받아 대검찰청에 올라가면 나 좀 잘 봐주세요.

「4」 남쪽에서 북쪽으로 가다.
예문 우리나라에 있던 태풍이 북상하여 만주에 올라가 있다.

「5」 물에서 뭍으로 옮겨 가다.
예문 물고기들이 파도에 밀려 뭍에 올라가 있었다.

「6」 ('하늘', '하늘나라' 따위와 함께 쓰여) '죽다'를 비유적으로 이르는 말.
예문 가여운 성냥팔이 소녀는 하늘나라에 올라가서 어머니를 만났겠지.

「7」 하급 기관의 서류 따위가 상급 기관에 제출되다.
예문 나라에 상소가 올라가다.

2 【…으로】

「1」 기준이 되는 장소에서 다소 높아 보이는 방향으로 계속 멀어져 가다.
예문 큰길로 조금만 올라가면 우체국이 있다.

「2」 어떤 부류나 계통 따위의 흐름을 거슬러 근원지로 향하여 가다.
예문 윗대 조상으로 올라가면 그 집안도 꽤 전통이 있는 집안이다.

「3」 등급이나 직급 따위의 단계가 높아지다.
예문 바둑 급수가 7급에서 6급으로 올라갔다.

3

「1」 자질이나 수준 따위가 높아지다.
예문 수준이 올라가다.

「2」 값이나 통계 수치, 온도, 물가가 높아지거나 커지다.
예문 집값이 자꾸 올라가서 큰 걱정이다.

「3」 물의 흐름을 거슬러 위쪽으로 향하여 가다.
예문 그들은 강을 따라 올라가기 시작하였다.

「4」 기세나 기운, 열정 따위가 점차 고조되다.
예문 장군의 늠름한 모습에 병사들의 사기가 하늘을 찌를 듯이 올라갔다.

「5」 밑천이나 재산이 모두 없어지다.

4 【…을】
높은 곳을 향하여 가다.
예문 산을 올라가다.

개념 바로 확인하기

단어 뜻에 해당하는 예문을 <보기>에서 고르시오.

(1) 지방에서 중앙으로 가다. (　　)
(2) 물에서 뭍으로 옮겨 가다. (　　)
(3) 값이나 통계 수치, 온도, 물가가 높아지거나 커지다. (　　)
(4) 기세나 기운, 열정 따위가 점차 고조되다. (　　)

보기

ⓐ 시험을 보러 서울로 올라가다.
ⓑ 술기운이 올라가면서 술자리의 분위기가 점점 고조되었다.
ⓒ 해병들은 몸을 숨기며 하나씩 육지로 올라가기 시작하였다.
ⓓ 기온과 습도가 올라가는 장마철에는 특히 건강에 유의해야 한다.

[정답]
(1) ⓐ　(2) ⓒ　(3) ⓓ　(4) ⓑ

2 바꿔 쓰기

(1) 내리다

인하(引下)하다	끌 인, 아래 하
	가격 따위를 낮추다.
	예문 공공요금을 <u>내리다</u>.
소화(消化)되다	사라질 소, 될 화
	먹은 음식물 따위가 소화되다. 또는 그렇게 하다.
	예문 동치미 국물을 마시자 체증이 <u>내리는</u> 것처럼 느껴졌다.
하차(下車)하다	아래 하, 수레 차
	타고 있던 차에서 내리다.
	예문 차를 <u>내린</u> 사람들은 곧장 지하철역으로 걸어갔다.
착륙(着陸)하다	붙을 착, 뭍 륙
	비행기 따위가 공중에서 활주로나 판판한 곳에 내리다.
	예문 제주도로 향하던 비행기는 기계 고장으로 활주로도 없는 언덕에 <u>내려야만</u> 했다.
하달(下達)하다	아래 하, 통할 달
	상부나 윗사람의 명령, 지시, 결정 및 의사 따위를 하부나 아랫사람에게 내리거나 전달하다.
	예문 신하들에게 어명을 <u>내리다</u>.

(2) 머무르다

주재(駐在)하다	머무를 주, 있을 재
	「1」 한곳에 머물러 있다.
	「2」 직무상으로 파견되어 한곳에 머물러 있다.
	예문 각국의 외교관들은 서울에 <u>머문다</u>.
정차(停車)하다	머무를 정, 수레 차
	차가 잠시 한곳에 머무르다.
	예문 기차가 간이역에 잠시 <u>머물렀다가</u> 다시 출발했다.
침체(沈滯)되다	가라앉을 침, 막힐 체
	어떤 현상이나 사물이 진전하지 못하고 제자리에 머무르게 되다.
	예문 경기가 좋아졌다가 다시 제자리에 <u>머무르고</u> 말았다.
정박(碇泊)하다	닻 정, 배 댈 박
	배가 닻을 내리고 머무르다.
	예문 유람선이 항구에 <u>머물러</u> 있다.
숙박(宿泊)하다	잘 숙, 배 댈 박
	여관이나 호텔 따위에서 잠을 자고 머무르다.
	예문 김 회장은 이틀 동안 호텔에 <u>머무르다가</u> 오늘 바깥출입을 하였다.

3 한자 성어

삼순구식(三旬九食) 2018 법원직 9급 2008 법원직 9급	석 삼, 열흘 순, 아홉 구, 먹을 식 삼십 일 동안 아홉 끼니밖에 먹지 못한다는 뜻으로, 몹시 가난함을 이르는 말.
경거망동(輕擧妄動) 2018 서울시 9급(6월)	가벼울 경, 들 거, 허망할 망, 움직일 동 경솔하여 생각 없이 망령되게 행동함. 또는 그런 행동.
교각살우(矯角殺牛) 2018 서울시 9급(6월)	바로잡을 교, 뿔 각, 죽일 살, 소 우 소의 뿔을 바로잡으려다가 소를 죽인다는 뜻으로, 잘못된 점을 고치려다가 그 방법이나 정도가 지나쳐 오히려 일을 그르침을 이르는 말.
죽마고우(竹馬故友) 2008 서울시 9급	대나무 죽, 말 마, 옛 고, 벗 우 대말을 타고 놀던 벗이라는 뜻으로, 어릴 때부터 같이 놀며 자란 벗.

4 속담

젖 떨어진 강아지 같다 2011 기상직 9급	젖 뗀 강아지가 어미젖이 그리워 짖는다는 뜻으로, 몹시 보챔을 비유적으로 이르는 말.
섣달이 둘이라도 시원치 않다 2011 기상직 9급	섣달이 아무리 많아도 모자란다는 뜻으로, 시일을 아무리 늦추어도 일의 성공을 기약하기 어려운 경우를 비유적으로 이르는 말.
주인 많은 나그네 밥 굶는다 2011 기상직 9급	「1」 어떤 일에 관계된 사람이 많으면 서로 믿고 미루다가 결국 일을 그르치게 된다는 말. 「2」 무슨 일을 하나 한 곳으로만 하라는 말.
눈 먼 말 워낭 소리 따라 간다 2011 기상직 9급	무식한 사람이 남이 일러 준 대로 무비판적으로 따라 한다는 말.

5 관용어

입에 풀칠하다 2005 국가직 9급	근근이 살아가다.
발이 저리다 2023 군무원 9급	지은 죄가 있어 마음이 조마조마하거나 편안치 아니하다.
독 안에 든 쥐★	궁지에서 벗어날 수 없는 처지를 비유적으로 이르는 말.
먹고 떨어지다	어떤 일에서 노력하지 않고도 확실한 이득이나 성과가 있다.

★ 비슷한말
덫 안에 든 쥐, 푸줏간에 든 소

개념 확인 문제

[01~02] 문맥을 고려할 때, <보기>에서 밑줄 친 말과 바꿔 쓸 수 있는 한자어를 골라라.

01

> 보기
> ⓐ 인하(引下)하다   ⓑ 소화(消化)되다   ⓒ 하차(下車)하다
> ⓓ 착륙(着陸)하다   ⓔ 하달(下達)하다

(1) 그는 공사장으로 나가 인부들에게 명령을 내렸다. (   )
(2) 먹은 것을 내리려면 적당한 운동을 하는 것이 좋다. (   )

02

> 보기
> ⓐ 주재(駐在)하다   ⓑ 정차(停車)하다   ⓒ 침체(沈滯)되다
> ⓓ 정박(碇泊)하다   ⓔ 숙박(宿泊)하다

(1) 그는 삼 일 동안 숙소에 머물다가 나흘째가 돼서야 활동을 시작했다. (   )
(2) 정부는 세계 각국에 머무르고 있는 외교관들에게 긴급 훈령을 보냈다. (   )

[정답]
01 (1) ⓔ   (2) ⓑ
02 (1) ⓔ   (2) ⓐ

[03~05] 문맥을 고려할 때, <보기>에서 빈칸에 어울리는 말을 골라라.

03

보기
ⓐ 삼순구식(三旬九食)   ⓑ 경거망동(輕擧妄動)
ⓒ 교각살우(矯角殺牛)   ⓓ 죽마고우(竹馬故友)

(1) 그들은 한 잔 술을 사이에 두고 마치 _____ 처럼 흉금을 터놓고 이야기하였다.
(   )

(2) 알다시피 그 집에서는 작년 홍수에 농사를 통 망치고 사실 이즈음은 _____ 하는 형편이 아닌가?
(   )

04

보기
ⓐ 젖 떨어진 강아지 같다   ⓑ 섣달이 둘이라도 시원치 않다
ⓒ 주인 많은 나그네 밥 굶는다   ⓓ 눈 먼 말 워낭 소리 따라 간다

(1) 왜 이렇게 보채니! 네 행동은 마치 _____ !   (   )

(2) _____ 더니 청소 당번이 많으니까 오히려 서로 일 안 하려고 눈치만 보느라 청소가 잘 안 되는 것 같다.
(   )

05

보기
ⓐ 입에 풀칠하다   ⓑ 발이 저리다
ⓒ 독 안에 든 쥐   ⓓ 먹고 떨어지다

(1) 노파는 마치 취조를 당하는 범죄인처럼 제 _____ 금시로 사색이 달라진다.
(   )

(2) 내가 시키는 대로만 하면 적어도 천만 원은 _____ 수 있을 거야.   (   )

[정답]
03 (1) ⓓ   (2) ⓐ
04 (1) ⓐ   (2) ⓒ
05 (1) ⓑ   (2) ⓓ

실전 연습 문제

01
'뒤를 이어'를 볼 때, ㉠의 '뒤'는 '선행한 것의 다음을 잇는 것'의 의미이다. 이와 의미가 유사한 것은 ②이다.

오답체크
① '좋지 않은 감정이 있은 다음에도 여전히 남아 있는 감정'의 의미로 쓰였다.
③ '보이지 않는 배후나 겉으로 드러나지 않는 부분'의 의미로 쓰였다.
④ '시간이나 순서상으로 다음이나 나중'의 의미로 쓰였다.

01 ㉠과 문맥적 의미가 가장 유사한 것은?

> 창가의 ㉠ 뒤를 이어 새로운 시가가 나타났다.

① 그녀는 화를 잘 내지만 뒤는 없는 사람이다.
② 그는 전 행장의 뒤를 이어 은행장에 부임했다.
③ 그 사람 뒤를 추적해 보면 나오는 게 있을 거다.
④ 간부들의 회의가 있은 뒤에 인사이동 발표가 있었다.

02
㉠의 '올라가다'는 '값이나 통계 수치, 온도, 물가가 높아지거나 커지다.'라는 의미이다. 이와 의미가 유사한 것은 ①이다.

오답체크
② '죽다'를 비유적으로 이르는 말이다.
③ '지방 부서에서 중앙 부서로, 또는 하급 기관에서 상급 기관으로 자리를 옮기다.'라는 의미이다.
④ '지방에서 중앙으로 가다.'라는 의미이다.

02 밑줄 친 표현이 문맥상 ㉠의 의미와 가장 가까운 것은?
_{9급 출제기조 전환 2차 예시문제}

> 방각본 출판은 책을 목판에 새겨 대량으로 찍어내는 방식이다. 이 경우 소수의 작품으로 많은 판매 부수를 올리는 것이 유리하다. 즉, 하나의 책으로 500부를 파는 것이 세 권의 책으로 합계 500부를 파는 것보다 이윤이 높다. 따라서 방각본 출판업자는 작품의 종류를 늘리기보다는 시장성이 좋은 작품을 집중적으로 출판하였다. 또한 작품의 규모가 커서 분량이 많은 경우에는 생산 비용이 ㉠ 올라가 책값이 비싸지기 때문에 자연스럽게 분량이 적은 작품을 선호하였다. 이에 따라 방각본 출판에서는 규모가 큰 작품을 기피하였으며, 일단 선택된 작품에도 종종 축약적 윤색이 가해지고는 하였다.

① 습도가 올라가는 장마철에는 건강에 유의해야 한다.
② 내가 키우던 반려견이 하늘나라로 올라갔다.
③ 그녀는 승진해서 본사로 올라가게 되었다.
④ 그는 시험을 보러 서울로 올라갔다.

03
괄호 안에는 속담 '빈대 잡으려다 초가삼간 태운다.'와 의미가 통하는 한자 성어가 들어가야 한다. 따라서 '소의 뿔을 바로잡으려다가 소를 죽인다는 뜻으로, 잘못된 점을 고치려다가 그 방법이나 정도가 지나쳐 오히려 일을 그르침.'을 이르는 말인 ③ '교각살우(矯角殺牛: 바로잡을 교, 뿔 각, 죽일 살, 소 우)'가 들어가는 것이 적절하다.

03 <보기>의 괄호에 알맞은 한자 성어는?
_{2018 서울시 9급(6월) 변형}

보기

> 일을 하다 보면 균형과 절제가 필요하다는 것을 알게 된다. 일의 수행 과정에서 부분적 잘못을 바로 잡으려다 정작 일 자체를 뒤엎어 버리는 경우가 왕왕 발생하기 때문이다. 흔히 속담에 "빈대 잡으려다 초가삼간 태운다."는 말은 여기에 해당할 것이다. 따라서 부분적 결점을 바로잡으려다 본질을 해치는 (　　　)의 어리석음을 저질러서는 안 된다.

① 삼순구식(三旬九食)　　② 경거망동(輕擧妄動)
③ 교각살우(矯角殺牛)　　④ 부화뇌동(附和雷同)

[정답]
01 ②　02 ①　03 ③

04 다음 중 속담의 뜻풀이로 틀린 것은?　　　　　2011 기상직 9급

① 젖 떨어진 강아지 같다.
　- 무슨 요구를 가지고 몹시 귀찮게 간청한다.
② 섣달이 둘이라도 시원치 않다.
　- 아무리 서둘러도 일이 성사되기 어렵다.
③ 주인 많은 나그네 밥 굶는다.
　- 무슨 일이든 한 곳으로만 하라.
④ 눈 먼 말 워낭 소리 따라 간다.
　- 무식한 사람이 남이 일러 주는 대로 무비판적으로 따라 한다.

04
'섣달이 둘이라도 시원치 않다.'는 '섣달이 아무리 많아도 모자라다'는 뜻으로, 시일을 아무리 늦추어도 일의 성공을 기약하기 어려운 경우를 비유적으로 이르는 말이다.

05 빈칸에 들어갈 관용 표현으로 가장 적절한 것은?

○ 너희들은 ☐☐☐☐ 나 다름없다. 투항하면 살려 주겠다.
○ 서장이 이미 건물 주위에 기동대를 깔아 두었으니 범인은 ☐☐☐☐ 신세이다.

① 발이 저리다.　　　　② 독 안에 든 쥐
③ 먹고 떨어지다.　　　④ 입에 풀칠하다.

05
첫 번째 문장에서 투항하면 살려 주겠다는 내용과, 두 번째 문장의 건물 주위에 기동대를 깔아 둔 상황이라는 내용을 볼 때, 빈칸에 들어갈 관용 표현은 궁지에서 벗어날 수 없는 처지를 비유적으로 이르는 말인 '독 안에 든 쥐'이다.

[정답]
04 ②　05 ②

공무원 시험 전문 해커스공무원
gosi.Hackers.com

해커스공무원 혜원국어 **적중 여신의 체계적 어휘**

PART 2
한자

Day 21 필수 한자어·한자 성어 정복하기

한자어

未收 미수
아닐 미, 거둘 수
돈이나 물건 따위를 아직 다 거두어들이지 못함.

未遂 미수
아닐 미, 이룰 수
목적한 바를 시도하였으나 이루지 못함.

米壽 미수
쌀 미, 목숨 수
여든여덟 살을 달리 이르는 말

示唆 시사
보일 시, 부추길 사
어떤 것을 미리 간접적으로 표현해 줌.

時事 시사
때 시, 일 사
그 당시에 일어난 여러 가지 사회적 사건

試寫 시사
시험할 시, 베낄 사
영화나 광고 따위를 일반에게 공개하기 전에 심사원, 제작 관계자 등의 특정인에게 시험적으로 보이는 일

現象 현상
나타날 현, 코끼리 상
인간이 지각할 수 있는, 사물의 모양과 상태

現像 현상
나타날 현, 모양 상
노출된 필름이나 인화지를 약품으로 처리하여 상이 나타나도록 함.

現狀 현상
나타날 현, 형상 상
나타나 보이는 현재의 상태

懸賞 현상
매달 현, 상 줄 상
무엇을 모집하거나 구하거나 사람을 찾는 일 따위에 현금이나 물품 따위를 내걺.

心思 심사
마음 심, 생각 사
1. 어떤 일에 대한 여러 가지 마음의 작용
2. 마음에 맞지 않아 어깃장을 놓고 싶은 마음

深思 심사
깊을 심, 생각 사
깊이 생각함. 또는 깊은 생각

審査 심사
살필 심, 조사할 사
자세하게 조사하여 등급이나 당락 따위를 결정함.

必須 필수
반드시 필, 모름지기 수
꼭 있어야 하거나 하여야 함.

必需 필수
반드시 필, 구할 수
반드시 있어야 함. 또는 반드시 쓰임.

私有 사유
사사로울 사, 있을 유
개인이 사사로이 소유함. 또는 그런 소유물

思惟 사유
생각 사, 생각할 유
대상을 두루 생각하는 일

事由 사유
일 사, 말미암을 유
일의 까닭

買受 매수
살 매, 받을 수
물건을 사서 넘겨받음.

買售 매수
살 매, 팔 수
물건을 팔고 사는 일

한자 성어

未曾有 (미증유)
아닐 미, 일찍 증, 있을 유
지금까지 한 번도 있어 본 적이 없음.

未嘗不 (미상불)
아닐 미, 맛볼 상, 아닐 불
아닌 게 아니라 과연

彌縫策 (미봉책)
두루 미, 꿰맬 봉, 꾀 책
눈가림만 하는 일시적인 계책(計策)

白眼視 (백안시)
흰 백, 눈 안, 볼 시
남을 업신여기거나 무시하는 태도로 흘겨봄.

拔本塞源 (발본색원)
뽑을 발, 근본 본, 막을 색, 근원 원
좋지 않은 일의 근본 원인이 되는 것을 완전히 없애 다시는 그런 일이 생길 수 없도록 함.

前代未聞 (전대미문)
앞 전, 대신할 대, 아닐 미, 들을 문
이제까지 들어 본 적이 없음.

前人未踏 (전인미답)
앞 전, 사람 인, 아닐 미, 밟을 답
1. 이제까지 그 누구도 가 보지 못함.
2. 이제까지 그 누구도 손을 대어 본 일이 없음.

寤寐不忘 (오매불망)
깰 오, 잠잘 매, 아닐 불, 잊을 망
자나 깨나 잊지 못함.

輾轉不寐 (전전불매)
돌아누울 전, 구를 전, 아닐 불, 잠잘 매
누워서 몸을 이리저리 뒤척이며 잠을 이루지 못함.

輾轉反側 (전전반측)
돌아누울 전, 구를 전, 돌이킬 반, 곁 측
누워서 몸을 이리저리 뒤척이며 잠을 이루지 못함.

捲土重來 (권토중래)
말 권, 흙 토, 거듭 중, 올 래
땅을 말아 일으킬 것 같은 기세로 다시 온다는 뜻으로, 한 번 실패했으나 다시 쳐들어온다는 말

苦盡甘來 (고진감래)
쓸 고, 다할 진, 달 감, 올 래
쓴 것이 다하면 단 것이 온다는 뜻으로, 고생 끝에 즐거움이 옴을 이르는 말

興盡悲來 (흥진비래)
일 흥, 다할 진, 슬플 비, 올 래
즐거운 일이 다하면 슬픈 일이 닥쳐온다는 뜻으로, 세상일은 순환되는 것임을 이르는 말

束手無策 (속수무책)
묶을 속, 손 수, 없을 무, 꾀 책
손을 묶은 것처럼 어찌할 도리가 없어 꼼짝 못 함.

欲速不達 (욕속부달)
하고자 할 욕, 빠를 속, 아닐 부(불), 통달할 달
일을 빨리하려고 하면 도리어 이루지 못함.

糊口之策 (호구지책)
풀 호, 입 구, 갈 지, 꾀 책
가난한 살림에서 그저 겨우 먹고살아 가는 방책

窮餘之策 (궁여지책)
다할 궁, 남을 여, 갈 지, 꾀 책
궁한 나머지 생각다 못하여 짜낸 계책

苦肉之策 (고육지책)
쓸 고, 고기 육, 갈 지, 꾀 책
어려운 상태를 벗어나기 위해 어쩔 수 없이 꾸며 내는 계책을 이르는 말

目不識丁 (목불식정)
눈 목, 아닐 불, 알 식, 고무래 정
아주 간단한 글자인 '丁' 자를 보고도 그것이 '고무래'인 줄을 알지 못함. = 까막눈

目不忍見 (목불인견)
눈 목, 아닐 불, 참을 인, 볼 견
눈앞에 벌어진 상황 따위를 눈 뜨고는 차마 볼 수 없음.

見物生心 (견물생심)
볼 견, 물건 물, 날 생, 마음 심
어떠한 실물을 보게 되면 그것을 가지고 싶은 욕심이 생김.

見利思義 (견리사의)
볼 견, 이로울 리, 생각 사, 옳을 의
눈앞의 이익을 보면 의리를 먼저 생각함.

刮目相對 (괄목상대)
비빌 괄, 눈 목, 서로 상, 대답할 대
눈을 비비고 상대편을 본다는 뜻으로, 남의 학식이나 재주가 놀랄 만큼 부쩍 늚을 이르는 말

變化無雙 (변화무쌍)
변할 변, 될 화, 없을 무, 쌍 쌍
변하는 정도가 비할 데 없이 심함.

Day 22 필수 한자어·한자 성어 정복하기

한자어

主意 주의
주인 주, 뜻 의
주장이 되는 요지나 근본이 되는 중요한 뜻

主義 주의
주인 주, 옳을 의
1. 굳게 지키는 주장이나 방침
2. 체계화된 이론이나 학설

注意 주의
물 댈 주, 뜻 의
1. 마음에 새겨 두고 조심함.
2. 어떤 한 곳이나 일에 관심을 집중하여 기울임.

主事 주사
주인 주, 일 사
1. 사무를 주장하는 사람
2. 일반직 6급 공무원의 직급

注射 주사
물 댈 주, 쏠 사
약액을 주사기에 넣어 생물체의 조직이나 혈관 속에 직접 주입하는 일. 또는 그 기구

酒邪 주사
술 주, 간사할 사
술 마신 뒤에 버릇으로 하는 못된 언행

注文 주문
물 댈 주, 글월 문
다른 사람에게 어떤 일을 하도록 요구하거나 부탁함. 또는 그 요구나 부탁

呪文 주문
빌 주, 글월 문
음양가나 점술에 정통한 사람이 술법을 부리거나 귀신을 쫓을 때 외는 글귀

競走 경주
다툴 경, 달릴 주
사람, 동물, 차량 따위가 일정한 거리를 달려 빠르기를 겨루는 일. 또는 그런 경기

傾注 경주
기울 경, 물 댈 주
힘이나 정신을 한곳에만 기울임.

到着 도착
이를 도, 붙을 착
목적한 곳에 다다름.

倒錯 도착
넘어질 도, 섞일 착
1. 뒤바뀌어 거꾸로 됨.   2. 본능이나 감정, 덕성의 이상(異常)으로 도덕에 어그러진 행동을 나타냄.

罵倒 매도
욕할 매, 넘어질 도
심하게 욕하며 나무람.

賣渡 매도
팔 매, 건널 도
값을 받고 물건의 소유권을 다른 사람에게 넘김.

思考 사고
생각 사, 생각할 고
생각하고 궁리함.

事故 사고
일 사, 연고 고
1. 뜻밖에 일어난 불행한 일
2. 사람에게 해를 입혔거나 말썽을 일으킨 나쁜 짓

史庫 사고
역사 사, 곳집 고
고려 말기부터 조선 후기까지 실록 따위 국가의 중요한 서적을 보관하던 서고

首都 수도
머리 수, 도읍 도
나라의 중앙 정부가 있는 도시

水道 수도
물 수, 길 도
먹는 물이나 공업, 방화(防火) 따위에 쓰는 물을 관을 통하여 보내 주는 설비

修道 수도
닦을 수, 길 도
도를 닦음.

한자 성어

積土成山 (적토성산)
쌓을 적, 흙 토, 이룰 성, 뫼 산
작거나 적은 것도 쌓이면 크게 되거나 많아짐.
= 적소성대(積小成大)

金枝玉葉 (금지옥엽)
쇠 금, 가지 지, 구슬 옥, 나뭇잎 엽
1. 임금의 가족을 높여 이르는 말
2. 귀한 자손을 이르는 말

金科玉條 (금과옥조)
쇠 금, 품등 과, 구슬 옥, 가지 조
금이나 옥처럼 귀중히 여겨 꼭 지켜야 할 법칙이나 규정

仙姿玉質 (선자옥질)
신선 선, 맵시 자, 구슬 옥, 바탕 질
신선의 자태에 옥의 바탕이라는 뜻으로, 몸과 마음이 매우 아름다운 사람을 이르는 말

主客顚倒 (주객전도)
주인 주, 손님 객, 엎드러질 전, 넘어질 도
주인과 손의 위치가 서로 뒤바뀐다는 뜻으로, 사물의 경중 따위가 뒤바뀜을 이르는 말

本末顚倒 (본말전도)
근본 본, 끝 말, 엎드러질 전, 넘어질 도
1. 일이 처음과 나중이 뒤바뀜.
2. 일의 근본은 잊고 사소한 부분에만 사로잡힘.

客反爲主 (객반위주)
손님 객, 돌이킬 반, 할 위, 주인 주
손이 도리어 주인 노릇을 한다는 뜻으로, 부차적인 것을 더 중요하게 여김을 이르는 말

膠柱鼓瑟 (교주고슬)
아교 교, 기둥 주, 북 고, 큰 거문고 슬
고지식하여 조금도 융통성이 없음을 이르는 말

右往左往 (우왕좌왕)
오른 우, 갈 왕, 왼 좌, 갈 왕
이리저리 왔다 갔다 하며 일이나 나아가는 방향을 종잡지 못함.

說往說來 (설왕설래)
말씀 설, 갈 왕, 말씀 설, 올 래
서로 변론을 주고받으며 옥신각신함. 또는 말이 오고 감.

鳥足之血 (조족지혈)
새 조, 발 족, 갈 지, 피 혈
새 발의 피라는 뜻으로, 매우 적은 분량을 비유적으로 이르는 말

鶴首苦待 (학수고대)
학 학, 머리 수, 쓸 고, 기다릴 대
학의 목처럼 목을 길게 빼고 간절히 기다림.

安分知足 (안분지족)
편안할 안, 나눌 분, 알 지, 만족 족
편안한 마음으로 제 분수를 지키며 만족할 줄을 앎.

東奔西走 (동분서주)
동녘 동, 달릴 분, 서녘 서, 달릴 주
동쪽으로 뛰고 서쪽으로 뛴다는 뜻으로, 사방으로 몹시 바쁘게 돌아다님을 이르는 말

夜半逃走 (야반도주)
밤 야, 반 반, 달아날 도, 달릴 주
남의 눈을 피하여 한밤중에 도망함.

走馬看山 (주마간산)
달릴 주, 말 마, 볼 간, 뫼 산
자세히 살피지 아니하고 대충대충 보고 지나감을 이르는 말

走馬加鞭 (주마가편)
달릴 주, 말 마, 더할 가, 채찍 편
달리는 말에 채찍질한다는 뜻으로, 잘하는 사람을 더욱 장려함을 이르는 말

見危致命 (견위치명)
볼 견, 위태할 위, 이를 치, 목숨 명
나라가 위태로울 때 자기의 몸을 나라에 바침.

言行一致 (언행일치)
말씀 언, 다닐 행, 하나 일, 이를 치
말과 행동이 하나로 들어맞음. 또는 말한 대로 실행함.

共倒同亡 (공도동망)
함께 공, 넘어질 도, 같을 동, 망할 망
함께 넘어지고 같이 망함.

抱腹絶倒 (포복절도)
안을 포, 배 복, 끊을 절, 넘어질 도
배를 그러안고 넘어질 정도로 몹시 웃음.

偕老同穴 (해로동혈)
함께 해, 늙을 로, 같을 동, 구멍 혈
생사를 같이하자는 부부의 굳은 맹세를 이르는 말

反哺之孝 (반포지효)
돌이킬 반, 먹일 포, 갈 지, 효도 효
자식이 자란 후에 어버이의 은혜를 갚는 효성을 이르는 말

深思熟考 (심사숙고)
깊을 심, 생각 사, 익을 숙, 생각할 고
깊이 잘 생각함.

Day 23 필수 한자어·한자 성어 정복하기

■ 한자어

水上 수상
물 수, 위 상
물의 위. 또는 물길

手相 수상
손 수, 서로 상
1. 손바닥의 살갗에 줄무늬를 이룬 금
2. 손금이나 손의 모양

首相 수상
머리 수, 서로 상
내각의 우두머리

受賞 수상
받을 수, 상 줄 상
상을 받음.

殊常 수상
다를 수, 항상 상
보통과는 달리 이상하여 의심스러움.

隨想 수상
따를 수, 생각 상
그때그때 떠오르는 느낌이나 생각

救命 구명
구원할 구, 목숨 명
사람의 목숨을 구함.

究明 구명
궁구할 구, 밝을 명
사물의 본질, 원인 따위를 깊이 연구하여 밝힘.

救助 구조
구원할 구, 도울 조
재난 따위를 당하여 어려운 처지에 빠진 사람을 구하여 줌.

構造 구조
얽을 구, 지을 조
부분이나 요소가 어떤 전체를 짜 이룸. 또는 그렇게 이루어진 얼개

錄音 녹음
기록할 녹(록), 소리 음
테이프나 판 또는 영화 필름 따위에 소리를 기록함. 또는 그렇게 기록한 소리

綠陰 녹음
푸를 녹(록), 그늘 음
푸른 잎이 우거진 나무나 수풀. 또는 그 나무의 그늘

習得 습득
익힐 습, 얻을 득
학문이나 기술 따위를 배워서 자기 것으로 함.

拾得 습득
주울 습, 얻을 득
주워서 얻음.

交着 교착
사귈 교, 붙을 착
서로 붙음.

交錯 교착
사귈 교, 섞일 착
이리저리 엇갈려 뒤섞임.

膠着 교착
갖출 교, 붙을 착
「1」 아주 단단히 달라붙음.
「2」 어떤 상태가 굳어 조금도 변동이나 진전이 없이 머묾.

電波 전파
번개 전, 물결 파
전하의 진동 또는 전류의 주기적 변화에 의해 에너지가 공간으로 방사되는 현상

全破 전파
온전할 전, 깨뜨릴 파
전부 파괴되거나 파괴함.

傳播 전파
전할 전, 뿌릴 파
전하여 널리 퍼뜨림.

한자 성어

白眉 (백미)
흰 백, 눈썹 미
흰 눈썹이라는 뜻으로, 여럿 가운데에서 가장 뛰어난 사람이나 훌륭한 물건을 이르는 말

登龍門 (등용문)
오를 등, 용 용(룡), 문 문
용문(龍門)에 오른다는 뜻으로, 어려운 관문을 통과하여 크게 출세하게 됨을 이르는 말

氷炭之間 (빙탄지간)
얼음 빙, 숯 탄, 갈 지, 사이 간
얼음과 숯의 사이라는 뜻으로, 서로 맞지 않아 화합하지 못하는 관계를 이르는 말

水魚之交 (수어지교)
물 수, 물고기 어, 갈 지, 사귈 교
물고기와 물의 관계라는 뜻으로, 아주 친밀하여 떨어질 수 없는 사이를 비유적으로 이르는 말

氷姿玉質 (빙자옥질)
얼음 빙, 모습 자, 구슬 옥, 바탕 질
1. 얼음같이 맑고 깨끗한 살결과 구슬같이 아름다운 자질 2. '매화'를 달리 이르는 말

吟風詠月 (음풍영월)
읊을 음, 바람 풍, 읊을 영, 달 월
맑은 바람과 밝은 달을 대상으로 시를 짓고 흥취를 자아내어 즐겁게 놂. = 음풍농월

緣木求魚 (연목구어)
인연 연, 나무 목, 구할 구, 물고기 어
나무에 올라 물고기를 구한다는 뜻으로, 도저히 불가능한 일을 굳이 하려 함을 이르는 말

刻舟求劍 (각주구검)
새길 각, 배 주, 구할 구, 칼 검
융통성 없이 현실에 맞지 않는 낡은 생각을 고집하는 어리석음을 이르는 말

綠衣紅裳 (녹의홍상)
푸를 녹(록), 옷 의, 붉을 홍, 치마 상
1. 연두저고리와 다홍치마
2. 곱게 차려입은 젊은 여자의 옷차림

白面書生 (백면서생)
흰 백, 낯 면, 글 서, 날 생
한갓 글만 읽고 세상일에는 전혀 경험이 없는 사람

白雲孤飛 (백운고비)
흰 백, 구름 운, 외로울 고, 날 비
타향에서 고향에 계신 부모를 생각함.

百發百中 (백발백중)
일백 백, 필 발, 일백 백, 가운데 중
백 번 쏘아 백 번 맞힘.

百年河淸 (백년하청)
일백 백, 해 년, 물 하, 맑을 청
아무리 오랜 시일이 지나도 어떤 일이 이루어지기 어려움을 이르는 말

百年大計 (백년대계)
일백 백, 해 년, 큰 대, 셈할 계
먼 앞날까지 미리 내다보고 세우는 크고 중요한 계획

一罰百戒 (일벌백계)
하나 일, 벌할 벌, 일백 백, 경계할 계
한 사람을 벌주어 백 사람을 경계함.

伯仲之勢 (백중지세)
맏 백, 버금 중, 갈 지, 기세 세
서로 우열을 가리기 힘든 형세

伯牙絶絃 (백아절현)
맏 백, 어금니 아, 끊을 절, 줄 현
자기를 알아주는 참다운 벗의 죽음을 슬퍼함.

伯樂一顧 (백낙일고)
맏 백, 즐거울 낙(락), 하나 일, 돌아볼 고
자기의 재능을 알아주는 사람을 만나 대접을 잘 받음을 이르는 말

泉石膏肓 (천석고황)
샘 천, 돌 석, 기름 고, 명치끝 황
자연의 아름다운 경치를 몹시 사랑하고 즐기는 성벽(性癖) = 연하고질(煙霞痼疾)

積羽沈舟 (적우침주)
쌓을 적, 깃 우, 잠길 침, 배 주
새의 깃이라도 쌓이고 쌓이면 배를 가라앉힐 수 있음.

塞翁之馬 (새옹지마)
변방 새, 늙은이 옹, 갈 지, 말 마
인생의 길흉화복은 변화가 많아서 예측하기가 어렵다는 말

雨後竹筍 (우후죽순)
비 우, 뒤 후, 대나무 죽, 죽순 순
어떤 일이 한때에 많이 생겨남을 비유적으로 이르는 말

雪上加霜 (설상가상)
눈 설, 위 상, 더할 가, 서리 상
눈 위에 서리가 덮인다는 뜻으로, 난처한 일이나 불행한 일이 잇따라 일어남을 이르는 말

螢雪之功 (형설지공)
반딧불 형, 눈 설, 갈 지, 공 공
고생을 하면서 부지런하고 꾸준하게 공부하는 자세를 이르는 말

Day 24 필수 한자어·한자 성어 정복하기

■ 한자어

題材 제재
제목 제, 재목 재
예술 작품이나 학술 연구의 바탕이 되는 재료

制裁 제재
억제할 제, 마를 재
일정한 규칙이나 관습의 위반에 대하여 제한하거나 금지함. 또는 그런 조치

支援 지원
지탱할 지, 도울 원
지지하여 도움.

志願 지원
뜻 지, 바랄 원
어떤 일이나 조직에 뜻을 두어 한 구성원이 되기를 바람.

技術 기술
재주 기, 재주 술
1. 과학 이론으로 사물을 인간 생활에 유용하도록 가공하는 수단   2. 사물을 잘 다룰 수 있는 방법이나 능력

記述 기술
기록할 기, 지을 술
대상이나 과정의 내용과 특징을 있는 그대로 열거하거나 기록하여 서술함. 또는 그런 기록

技能 기능
재주 기, 능할 능
육체적, 정신적 작업을 정확하고 손쉽게 해 주는 기술상의 재능

機能 기능
틀 기, 능할 능
1. 하는 구실이나 작용을 함. 또는 그런 것
2. 권한, 직책, 능력에 따라 일정 분야에서 하는 역할·작용

技士 기사
재주 기, 선비 사
1. '운전사'를 높여 이르는 말
2. 국가 기술 자격 등급의 하나

騎士 기사
말 탈 기, 선비 사
말을 탄 무사

記事 기사
기록할 기, 일 사
1. 사실을 적음. 또는 그런 글
2. 신문이나 잡지 따위에서, 어떠한 사실을 알리는 글

公有 공유
공변될 공, 있을 유
국가나 지방 자치 단체의 소유

共有 공유
함께 공, 있을 유
두 사람 이상이 한 물건을 공동으로 소유함.

偏在 편재
치우칠 편, 있을 재
한곳에 치우쳐 있음.

遍在 편재
두루 편, 있을 재
널리 퍼져 있음.

脫臭 탈취
벗을 탈, 냄새 취
냄새를 빼어 없앰.

奪取 탈취
빼앗을 탈, 취할 취
빼앗아 가짐.

引導 인도
끌 인, 이끌 도
이끌어 지도함.

引渡 인도
끌 인, 건널 도
사물이나 권리 따위를 넘겨줌.

人道 인도
사람 인, 길 도
1. 사람으로 마땅히 지켜야 할 도리
2. 보행자의 통행에 사용되도록 된 도로
※ 1과 2는 동음이의어임.

한자 성어

如反掌 (여반장)
같을 여, 돌이킬 반, 손바닥 장
손바닥을 뒤집는 것 같다는 뜻으로, 일이 매우 쉬움을 이르는 말

賊反荷杖 (적반하장)
도둑 적, 돌이킬 반, 멜 하, 지팡이 장
도둑이 도리어 매를 든다는 뜻으로, 잘못한 사람이 잘못이 없는 사람을 나무람을 이르는 말

反面敎師 (반면교사)
돌이킬 반, 낯 면, 가르칠 교, 스승 사
사람이나 사물 따위의 부정적인 면에서 얻는 깨달음이나 가르침을 주는 대상을 이르는 말

他山之石 (타산지석)
다를 타, 산 산, 갈 지, 돌 석
본이 되지 않은 남의 말이나 행동도 자신을 수양하는 데에 도움이 될 수 있다는 말

十匙一飯 (십시일반)
열 십, 숟가락 시, 하나 일, 밥 반
여러 사람이 조금씩 힘을 합하면 한 사람을 돕기 쉬움을 이르는 말

蓋世之才 (개세지재)
덮을 개, 세상 세, 갈 지, 재주 재
세상을 뒤덮을 만큼 뛰어난 재주. 또는 그 재주를 가진 사람

棟梁之材 (동량지재)
마룻대 동, 들보 량, 갈 지, 재목 재
집안이나 나라를 떠받치는 중대한 일을 맡을 만한 인재를 이르는 말

支離滅裂 (지리멸렬)
지탱할 지, 떠날 리, 멸할 멸, 찢을 렬
이리저리 흩어지고 찢기어 갈피를 잡을 수 없음.

竹馬故友 (죽마고우)
대나무 죽, 말 마, 옛 고, 벗 우
대말을 타고 놀던 벗이라는 뜻으로, 어릴 때부터 같이 놀며 자란 벗

莫逆之友 (막역지우)
없을 막, 거스를 역, 갈 지, 벗 우
서로 거스름이 없는 친구라는 뜻으로, 허물이 없이 아주 친한 친구를 이르는 말

左之右之 (좌지우지)
왼 좌, 갈 지, 오른 우, 갈 지
이리저리 제 마음대로 휘두르거나 다룸.

左衝右突 (좌충우돌)
왼 좌, 찌를 충, 오른 우, 부딪칠 돌
이리저리 마구 찌르고 부딪침.

左顧右眄 (좌고우면)
왼 좌, 돌아볼 고, 오른 우, 곁눈질할 면
이쪽저쪽을 돌아본다는 뜻으로, 앞뒤를 재고 망설임을 이르는 말

傍若無人 (방약무인)
곁 방, 같을 약, 없을 무, 사람 인
곁에 사람이 없는 것처럼 아무 거리낌 없이 함부로 말하고 행동하는 태도가 있음.

明若觀火 (명약관화)
밝을 명, 같을 약, 볼 관, 불 화
불을 보듯 분명하고 뻔함.

有備無患 (유비무환)
있을 유, 갖출 비, 없을 무, 근심 환
미리 준비가 되어 있으면 걱정할 것이 없음.

鷄卵有骨 (계란유골)
닭 계, 알 란, 있을 유, 뼈 골
운수가 나쁜 사람은 모처럼 좋은 기회를 만나도 역시 일이 잘 안됨을 이르는 말

言中有骨 (언중유골)
말씀 언, 가운데 중, 있을 유, 뼈 골
말 속에 뼈가 있다는 뜻으로, 예사로운 말 속에 단단한 속뜻이 들어 있음을 이르는 말

自畵自讚 (자화자찬)
스스로 자, 그림 화, 스스로 자, 기릴 찬
자기가 그린 그림을 스스로 칭찬한다는 뜻으로, 자기가 한 일을 스스로 자랑함을 이르는 말

自繩自縛 (자승자박)
스스로 자, 줄 승, 스스로 자, 묶을 박
자기가 한 말과 행동에 자기 자신이 얽혀 곤란하게 됨을 비유적으로 이르는 말

登高自卑 (등고자비)
오를 등, 높을 고, 스스로 자, 낮을 비
1. 일을 순서대로 하여야 함.
2. 지위가 높을수록 자신을 낮춤.

姑息之計 (고식지계)
잠깐 고, 쉴 식, 갈 지, 꾀할 계
우선 당장 편한 것만을 택하는 꾀나 방법.

口尙乳臭 (구상유취)
입 구, 오히려 상, 젖 유, 냄새 취
입에서 아직 젖내가 난다는 뜻으로, 말이나 행동이 유치함을 이르는 말

吾鼻三尺 (오비삼척)
나 오, 코 비, 석 삼, 자 척
내 코가 석 자라는 뜻으로, 자기 사정이 급하여 남을 돌볼 겨를이 없음을 이르는 말

Day 25 필수 한자어·한자 성어 정복하기

1회독
2회독
3회독

▌한자어

瓜年 과년
오이 과, 해 년
결혼하기에 적당한 여자의 나이

過年 과년
지날 과, 해 년
나이가 보통 혼인할 시기를 지난 상태에 있음.

課年 과년
시험할 과, 해 년
해마다 빠짐없이 꼭꼭 함.

嗜好 기호
즐길 기, 좋을 호
즐기고 좋아함.

記號 기호
기록할 기, 부르짖을 호
어떠한 뜻을 나타내기 위하여 쓰이는 부호, 문자, 표지 따위를 통틀어 이르는 말

好戰 호전
좋을 호, 싸움 전
싸우기를 좋아함.

好轉 호전
좋을 호, 구를 전
1. 일의 형세가 좋은 쪽으로 바뀜.
2. 병의 증세가 나아짐.

受容 수용
받을 수, 받아들일 용
어떠한 것을 받아들임.

收容 수용
거둘 수, 받아들일 용
범법자, 포로, 난민, 관객, 물품 따위를 일정한 장소나 시설에 모아 넣음.

收用 수용
거둘 수, 쓸 용
거두어들여 사용함.

手用 수용
손 수, 쓸 용
동력을 쓰지 않고 손으로 직접 사용함.

採用 채용
캘 채, 쓸 용
1. 사람을 골라서 씀.
2. 어떤 의견, 방안 등을 고르거나 받아 들여서 씀.

債用 채용
빚 채, 쓸 용
돈이나 물건 따위를 빌려서 씀.

共鳴 공명
함께 공, 울 명
남의 사상이나 감정, 행동 따위에 공감하여 자기도 그와 같이 따르려 함.

公明 공명
공평할 공, 밝을 명
사사로움이나 한쪽으로 치우침이 없이 공정하고 명백함.

功名 공명
공 공, 이름 명
공을 세워서 자기의 이름을 널리 드러냄. 또는 그 이름

空名 공명
빌 공, 이름 명
1. 실제에 맞지 않는 부풀린 명성
2. 이름이나 명성의 덧없음.

悲鳴 비명
슬플 비, 울 명
1. 슬피 욺. 또는 그런 울음소리
2. 위급하거나 몹시 두려울 때 지르는 외마디 소리

碑銘 비명
비석 비, 새길 명
비석에 새긴 글자

非命 비명
아닐 비, 목숨 명
제명대로 다 살지 못하고 죽음.

한자 성어

亡子計齒 (망자계치)
망할 망, 아들 자, 셈할 계, 나이 치
죽은 자식 나이 세기라는 뜻으로, 이미 그릇된 일은 생각하여도 소용 없음을 이르는 말

孑孑單身 (혈혈단신)
외로울 혈, 외로울 혈, 홑 단, 몸 신
의지할 곳이 없는 외로운 홀몸

孤立無援 (고립무원)
외로울 고, 설 립, 없을 무, 도울 원
고립되어 구원을 받을 데가 없음.

孤掌難鳴 (고장난명)
외로울 고, 손바닥 장, 어려울 난, 울 명
혼자의 힘만으로 어떤 일을 이루기 어려움을 이르는 말

甲男乙女 (갑남을녀)
갑옷 갑, 사내 남, 새 을, 계집 녀
갑이란 남자와 을이란 여자라는 뜻으로, 평범한 사람들을 이르는 말

善男善女 (선남선녀)
착할 선, 사내 남, 착할 선, 계집 녀
1. 착하고 어진 사람들을 이르는 말
2. 곱게 단장한 남자와 여자를 이르는 말

好衣好食 (호의호식)
좋을 호, 옷 의, 좋을 호, 먹을 식
좋은 옷을 입고 좋은 음식을 먹음.

好事多魔 (호사다마)
좋을 호, 일 사, 많을 다, 마귀 마
좋은 일에는 흔히 방해되는 일이 많음. 또는 그런 일이 많이 생김.

識字憂患 (식자우환)
알 식, 글자 자, 근심 우, 근심 환
학식이 있는 것이 오히려 근심을 사게 됨.

安貧樂道 (안빈낙도)
편안할 안, 가난할 빈, 즐거울 낙(락), 길 도
가난한 생활을 하면서도 편안한 마음으로 도를 즐겨 지킴.

居安思危 (거안사위)
살 거, 편안할 안, 생각 사, 위태할 위
편안할 때에 어려움이 닥칠 것을 미리 대비하여야 함.

擧案齊眉 (거안제미)
들 거, 책상 안, 가지런할 제, 눈썹 미
밥상을 눈썹과 가지런하게 공손히 들어 남편 앞에 간다는 뜻으로, 남편을 깍듯이 공경한다는 말

微吟緩步 (미음완보)
작을 미, 읊을 음, 느릴 완, 걸음 보
작은 소리로 읊으며 천천히 거닒.

薄酒山菜 (박주산채)
엷을 박, 술 주, 산 산, 나물 채
1. 맛이 변변하지 못한 술과 산나물
2. 자기가 내는 술과 안주를 겸손하게 이르는 말

骨肉相爭 (골육상쟁)
뼈 골, 고기 육, 서로 상, 다툴 쟁
가까운 혈족끼리 서로 싸움.

犬兔之爭 (견토지쟁)
개 견, 토끼 토, 갈 지, 다툴 쟁
개와 토끼의 다툼이라는 뜻으로, 두 사람의 싸움에 제삼자가 이익을 봄을 이르는 말

蚌鷸之爭 (방휼지쟁)
방합 방, 도요새 휼, 갈 지, 다툴 쟁
두 세력이 다투다가 결국은 구경하는 다른 사람에게 득을 주는 싸움을 이르는 말

蝸角之爭 (와각지쟁)
달팽이 와, 뿔 각, 갈 지, 다툴 쟁
달팽이의 더듬이 위에서 싸운다는 뜻으로, 하찮은 일로 벌이는 싸움을 이르는 말

指鹿爲馬 (지록위마)
가리킬 지, 사슴 록, 할 위, 말 마
윗사람을 농락하여 권세를 마음대로 함을 이르는 말

無所不爲 (무소불위)
없을 무, 바 소, 아닐 불, 할 위
하지 못하는 일이 없음.

犬馬之勞 (견마지로)
개 견, 말 마, 갈 지, 힘쓸 로
개나 말 정도의 하찮은 힘이라는 뜻으로, 윗사람에게 충성하는 자신의 노력을 낮추는 말

南船北馬 (남선북마)
남녘 남, 배 선, 북녘 북, 말 마
늘 쉬지 않고 여기저기 여행을 하거나 돌아다님을 이르는 말

一石二鳥 (일석이조)
하나 일, 돌 석, 두 이, 새 조
돌 한 개를 던져 새 두 마리를 잡는다는 뜻으로, 동시에 두 가지 이득을 봄을 이르는 말

如鳥數飛 (여조삭비)
같을 여, 새 조, 자주 삭, 날 비
배우기를 쉬지 않고 끊임없이 연습하고 익힘을 이르는 말

Day 26 필수 한자어·한자 성어 정복하기

한자어

天命 천명
하늘 천, 목숨 명
1. 타고난 수명이나 운명
2. 하늘의 명령

天明 천명
하늘 천, 밝을 명
날이 막 밝을 무렵

闡明 천명
열 천, 밝힐 명
진리나 사실, 입장 따위를 드러내어 밝힘.

擅名 천명
멋대로 할 천, 이름 명
이름을 드날림.

通話 통화
통할 통, 이야기 화
전화로 말을 주고받음.

通貨 통화
통할 통, 재물 화
유통 수단이나 지불 수단으로서 기능하는 화폐

解除 해제
풀 해, 덜 제
1. 설치하였거나 장비한 것 따위를 풀어 없앰.
2. 행동에 제약을 가하는 법령 따위를 풀어 자유롭게 함.

解題 해제
풀 해, 제목 제
1. 책의 저자·내용·체재·출판 연월일 따위에 대해 대략적으로 설명함.   2. 문제를 풂.

夫人 부인
지아비 부, 사람 인
남의 아내를 높여 이르는 말

婦人 부인
며느리 부, 사람 인
결혼한 여자

否認 부인
아닐 부, 알 인
어떤 내용이나 사실을 옳거나 그러하다고 인정하지 아니함.

扶養 부양
도울 부, 기를 양
생활 능력이 없는 사람의 생활을 돌봄.

浮揚 부양
뜰 부, 날릴 양
가라앉은 것이 떠오름. 또는 가라앉은 것을 떠오르게 함.

失期 실기
잃을 실, 기회 기
시기를 놓침.

失機 실기
잃을 실, 틀 기
기회를 잃거나 놓침.

實技 실기
열매 실, 재주 기
실제의 기능이나 기술

實記 실기
열매 실, 기록할 기
실제의 사실을 있는 그대로 적은 기록

知覺 지각
알 지, 깨달을 각
1. 알아서 깨달음. 또는 그런 능력
2. 사물의 이치나 도리를 분별하는 능력

遲刻 지각
더딜 지, 새길 각
정해진 시각보다 늦게 출근하거나 등교함.

地殼 지각
땅 지, 껍질 각
지구의 바깥쪽을 차지하는 부분

한자 성어

破天荒 (파천황)
깨뜨릴 파, 하늘 천, 거칠 황
이전에 아무도 하지 못한 일을 처음으로 해냄을 이르는 말

大同小異 (대동소이)
큰 대, 같을 동, 작을 소, 다를 이
큰 차이 없이 거의 같음.

小貪大失 (소탐대실)
작을 소, 탐할 탐, 큰 대, 잃을 실
작은 것을 탐하다가 큰 것을 잃음.

針小棒大 (침소봉대)
바늘 침, 작을 소, 몽둥이 봉, 큰 대
작은 일을 크게 불리어 떠벌림.

太平煙月 (태평연월)
클 태, 평평할 평, 연기 연, 달 월
근심이나 걱정이 없는 편안한 세월

坐井觀天 (좌정관천)
앉을 좌, 우물 정, 볼 관, 하늘 천
우물 속에 앉아서 하늘을 본다는 뜻으로, 사람의 견문(見聞)이 매우 좁음을 이르는 말

驚天動地 (경천동지)
놀랄 경, 하늘 천, 움직일 동, 땅 지
하늘을 놀라게 하고 땅을 뒤흔든다는 뜻으로, 세상을 몹시 놀라게 함을 이르는 말

天衣無縫 (천의무봉)
하늘 천, 옷 의, 없을 무, 꿰맬 봉
천사의 옷은 꿰맨 흔적이 없다는 뜻으로, 꾸민 데 없이 자연스럽고 아름다우며 완전하다는 말

天壤之差 (천양지차)
하늘 천, 흙 양, 갈 지, 다를 차
하늘과 땅 사이와 같이 엄청난 차이

笑裏藏刀 (소리장도)
웃을 소, 속 리, 감출 장, 칼 도
겉으로는 웃고 있으나 마음속에는 해칠 마음을 품고 있음을 이르는 말 = 소중도(笑中刀)

甘呑苦吐 (감탄고토)
달 감, 삼킬 탄, 쓸 고, 토할 토
자신의 비위에 따라서 사리의 옳고 그름을 판단함을 이르는 말

綿裏藏針 (면리장침)
솜 면, 속 리, 감출 장, 바늘 침
솜 속에 바늘을 감추어 꽂는다는 뜻으로, 부드러운 체하나 속은 아주 흉악함을 이르는 말

千載一遇 (천재일우)
일천 천, 해(年) 재, 하나 일, 만날 우
천 년 동안 단 한 번 만난다는 뜻으로, 좀처럼 만나기 어려운 좋은 기회를 이르는 말

千慮一失 (천려일실)
일천 천, 생각 려, 하나 일, 잃을 실
슬기로운 사람이라도 여러 가지 생각 가운데에는 잘못되는 것이 있을 수 있음을 이르는 말

千慮一得 (천려일득)
일천 천, 생각 려, 하나 일, 얻을 득
어리석은 사람이라도 많은 생각을 하면 한 가지쯤은 좋은 것이 나올 수 있음을 이르는 말

捨生取義 (사생취의)
버릴 사, 목숨 생, 취할 취, 옳을 의
목숨을 버리고 의를 좇는다는 뜻으로, 목숨을 버릴지언정 옳은 일을 함을 이르는 말

前途洋洋 (전도양양)
앞 전, 길 도, 큰 바다 양, 큰 바다 양
앞날이 희망차고 전망이 밝음.

前途遙遠 (전도요원)
앞 전, 길 도, 멀 요, 멀 원
1. 가야 할 길이 아득히 멂.
2. 장래가 창창하게 멂.

日暮途遠 (일모도원)
날 일, 저물 모, 길 도, 멀 원
날은 저물고 갈 길은 멀다는 뜻으로, 늙고 쇠약한데 앞으로 해야 할 일은 많음을 이르는 말

道聽塗說 (도청도설)
길 도, 들을 청, 진흙 도, 말씀 설
길에서 듣고 길에서 말한다는 뜻으로, 길거리에 퍼져 돌아다니는 뜬소문을 이르는 말

塗炭之苦 (도탄지고)
진흙 도, 숯 탄, 갈 지, 쓸 고
진구렁에 빠지고 숯불에 타는 괴로움을 이르는 말

一敗塗地 (일패도지)
하나 일, 패할 패, 진흙 도, 땅 지
여지없이 패하여 다시 일어날 수 없게 되는 지경에 이름을 이르는 말

煙霞痼疾 (연하고질)
연기 연, 노을 하, 고질 고, 병 질
자연의 아름다운 경치를 몹시 사랑하고 즐기는 성벽(性癖) = 천석고황(泉石膏肓)

知彼知己 (지피지기)
알 지, 저 피, 알 지, 몸 기
적의 사정과 나의 사정을 자세히 앎.

Day 27 필수 한자어·한자 성어 정복하기

한자어

保守 보수
지킬 보, 지킬 수
1. 보전하여 지킴. 2. 새로운 것이나 변화를 받아들이기보다는 전통적인 것을 옹호하며 유지하려 함.

報酬 보수
갚을 보, 갚을 수
1. 고맙게 해 준 데 대하여 보답을 함. 또는 그 보답
2. 일한 대가로 주는 돈이나 물품

補修 보수
기울 보, 닦을 수
건물이나 시설 따위의 낡거나 부서진 것을 손보아 고침.

對峙 대치
대할 대, 우뚝 솟을 치
서로 맞서서 버팀.

對置 대치
대할 대, 둘 치
마주 놓음.

代置 대치
대신할 대, 둘 치
다른 것으로 바꾸어 놓음.

感謝 감사
느낄 감, 사례할 사
1. 고마움을 나타내는 인사
2. 고맙게 여김. 또는 그런 마음

監査 감사
볼 감, 조사할 사
감독하고 검사함.

監事 감사
볼 감, 일 사
단체의 서무를 맡아보는 직책. 또는 그 직책에 있는 사람

鑑査 감사
거울 감, 조사할 사
주로 예술 작품의 우열이나 옳고 그름 따위를 감별하여 조사함.

運命 운명
돌 운, 목숨 명
인간을 포함한 모든 것을 지배하는 초인간적인 힘. 또는 그것에 의하여 이미 정하여져 있는 목숨이나 처지

殞命 운명
죽을 운, 목숨 명
사람의 목숨이 끊어짐.

專用 전용
오로지 전, 쓸 용
1. 남과 공동으로 쓰지 아니하고 혼자서만 씀.
2. 특정한 목적으로 일정한 부문에만 한하여 씀.

轉用 전용
구를 전, 쓸 용
예정되어 있는 곳에 쓰지 아니하고 다른 데로 돌려서 씀.

專貰 전세
오로지 전, 세낼 세
계약에 의하여 일정 기간 동안 그 사람에게만 빌려주어 다른 사람의 사용을 금하는 일

傳貰 전세
전할 전, 세낼 세
부동산의 소유자에게 일정한 금액을 맡기고 그 부동산을 일정 기간 동안 빌려 쓰는 일

戰勢 전세
싸움 전, 기세 세
전쟁, 경기 따위의 형세나 형편

維持 유지
바 유, 가질 지
어떤 상태나 상황을 그대로 보존하거나 변함없이 계속하여 지탱함.

有志 유지
있을 유, 뜻 지
마을이나 지역에서 명망 있고 영향력을 가진 사람

遺志 유지
남길 유, 뜻 지
죽은 사람이 살아서 이루지 못하고 남긴 뜻

한자 성어

寸鐵殺人 (촌철살인)
마디 촌, 쇠 철, 죽일 살, 사람 인
간단한 말로도 남을 감동하게 하거나 남의 약점을 찌를 수 있음을 이르는 말

守株待兔 (수주대토)
지킬 수, 그루 주, 기다릴 대, 토끼 토
한 가지 일에만 얽매여 발전을 모르는 어리석은 사람을 비유적으로 이르는 말

牽強附會 (견강부회)
끌 견, 강할 강, 붙을 부, 모일 회
이치에 맞지 않는 말을 억지로 끌어 붙여 자기에게 유리하게 함.

名實相符 (명실상부)
이름 명, 열매 실, 서로 상, 부신 부
이름과 실상이 서로 꼭 맞음.

切齒腐心 (절치부심)
끊을 절, 이 치, 썩을 부, 마음 심
몹시 분하여 이를 갈며 속을 썩임.

換腐作新 (환부작신)
바꿀 환, 썩을 부, 지을 작, 새로울 신
썩은 것을 싱싱한 것으로 바꿈.

射石爲虎 (사석위호)
쏠 사, 돌 석, 할 위, 범 호
돌을 호랑이로 알고 쏘았더니 화살이 꽂혔다는 뜻으로, 최선을 다하면 이룰 수 있다는 말

射魚指天 (사어지천)
쏠 사, 물고기 어, 가리킬 지, 하늘 천
고기를 잡으려고 하늘을 향해 쏜다는 뜻으로, 불가능한 일을 하려 함을 이르는 말

車載斗量 (거재두량)
수레 거, 실을 재, 말 두, 헤아릴 량
수레에 싣고 말로 된다는 뜻으로, 물건이나 인재가 많아서 그다지 귀하지 않음을 이르는 말

前車可鑑 (전거가감)
앞 전, 수레 거, 옳을 가, 거울 감
앞수레가 엎어진 것을 보고 뒷수레가 경계하여 넘어지지 않도록 한다는 말

前車覆轍 (전거복철)
앞 전, 수레 거, 엎을 복, 바큇자국 철
앞에 간 수레가 뒤집힌 바퀴 자국이라는 뜻으로, 앞의 실패를 본보기 삼아 주의한다는 말

覆車之戒 (복거지계)
엎을 복, 수레 거, 갈 지, 경계할 계
앞의 수레가 엎어지는 것을 보고 뒤의 수레가 경계하여 엎어지지 않도록 한다는 말

螳螂拒轍 (당랑거철)
사마귀 당, 사마귀 랑, 막을 거, 바큇자국 철
제 역량을 생각하지 않고, 강한 상대나 되지 않을 일에 덤벼드는 무모한 행동거지

獨不將軍 (독불장군)
홀로 독, 아닐 불, 장수 장, 군사 군
1. 뭐든 자기 생각대로 혼자서 처리하는 사람
2. 다른 사람에게 따돌림을 받는 외로운 사람

孤軍奮鬪 (고군분투)
외로울 고, 군사 군, 떨칠 분, 싸움 투
따로 떨어져 도움을 받지 못하게 된 군사가 많은 수의 적군과 용감하게 잘 싸움.

以心傳心 (이심전심)
써 이, 마음 심, 전할 전, 마음 심
마음과 마음으로 서로 뜻이 통함.

敎外別傳 (교외별전)
가르칠 교, 바깥 외, 다를 별, 전할 전
선종에서, 부처의 가르침을 말이나 글이 아닌 마음에서 마음으로 전하여 진리를 깨닫게 하는 법

不立文字 (불립문자)
아닐 불, 설 립, 글월 문, 글자 자
불도의 깨달음은 마음에서 마음으로 전하는 것이므로 말이나 글에 의지하지 않는다는 말

心心相印 (심심상인)
마음 심, 마음 심, 서로 상, 도장 인
말없이 마음과 마음으로 뜻을 전함.

拈華微笑 (염화미소)
집을 염(녑), 빛날 화, 작을 미, 웃을 소
말로 통하지 아니하고 마음에서 마음으로 전하는 일 = 염화시중(拈華示衆)

名不虛傳 (명불허전)
이름 명, 아닐 불, 빌 허, 전할 전
명성이나 명예가 헛되이 퍼진 것이 아니라는 뜻으로, 이름날 만한 까닭이 있음을 이르는 말

轉禍爲福 (전화위복)
구를 전, 재앙 화, 할 위, 복 복
재앙과 근심, 걱정이 바뀌어 오히려 복이 됨.

心機一轉 (심기일전)
마음 심, 틀 기, 하나 일, 구를 전
어떤 동기가 있어 이제까지 가졌던 마음가짐을 버리고 완전히 달라짐.

時機尙早 (시기상조)
때 시, 때 기, 오히려 상, 일찍 조
어떤 일을 하기에 아직 때가 이름.

Day 28 필수 한자어·한자 성어 정복하기

한자어

感情 감정
느낄 감, 뜻 정
어떤 현상이나 일에 대하여 일어나는 마음이나 느끼는 기분

憾情 감정
한(恨)할 감, 뜻 정
원망하거나 성내는 마음

鑑定 감정
거울 감, 정할 정
사물의 특성이나 참과 거짓, 좋고 나쁨을 분별하여 판정함.

安定 안정
편안할 안, 정할 정
바뀌어 달라지지 아니하고 일정한 상태를 유지함.

安靜 안정
편안할 안, 고요할 정
1. 육체적 또는 정신적으로 편안하고 고요함.
2. 병을 치료하기 위해 몸과 마음을 편안하고 고요하게 함.

眞正 진정
참 진, 바를 정
거짓이 없이 참으로

眞情 진정
참 진, 뜻 정
1. 참되고 애틋한 정이나 마음
2. 참된 사정

陳情 진정
늘어놓을 진, 뜻 정
실정이나 사정을 진술함.

鎭靜 진정
누를 진, 고요할 정
1. 몹시 소란스럽고 어지러운 일을 가라앉힘.
2. 격양된 감정이나 아픔 따위를 가라앉힘.

連敗 연패
잇닿을 연(련), 패할 패
싸움이나 경기에서 계속하여 짐.

連霸 연패
잇닿을 연(련), 으뜸 패
운동 경기 따위에서 연달아 우승함.

解讀 해독
풀 해, 읽을 독
1. 어려운 문구 따위를 읽어 이해하거나 해석함.
2. 잘 알 수 없는 암호나 기호 따위를 읽어서 풂.

解毒 해독
풀 해, 독 독
몸 안에 들어간 독성 물질의 작용을 없앰.

害毒 해독
해로울 해, 독 독
좋고 바른 것을 망치거나 손해를 끼침. 또는 그 손해

存續 존속
있을 존, 이을 속
어떤 대상이 그대로 있거나 어떤 현상이 계속됨.

尊屬 존속
높을 존, 무리 속
부모 또는 그와 같은 항렬 이상에 속하는 친족

實名 실명
열매 실, 이름 명
실제의 이름

失名 실명
잃을 실, 이름 명
이름이 전하지 아니하여 알 길이 없게 됨.

失命 실명
잃을 실, 목숨 명
목숨을 잃음.

失明 실명
잃을 실, 밝을 명
시력을 잃어 앞을 못 보게 됨.

한자 성어

九死一生 (구사일생)
아홉 구, 죽을 사, 하나 일, 날 생
죽을 고비를 여러 차례 넘기고 겨우 살아남음을 이르는 말

各自圖生 (각자도생)
각각 각, 스스로 자, 그림 도, 날 생
제각기 살아 나갈 방법을 꾀함.

焉敢生心 (언감생심)
어찌 언, 감히 감, 날 생, 마음 심
어찌 감히 그런 마음을 품을 수 있겠냐는 뜻으로, 전혀 그런 마음이 없었음을 이르는 말

後生可畏 (후생가외)
뒤 후, 날 생, 옳을 가, 두려워할 외
후진들이 선배들보다 젊고 기력이 좋아, 학문을 닦아 큰 인물이 될 수 있어 두렵다는 말

後生角高 (후생각고)
뒤 후, 날 생, 뿔 각, 높을 고
뒤에 난 뿔이 우뚝하다는 뜻으로, 제자나 후배가 스승이나 선배보다 뛰어날 때 이르는 말

生寄死歸 (생기사귀)
날 생, 부칠 기, 죽을 사, 돌아갈 귀
사는 것은 이 세상에 잠시 머무는 것일 뿐이며 죽는 것은 원래 본집으로 돌아가는 것임.

醉生夢死 (취생몽사)
취할 취, 날 생, 꿈 몽, 죽을 사
한평생을 아무 하는 일 없이 흐리멍덩하게 살아감을 비유적으로 이르는 말

草露人生 (초로인생)
풀 초, 이슬 로, 사람 인, 날 생
풀잎에 맺힌 이슬과 같은 인생이라는 뜻으로, 허무하고 덧없는 인생을 이르는 말

乾木水生 (건목수생)
마를 건, 나무 목, 물 수, 날 생
아무것도 없는 사람에게 무리하게 무엇을 내라고 요구함을 이르는 말

靑出於藍 (청출어람)
푸를 청, 날 출, 어조사 어, 쪽 람
제자나 후배가 스승이나 선배보다 나음을 비유적으로 이르는 말

靑天霹靂 (청천벽력)
푸를 청, 하늘 천, 벼락 벽, 벼락 력
맑게 갠 하늘에서 치는 날벼락이라는 뜻으로, 뜻밖에 일어난 큰 변고나 사건을 이르는 말

靑山流水 (청산유수)
푸를 청, 산 산, 흐를 유(류), 물 수
푸른 산에 흐르는 맑은 물이라는 뜻으로, 막힘없이 썩 잘하는 말을 비유적으로 이르는 말

萬古常靑 (만고상청)
일만 만, 옛 고, 항상 상, 푸를 청
아주 오랜 세월 동안 변함없이 언제나 푸름.

博而不精 (박이부정)
넓을 박, 말 이을 이, 아닐 부(불), 정밀할 정
널리 알지만 정밀하지는 못함.

風樹之嘆 (풍수지탄)
바람 풍, 나무 수, 갈 지, 탄식할 탄
효도를 다하지 못한 채 어버이를 여읜 자식의 슬픔을 이르는 말

積小成大 (적소성대)
쌓을 적, 작을 소, 이룰 성, 큰 대
작거나 적은 것도 쌓이면 크게 되거나 많아짐.

水滴穿石 (수적천석)
물 수, 물방울 적, 뚫을 천, 돌 석
작은 노력이라도 끈기 있게 계속하면 큰일을 이룰 수 있음을 이르는 말

晝耕夜讀 (주경야독)
낮 주, 밭 갈 경, 밤 야, 읽을 독
어려운 여건 속에서도 꿋꿋이 공부함을 이르는 말

狗尾續貂 (구미속초)
개 구, 꼬리 미, 이을 속, 담비 초
담비 꼬리가 모자라 개의 꼬리로 잇는다는 뜻으로, 벼슬을 함부로 줌을 이르는 말

貴鵠賤鷄 (귀곡천계)
귀할 귀, 고니 곡, 천할 천, 닭 계
고니를 귀하게, 닭을 천하게 여긴다는 뜻으로, 드문 것은 귀하게, 흔한 것은 천하게 여김.

道不拾遺 (도불습유)
길 도, 아닐 불, 주울 습, 남길 유
형벌이 준엄하여 백성이 법을 범하지 아니하거나 민심이 순후함을 비유하여 이르는 말

養虎遺患 (양호유환)
기를 양, 범 호, 남길 유, 근심 환
범을 길러서 화근을 남긴다는 뜻으로, 화근이 될 것을 길러서 후환을 당하게 됨을 이르는 말

遺臭萬年 (유취만년)
남길 유, 냄새 취, 일만 만, 해 년
더러운 이름을 후세에 오래도록 남김.

流芳百世 (유방백세)
흐를 유(류), 꽃다울 방, 일백 백, 해 세
꽃다운 이름이 후세에 길이 전함.

Day 29 필수 한자어·한자 성어 정복하기

■ 한자어

意志 의지
뜻 의, 뜻 지
어떠한 일을 이루고자 하는 마음

依支 의지
의지할 의, 지탱할 지
1. 다른 것에 몸을 기댐. 또는 그렇게 하는 대상
2. 다른 것에 마음을 기대어 도움을 받음.

童謠 동요
아이 동, 노래 요
어린이를 위하여 동심(童心)을 바탕으로 지은 노래

動搖 동요
움직일 동, 흔들릴 요
1. 물체 따위가 흔들리고 움직임.
2. 어떤 체제나 상황 따위가 혼란스럽고 술렁임.

童話 동화
아이 동, 이야기 화
어린이를 위하여 동심(童心)을 바탕으로 지은 이야기. 또는 그런 문예 작품

動畫 동화
움직일 동, 그림 화
만화 영화에서, 한 장면 한 장면의 그림을 이르는 말

同化 동화
같을 동, 될 화
성질, 양식(樣式), 사상 따위가 다르던 것이 서로 같게 됨.

埋藏 매장
묻을 매, 감출 장
1. 묻어서 감춤.
2. 지하자원 따위가 땅속에 묻히어 있음.

埋葬 매장
묻을 매, 장사 지낼 장
시체나 유골 따위를 땅속에 묻음.

賣場 매장
팔 매, 마당 장
물건을 파는 장소

管理 관리
대롱 관, 다스릴 리
1. 어떤 일의 사무를 맡아 처리함.
2. 시설이나 물건의 유지, 개량 따위의 일을 맡아 함.

官吏 관리
벼슬 관, 벼슬아치 리
관직에 있는 사람

動機 동기
움직일 동, 틀 기
어떤 일이나 행동을 일으키게 하는 계기

同氣 동기
같을 동, 기운 기
형제와 자매, 남매를 통틀어 이르는 말

同期 동기
같을 동, 때 기
1. 같은 시기. 또는 같은 기간.
2. 학교나 훈련소 따위에서의 같은 기(期)

冬期 동기
겨울 동, 때 기
겨울의 시기

復讐 복수
회복할 복, 원수 수
원수를 갚음.

複數 복수
겹칠 복, 셀 수
둘 이상의 수

履行 이행
밟을 이(리), 다닐 행
실제로 행함.

移行 이행
옮길 이, 다닐 행
다른 상태로 옮아감.

한자 성어

立身揚名 (입신양명)
설 입(립), 몸 신, 날릴 양, 이름 명
출세하여 이름을 세상에 떨침.

尸位素餐 (시위소찬)
주검 시, 자리 위, 흴 소, 먹을 찬
재덕이나 공로가 없어 직책을 다하지 못하면서 자리만 차지하고 녹(祿)을 받아먹음.

得意滿面 (득의만면)
얻을 득, 뜻 의, 가득 찰 만, 낯 면
일이 뜻대로 이루어져 기쁜 표정이 얼굴에 가득함.

意氣揚揚 (의기양양)
뜻 의, 기운 기, 날릴 양, 날릴 양
뜻한 바를 이루어 만족한 마음이 얼굴에 나타난 모양

意氣銷沈 (의기소침)
뜻 의, 기운 기, 녹일 소, 잠길 침
기운이 없어지고 풀이 죽음.

漸入佳境 (점입가경)
점점 점, 들 입, 아름다울 가, 지경 경
1. 들어갈수록 점점 재미가 있음.
2. 갈수록 하는 짓이나 몰골이 더욱 꼴불견임.

明鏡止水 (명경지수)
밝을 명, 거울 경, 그칠 지, 물 수
1. 맑은 거울과 고요한 물
2. 잡념, 가식, 헛된 욕심 없이 맑고 깨끗한 마음

鏡花水月 (경화수월)
거울 경, 꽃 화, 물 수, 달 월
눈으로 볼 수 있으나 잡을 수는 없음을 비유적으로 이르는 말

樵童汲婦 (초동급부)
나무할 초, 아이 동, 물 길을 급, 며느리 부
땔나무를 하는 아이와 물을 긷는 아낙네라는 뜻으로, 평범한 사람을 이르는 말

張三李四 (장삼이사)
베풀 장, 석 삼, 자두 이(리), 넉 사
장씨의 셋째 아들과 이씨의 넷째 아들이라는 뜻으로, 평범한 사람들을 이르는 말

匹夫匹婦 (필부필부)
짝 필, 지아비 부, 짝 필, 며느리 부
평범한 남녀

五里霧中 (오리무중)
다섯 오, 마을 리, 안개 무, 가운데 중
오 리나 되는 짙은 안개 속에 있다는 뜻으로, 무슨 일에 대하여 방향이나 갈피를 잡을 수 없음.

鵬程萬里 (붕정만리)
붕새 붕, 한도 정, 일만 만, 마을 리
1. 산을 넘고 내를 건너 아주 멂.
2. 아주 양양한 장래를 비유적으로 이르는 말

一瀉千里 (일사천리)
하나 일, 쏟을 사, 일천 천, 마을 리
강물이 빨리 흘러 천 리를 간다는 뜻으로, 어떤 일이 거침없이 빨리 진행됨을 이르는 말

表裏不同 (표리부동)
겉 표, 속 리, 아닐 부(불), 같을 동
겉으로 드러나는 언행과 속으로 가지는 생각이 다름.

輕擧妄動 (경거망동)
가벼울 경, 들 거, 망령될 망, 움직일 동
경솔하여 생각 없이 망령되게 행동함. 또는 그런 행동

千辛萬苦 (천신만고)
일천 천, 매울 신, 일만 만, 쓸 고
천 가지 매운 것과 만 가지 쓴 것이라는 뜻으로, 어려운 고비를 다 겪으며 심하게 고생함.

魚魯不辨 (어로불변)
물고기 어, 노나라 로, 아닐 불, 분별할 변
어(魚) 자와 노(魯) 자를 구별하지 못한다는 뜻으로, 아주 무식함을 비유적으로 이르는 말

菽麥不辨 (숙맥불변)
콩 숙, 보리 맥, 아닐 불, 분별할 변
콩인지 보리인지를 구별하지 못한다는 뜻으로, 사리 분별을 못 하고 세상 물정을 잘 모름.

懸河之辯 (현하지변)
매달 현, 물 하, 갈 지, 말 잘할 변
물이 거침없이 흐르듯 잘하는 말

結草報恩 (결초보은)
맺을 결, 풀 초, 갚을 보, 은혜 은
죽은 뒤에라도 은혜를 잊지 않고 갚음을 이르는 말

因果應報 (인과응보)
인할 인, 열매 과, 응할 응, 갚을 보
전생의 선악에 따라 현재의 행·불행이 있고, 현세의 선악에 따라 내세의 행·불행이 있는 일

陰德陽報 (음덕양보)
그늘 음, 덕 덕, 볕 양, 갚을 보
남이 모르게 덕행을 쌓은 사람은 뒤에 그 보답을 받게 됨을 이르는 말

盡忠報國 (진충보국)
다할 진, 충성 충, 갚을 보, 나라 국
충성을 다하여서 나라의 은혜를 갚음.

Day 30 필수 한자어·한자 성어 정복하기

■ 한자어

意思 의사
뜻 의, 생각 사
무엇을 하고자 하는 생각

義士 의사
옳을 의, 선비 사
의로운 지사(志士)

醫師 의사
의원 의, 스승 사
일정한 자격을 가지고 병을 고치는 것을 직업으로 하는 사람

異常 이상
다를 이, 항상 상
정상적인 상태와 다름.

異狀 이상
다를 이, 형상 상
1. 평소와는 다른 상태
2. 서로 다른 모양

理想 이상
다스릴 이(리), 생각 상
생각할 수 있는 범위 안에서 가장 완전하다고 여겨지는 상태

以上 이상
써 이, 위 상
수량이나 정도가 일정한 기준보다 더 많거나 나음.

異性 이성
다를 이, 성품 성
1. 성질이 다름. 또는 다른 성질
2. 성(性)이 다른 것

理性 이성
다스릴 이(리), 성품 성
개념적으로 사유하는 능력을 감각적 능력에 상대하여 이르는 말

邁進 매진
갈 매, 나아갈 진
어떤 일을 전심전력을 다하여 해 나감.

賣盡 매진
팔 매, 다할 진
하나도 남지 아니하고 모두 다 팔려 동이 남.

婉曲 완곡
순할 완, 굽을 곡
말하는 투가, 듣는 사람의 감정이 상하지 않도록 모나지 않고 부드러움.

緩曲 완곡
느릴 완, 굽을 곡
느릿느릿하면서도 정성스러움.

失禮 실례
잃을 실, 예도 례
말이나 행동이 예의에 벗어남. 또는 그런 말이나 행동

實例 실례
열매 실, 법식 례
구체적인 실제의 보기

無故 무고
없을 무, 연고 고
1. 아무런 까닭이 없음.
2. 사고 없이 평안함.

無告 무고
없을 무, 알릴 고
괴로운 처지를 하소연할 곳이 없음. 또는 그런 사람

無辜 무고
없을 무, 허물 고
아무런 잘못이나 허물이 없음.

誣告 무고
속일 무, 알릴 고
사실이 아닌 일을 거짓으로 꾸미어 해당 기관에 고소하거나 고발하는 일

舞鼓 무고
춤출 무, 북 고
1. 궁중 정재(呈才) 때에 쓰던 북의 하나
2. 북을 메고 추는 고전 무용

한자 성어

我田引水 (아전인수)
나 아, 밭 전, 끌 인, 물 수
자기 논에 물 대기라는 뜻으로, 자기에게만 이롭게 되도록 생각하거나 행동함을 이르는 말

田夫之功 (전부지공)
밭 전, 지아비 부, 갈 지, 공 공
양자의 다툼에 엉뚱한 제삼자가 이득을 보는 것을 비유적으로 이르는 말

桑田碧海 (상전벽해)
뽕나무 상, 밭 전, 푸를 벽, 바다 해
뽕나무밭이 변하여 푸른 바다가 된다는 뜻으로, 세상일의 변천이 심함을 이르는 말

滄海桑田 (창해상전)
큰 바다 창, 바다 해, 뽕나무 상, 밭 전
뽕나무밭이 변하여 푸른 바다가 된다는 뜻으로, 세상일의 변천이 심함을 이르는 말

滄桑世界 (창상세계)
큰 바다 창, 뽕나무 상, 세상 세, 지경 계
급격히 바뀌어 변모하는 세상

滄海一粟 (창해일속)
큰 바다 창, 바다 해, 하나 일, 조 속
아주 많거나 넓은 것 가운데 있는 매우 하찮고 작은 것을 이르는 말

男負女戴 (남부여대)
사내 남, 질 부, 계집 여(녀), 일 대
가난한 사람들이 살 곳을 찾아 이리저리 떠돌아다님을 비유적으로 이르는 말

易地思之 (역지사지)
바꿀 역, 처지 지, 생각 사, 갈 지
처지를 바꾸어서 생각하여 봄.

背恩忘德 (배은망덕)
등 배, 은혜 은, 잊을 망, 덕 덕
남에게 입은 은덕을 저버리고 배신하는 태도가 있음.

天人共怒 (천인공노)
하늘 천, 사람 인, 함께 공, 성낼 노
누구나 분노할 만큼 증오스럽거나 도저히 용납할 수 없음을 이르는 말

不共戴天 (불공대천)
아닐 불, 함께 공, 일 대, 하늘 천
이 세상에서 같이 살 수 없을 만큼 큰 원한을 가짐을 비유적으로 이르는 말 ≒ 불구대천

勞心焦思 (노심초사)
힘쓸 노(로), 마음 심, 그을릴 초, 생각 사
눈썹에 불이 붙었다는 뜻으로, 매우 급함을 이르는 말

敬而遠之 (경이원지)
공경할 경, 말 이을 이, 멀 원, 갈 지
1. 공경하되 가까이하지는 않음. = 경원(敬遠)
2. 겉으로 공경하는 체하면서 실제로는 꺼려함.

由我之歎 (유아지탄)
말미암을 유, 나 아, 갈 지, 탄식할 탄
나로 말미암아 남에게 해가 미치게 된 것을 뉘우치는 탄식

與世推移 (여세추이)
더불 여, 세상 세, 밀 추, 옮길 이
세상이 변하는 대로 따라 변함.
≒ 여세부침(與世浮沈)

唯我獨尊 (유아독존)
오직 유, 나 아, 홀로 독, 높을 존
1. 세상에서 자기 혼자 잘났다고 뽐내는 태도
2. 우주 가운데 자기보다 더 존귀한 이는 없음.

進退維谷 (진퇴유곡)
나아갈 진, 물러날 퇴, 바 유, 골 곡
이러지도 저러지도 못하고 꼼짝할 수 없는 궁지

進退兩難 (진퇴양난)
나아갈 진, 물러날 퇴, 두 양(량), 어려울 난
이러지도 저러지도 못하는 어려운 처지
≒ 진퇴무로(進退無路)

曲學阿世 (곡학아세)
굽을 곡, 배울 학, 아첨할 아, 세상 세
바른길에서 벗어난 학문으로 세상 사람에게 아첨함.

九曲肝腸 (구곡간장)
아홉 구, 굽을 곡, 간 간, 창자 장
굽이굽이 서린 창자라는 뜻으로, 깊은 마음속 또는 시름이 쌓인 마음속을 이르는 말

不問曲直 (불문곡직)
아닐 불, 물을 문, 굽을 곡, 곧을 직
옳고 그름을 따지지 아니함.

盤溪曲徑 (반계곡경)
소반 반, 시내 계, 굽을 곡, 지름길 경
일을 순서대로 정당하게 하지 아니하고 그릇된 수단을 써서 억지로 함을 이르는 말

迂餘曲折 (우여곡절)
에돌 우, 남을 여, 굽을 곡, 꺾을 절
뒤얽혀 복잡하여진 사정

物我一體 (물아일체)
물건 물, 나 아, 하나 일, 몸 체
외물(外物)과 자아, 객관과 주관, 또는 물질계와 정신계가 어울려 하나가 됨.

Day 31 필수 한자어·한자 성어 정복하기

한자어

最古 최고
가장 최, 옛 고
가장 오래됨.

最高 최고
가장 최, 높을 고
1. 가장 높음.
2. 으뜸인 것. 또는 으뜸이 될 만한 것

催告 최고
재촉할 최, 알릴 고
1. 재촉하는 뜻을 알림.
2. 상대편에게 일정한 행위를 하도록 독촉하는 통지

故事 고사
옛 고, 일 사
1. 유래가 있는 옛날의 일. 또는 그런 일을 표현한 어구
2. 옛날부터 전해 오는 규칙이나 정례(定例)

考查 고사
생각할 고, 조사할 사
1. 자세히 생각하고 조사함.
2. 학생들의 학업 성적을 평가하는 시험

告祀 고사
아뢸 고, 제사 사
액운은 없어지고 풍요와 행운이 오도록 집안에서 섬기는 신(神)에게 음식을 차려 놓고 비는 제사

枯死 고사
마를 고, 죽을 사
나무나 풀 따위가 말라 죽음.

固辭 고사
굳을 고, 말씀 사
제의나 권유 따위를 굳이 사양함.

姑捨 고사
잠깐 고, 버릴 사
어떤 일이나 그에 대한 능력, 경험, 지불 따위를 배제하다.

行事 행사
다닐 행, 일 사
어떤 일을 시행함. 또는 그 일

行使 행사
다닐 행, 부릴 사
부려서 씀.

檢事 검사
검사할 검, 일 사
검찰권을 행사하는 사법관 ≒ 검찰관

檢查 검사
검사할 검, 조사할 사
사실이나 일의 상태 또는 물질의 구성 성분 따위를 조사하여 옳고 그름과 낫고 못함을 판단하는 일

劍士 검사
칼 검, 선비 사
칼 쓰기 기술에 능한 사람

忠實 충실
충성 충, 열매 실
충직하고 성실함.

充實 충실
채울 충, 열매 실
내용이 알차고 단단함.

映畫 영화
비출 영, 그림 화
일정한 의미를 갖고 움직이는 대상을 촬영하여 영사기로 영사막에 재현하는 종합 예술

榮華 영화
영화 영, 빛날 화
몸이 귀하게 되어 이름이 세상에 빛남.

決定 결정
결정할 결, 정할 정
행동이나 태도를 분명하게 정함. 또는 그렇게 정해진 내용

結晶 결정
맺을 결, 맑을 정
애써 노력하여 보람 있는 결과를 이루는 것이나 그 결과를 비유적으로 이르는 말

한자 성어

今古一般 (금고일반)	이제 금, 옛 고, 하나 일, 일반 반 지금이나 옛날이나 같음.
法古創新 (법고창신)	법 법, 옛 고, 비롯할 창, 새로울 신 옛것에 토대를 두되 그것을 변화시킬 줄 알고 새것을 만들어 가되 근본을 잃지 않아야 함.
溫故知新 (온고지신)	따뜻할 온, 연고 고, 알 지, 새로울 신 옛것을 익히고 그것을 미루어서 새것을 앎.
萬古風霜 (만고풍상)	일만 만, 옛 고, 바람 풍, 서리 상 아주 오랜 세월 동안 겪어 온 많은 고생
艱難辛苦 (간난신고)	어려울 간, 어려울 난, 매울 신, 쓸 고 몹시 힘들고 어려우며 고생스러움.
同苦同樂 (동고동락)	같을 동, 쓸 고, 같을 동, 즐거울 락 괴로움도 즐거움도 함께함.
一喜一悲 (일희일비)	하나 일, 기쁠 희, 하나 일, 슬플 비 1. 기쁨과 슬픔이 번갈아 일어남. 2. 한편으로는 기쁘고 한편으로는 슬픔.
事半功倍 (사반공배)	일 사, 반 반, 공 공, 곱 배 들인 노력은 적고 얻은 성과는 큼.
食少事煩 (식소사번)	먹을 식, 적을 소, 일 사, 번거로울 번 먹을 것은 적은데 할 일은 많음.
多事多難 (다사다난)	많을 다, 일 사, 많을 다, 어려울 난 여러 가지 일도 많고 어려움이나 탈도 많음.
一筆揮之 (일필휘지)	하나 일, 붓 필, 휘두를 휘, 갈 지 글씨를 단숨에 죽 내리 씀.
二律背反 (이율배반)	두 이, 법 율(률), 등 배, 돌이킬 반 서로 모순되어 양립할 수 없는 두 개의 명제
晝夜長川 (주야장천)	낮 주, 밤 야, 길 장, 내 천 밤낮으로 쉬지 아니하고 연달아
不撤晝夜 (불철주야)	아닐 불, 거둘 철, 낮 주, 밤 야 어떤 일에 몰두하여 조금도 쉴 사이 없이 밤낮을 가리지 아니함.
晝思夜度 (주사야탁)	낮 주, 생각 사, 밤 야, 헤아릴 탁 밤낮으로 깊이 생각하고 헤아림.
一網打盡 (일망타진)	하나 일, 그물 망, 칠 타, 다할 진 한 번 그물을 쳐서 고기를 다 잡는다는 뜻으로, 어떤 무리를 한꺼번에 다 잡음을 이르는 말
吐盡肝膽 (토진간담)	토할 토, 다할 진, 간 간, 쓸개 담 간과 쓸개를 다 토한다는 뜻으로, 실정(實情)을 숨김없이 다 털어놓고 말함을 이르는 말
畫中之餅 (화중지병)	그림 화, 가운데 중, 갈 지, 떡 병 그림의 떡 ≒ 화병(畫餅)
自中之亂 (자중지란)	스스로 자, 가운데 중, 갈 지, 어지러울 란 같은 편끼리 하는 싸움
囊中取物 (낭중취물)	주머니 낭, 가운데 중, 취할 취, 물건 물 주머니 속에서 물건을 꺼내듯이 아주 손쉽게 얻을 수 있음을 이르는 말 ≒ 탐낭취물(探囊取物)
囊中之錐 (낭중지추)	주머니 낭, 가운데 중, 갈 지, 송곳 추 재능이 뛰어난 사람은 숨어 있어도 저절로 사람들에게 알려짐을 이르는 말
鐵中錚錚 (철중쟁쟁)	쇠 철, 가운데 중, 쇳소리 쟁, 쇳소리 쟁 여러 쇠붙이 중 유난히 맑게 쟁그랑거리는 소리가 난다는 뜻으로, 같은 무리 중 가장 뛰어남.
群鷄一鶴 (군계일학)	무리 군, 닭 계, 하나 일, 학 학 닭의 무리 가운데에서 한 마리의 학이란 뜻으로, 많은 사람 가운데서 뛰어난 인물
暗中摸索 (암중모색)	어두울 암, 가운데 중, 찾을 모, 찾을 색 1. 물건 따위를 어둠 속에서 더듬어 찾음. 2. 어림으로 무엇을 알아내거나 찾아내려 함.

Day 32 필수 한자어·한자 성어 정복하기

■ 한자어

切望 절망
간절히 절, 바랄 망
간절히 바람.

絶望 절망
끊을 절, 바랄 망
바라볼 것이 없게 되어 모든 희망을 끊어 버림. 또는 그런 상태

辭免 사면
말씀 사, 면할 면
맡아보던 일자리를 그만두고 물러남.

赦免 사면
용서할 사, 면할 면
죄를 용서하여 형벌을 면제함.

公布 공포
널리 공, 펼 포
일반 대중에게 널리 알림.

空砲 공포
빌 공, 대포 포
실탄을 넣지 않고 소리만 나게 하는 총질

恐怖 공포
두려울 공, 두려워할 포
두렵고 무서움.

風俗 풍속
바람 풍, 풍속 속
옛날부터 그 사회에 전해 오는 생활 전반에 걸친 습관 따위를 이르는 말

風速 풍속
바람 풍, 빠를 속
바람의 속도

寬容 관용
너그러울 관, 받아들일 용
남의 잘못 따위를 너그럽게 받아들이거나 용서함. 또는 그런 용서

慣用 관용
버릇 관, 쓸 용
1. 습관적으로 늘 씀. 또는 그렇게 쓰는 것
2. 오랫동안 써서 굳어진 대로 늘 씀. 또는 그렇게 쓰는 것

官用 관용
벼슬 관, 쓸 용
정부 기관이나 국립 공공 기관에서 사용함.

詳述 상술
자세할 상, 지을 술
자세하게 설명하여 말함.

上述 상술
위 상, 지을 술
윗부분이나 앞부분에서 말하거나 적음.

商術 상술
장사 상, 재주 술
장사하는 재주나 꾀

先行 선행
먼저 선, 다닐 행
1. 어떠한 것보다 앞서가거나 앞에 있음.
2. 딴 일에 앞서 행함. 또는 그런 행위

善行 선행
착할 선, 다닐 행
착하고 어진 행실

善戰 선전
착할 선, 싸움 전
있는 힘을 다하여 잘 싸움.

宣戰 선전
베풀 선, 싸움 전
한 나라가 다른 나라에 대하여 전쟁을 시작한다는 의사 표시를 하는 일

宣傳 선전
베풀 선, 전할 전
주의나 주장, 사물의 존재, 효능 따위를 많은 사람이 알고 이해하도록 잘 설명하여 널리 알리는 일

한자 성어

七顚八起 (칠전팔기)	일곱 칠, 엎드러질 전, 여덟 팔, 일어날 기 일곱 번 넘어지고 여덟 번 일어난다는 뜻으로, 여러 번 실패하여도 계속 노력함을 이르는 말
七顚八倒 (칠전팔도)	일곱 칠, 엎드러질 전, 여덟 팔, 넘어질 도 일곱 번 구르고 여덟 번 거꾸러진다는 뜻으로, 수없이 실패를 거듭함을 이르는 말
七縱七擒 (칠종칠금)	일곱 칠, 늘어질 종, 일곱 칠, 사로잡을 금 마음대로 잡았다 놓아주었다 함을 이르는 말
快刀亂麻 (쾌도난마)	쾌할 쾌, 칼 도, 어지러울 난(란), 삼 마 어지럽게 뒤얽힌 사물을 강력한 힘으로 명쾌하게 처리함을 이르는 말
切磋琢磨 (절차탁마)	끊을 절, 갈 차, 쪼을 탁, 갈 마 옥이나 돌 따위를 갈고 닦아서 빛을 낸다는 뜻으로, 부지런히 학문과 덕행을 닦음.
草綠同色 (초록동색)	풀 초, 푸를 록, 같을 동, 빛 색 풀색과 녹색은 같은 색이라는 뜻으로, 처지가 같은 사람들끼리 한패가 되는 경우를 이르는 말
傾國之色 (경국지색)	기울 경, 나라 국, 갈 지, 빛 색 임금이 혹하여 나라가 기울어져도 모를 정도의 미인
刻苦勉勵 (각고면려)	새길 각, 쓸 고, 힘쓸 면, 힘쓸 려 어떤 일에 고생을 무릅쓰고 몸과 마음을 다하여, 무척 애를 쓰면서 부지런히 노력함.
兎死狗烹 (토사구팽)	토끼 토, 죽을 사, 개 구, 삶을 팽 토끼가 죽으면 토끼를 잡던 사냥개도 필요 없게 되어 주인에게 삶아 먹히게 됨.
兎營三窟 (토영삼굴)	토끼 토, 경영할 영, 석 삼, 굴 굴 자신의 안전을 위하여 미리 몇 가지 대비책을 짜 놓음을 이르는 말
兎死狐悲 (토사호비)	토끼 토, 죽을 사, 여우 호, 슬플 비 토끼가 죽으니 여우가 슬퍼한다는 뜻으로, 같은 무리의 불행을 슬퍼함을 이르는 말
無事安逸 (무사안일)	없을 무, 일 사, 편안할 안, 달아날 일 큰 탈이 없이 편안하고 한가로움. 또는 그런 상태만을 유지하려는 태도
八方美人 (팔방미인)	여덟 팔, 모 방, 아름다울 미, 사람 인 1. 어느 모로 보나 아름다운 사람 2. 온갖 일에 조금씩 손대는 사람을 놀리는 말
內富外貧 (내부외빈)	안 내, 넉넉할 부, 바깥 외, 가난할 빈 겉으로 보기에는 가난한 듯하나 속은 부유함을 이르는 말
貧而無怨 (빈이무원)	가난할 빈, 말 이을 이, 없을 무, 원망할 원 가난하지만 남을 원망하지 않음.
衆寡不敵 (중과부적)	무리 중, 적을 과, 아닐 부(불), 원수 적 적은 수효로 많은 수효를 대적하지 못함.
兩寡分悲 (양과분비)	두 양(량), 적을 과, 나눌 분, 슬플 비 두 과부가 슬픔을 서로 나눈다는 뜻으로, 같은 처지에 있는 사람끼리 동정함을 이르는 말
同聲異俗 (동성이속)	같을 동, 소리 성, 다를 이, 풍속 속 사람이 날 때는 다 같은 소리를 가지나, 자라면서 그 나라의 풍속에 따라 달라짐.
花容月態 (화용월태)	꽃 화, 얼굴 용, 달 월, 모양 태 아름다운 여인의 얼굴과 맵시를 이르는 말 = 월태화용(月態花容)
雪膚花容 (설부화용)	눈 설, 살갗 부, 꽃 화, 얼굴 용 눈처럼 흰 살갗과 꽃처럼 고운 얼굴이라는 뜻으로, 미인의 용모를 이르는 말
益者三友 (익자삼우)	더할 익, 놈 자, 석 삼, 벗 우 사귀어서 도움이 되는 세 가지(심성 곧음, 믿음직, 견문 많음)의 벗
徒勞無益 (도로무익)	무리 도, 힘쓸 로, 없을 무, 더할 익 헛되이 애만 쓰고 아무런 이로움이 없음.
多岐亡羊 (다기망양)	많을 다, 갈림길 기, 망할 망, 양 양 갈림길이 많아 잃어버린 양을 찾지 못함.
亡羊補牢 (망양보뢰)	망할 망, 양 양, 기울 보, 우리 뢰 양을 잃고 우리를 고친다는 뜻으로, 이미 실패한 뒤에 뉘우쳐도 소용이 없음을 이르는 말

Day 33 필수 한자어·한자 성어 정복하기

한자어

加工 가공
더할 가, 장인 공
원자재나 반제품을 인공적으로 처리하여 새로운 제품을 만들거나 제품의 질을 높임.

架空 가공
시렁 가, 빌 공
이유나 근거가 없이 꾸며 냄. 또는 사실이 아니고 거짓이나 상상으로 꾸며 냄.

可恐 가공
옳을 가, 두려울 공
두려워하거나 놀랄 만하다.

經緯 경위
지날 경, 씨 위
1. 직물(織物)의 날과 씨를 아울러 이르는 말
2. 일이 진행되어 온 과정

涇渭 경위
통할 경, 물 이름 위
사리의 옳고 그름이나 이러하고 저러함에 대한 분별

警衛 경위
경계할 경, 지킬 위
1. 경계하여 호위함. 또는 그렇게 하는 사람
2. 경찰 공무원 계급의 하나.

樣式 양식
모양 양, 법 식
1. 일정한 모양이나 형식
2. 오랜 시간이 지나면서 자연히 정하여진 방식

洋式 양식
큰 바다 양, 법 식
서양의 양식이나 격식

洋食 양식
큰 바다 양, 먹을 식
서양식 음식이나 식사

糧食 양식
양식 양(량), 먹을 식
1. 생존을 위하여 필요한 사람의 먹을거리
2. 지식이나 물질 따위의 원천이 되는 것을 이르는 말

養殖 양식
기를 양, 불릴 식
물고기나 해조, 버섯 따위를 인공적으로 길러서 번식하게 함.

意識 의식
뜻 의, 알 식
깨어 있는 상태에서 자기 자신이나 사물에 대하여 인식하는 작용

儀式 의식
거동 의, 법 식
행사를 치르는 일정한 법식. 또는 정하여진 방식에 따라 치르는 행사

衣食 의식
옷 의, 먹을 식
의복과 음식을 아울러 이르는 말

正義 정의
바를 정, 옳을 의
진리에 맞는 올바른 도리

定義 정의
정할 정, 옳을 의
어떤 말이나 사물의 뜻을 명백히 밝혀 규정함. 또는 그 뜻

情誼 정의
뜻 정, 정 의
서로 사귀어 친하여진 정

會議 회의
모일 회, 의논할 의
여럿이 모여 의논함. 또는 그런 모임

會意 회의
모일 회, 뜻 의
1. 뜻을 알아챔. 2. 마음에 맞음.
3. 한자 육서(六書)의 하나

懷疑 회의
품을 회, 의심할 의
의심을 품음. 또는 마음속에 품고 있는 의심

한자 성어

漢江投石 (한강투석)
한나라 한, 강 강, 던질 투, 돌 석
한강에 돌 던지기라는 뜻으로, 지나치게 미미하여 아무런 효과를 미치지 못함을 이르는 말

千紫萬紅 (천자만홍)
일천 천, 자줏빛 자, 일만 만, 붉을 홍
울긋불긋한 여러 가지 꽃의 빛깔. 또는 그런 빛깔의 꽃

紅爐點雪 (홍로점설)
붉을 홍, 화로 로, 점 점, 눈 설
달아오른 화로 위에 한 송이 눈을 뿌리면 바로 녹아 없어지듯, 도를 깨달아 의혹이 일시에 없어짐.

空理空論 (공리공론)
빌 공, 다스릴 리, 빌 공, 논할 론
실천이 따르지 아니하는, 헛된 이론이나 논의

卓上空論 (탁상공론)
높을 탁, 위 상, 빌 공, 논할 론
현실성이 없는 허황한 이론이나 논의

赤手空拳 (적수공권)
붉을 적, 손 수, 빌 공, 주먹 권
맨손과 맨주먹이라는 뜻으로, 아무것도 가진 것이 없음을 이르는 말

猫項懸鈴 (묘항현령)
고양이 묘, 목 항, 매달 현, 방울 령
쥐가 고양이 목에 방울을 단다는 뜻으로, 실행할 수 없는 헛된 논의를 이르는 말

經國濟世 (경국제세)
지날 경, 나라 국, 건널 제, 세상 세
나라를 잘 다스려 세상을 구제함. '경제'는 이의 준말

一字無識 (일자무식)
하나 일, 글자 자, 없을 무, 알 식
1. 글자를 한 자도 모를 정도로 무식함.
2. 어떤 분야에 대하여 아는 바가 하나도 없음.

博學多識 (박학다식)
넓을 박, 배울 학, 많을 다, 알 식
학식이 넓고 아는 것이 많음.

寡聞淺識 (과문천식)
적을 과, 들을 문, 얕을 천, 알 식
보고 들은 것이 적고 배움이 얕음.

老馬識途 (노마식도)
늙을 노(로), 말 마, 알 식, 길 도
늙은 말이 길을 안다는 뜻으로, 경험이 많은 사람이 지혜를 갖추고 있음을 이르는 말

十伐之木 (십벌지목)
열 십, 칠 벌, 갈 지, 나무 목
열 번 찍어 베는 나무라는 뜻으로, 열 번 찍어 안 넘어가는 나무가 없음을 이르는 말

吾不關焉 (오불관언)
나 오, 아닐 불, 관계할 관, 어찌 언
나는 그 일에 상관하지 아니함.

大義名分 (대의명분)
큰 대, 옳을 의, 이름 명, 나눌 분
사람으로서 마땅히 지키고 행하여야 할 도리나 본분

大義滅親 (대의멸친)
큰 대, 옳을 의, 멸할 멸, 친할 친
큰 도리를 지키기 위하여 부모나 형제도 돌아보지 않음.

干名犯義 (간명범의)
방패 간, 이름 명, 범할 범, 옳을 의
명분을 거스르고 의리를 어기는 행위

大器晩成 (대기만성)
큰 대, 그릇 기, 늦을 만, 이룰 성
큰 그릇은 만드는 데 오래 걸린다는 뜻으로, 크게 될 사람은 늦게 이루어짐을 이르는 말

殺身成仁 (살신성인)
죽일 살, 몸 신, 이룰 성, 어질 인
자기의 몸을 희생하여 인(仁)을 이룸.

弄假成眞 (농가성진)
희롱할 농(롱), 거짓 가, 이룰 성, 참 진
장난삼아 한 것이 진심으로 한 것같이 됨.

因人成事 (인인성사)
인할 인, 사람 인, 이룰 성, 일 사
어떤 일을 자기 혼자의 힘으로 이루지 못하고 남의 힘을 얻어 이룸.

孤城落日 (고성낙일)
외로울 고, 성 성, 떨어질 낙(락), 날 일
세력이 다하고 남의 도움이 없는 매우 외로운 처지를 이르는 말

干城之材 (간성지재)
방패 간, 성 성, 갈 지, 재목 재
나라를 지키는 믿음직한 인재

崩城之痛 (붕성지통)
무너질 붕, 성 성, 갈 지, 아플 통
성이 무너질 만큼 큰 슬픔이라는 뜻으로, 남편이 죽은 슬픔을 이르는 말

Day 34 필수 한자어·한자 성어 정복하기

1회독
2회독
3회독

■ 한자어

日程 일정
날 일, 한도 정
1. 일정한 기간 동안 해야 할 일의 계획을 날짜별로 짜 놓은 것. 또는 그 계획 2. 그날 해야 할 일

一定 일정
하나 일, 정할 정
어떤 것의 크기, 모양, 범위, 시간 따위가 하나로 정하여져 있음.

朝廷 조정
아침 조, 조정 정
임금이 나라의 정치를 신하들과 의논하거나 집행하는 곳. 또는 그런 기구

措定 조정
둘 조, 정할 정
존재를 긍정하거나 내용을 명백히 규정하는 일. 또는 그런 사고방식

調整 조정
고를 조, 가지런할 정
어떤 기준이나 실정에 맞게 정돈함.

調停 조정
고를 조, 머무를 정
분쟁을 중간에서 화해하게 하거나 서로 타협점을 찾아 합의하도록 함.

敬聽 경청
공경할 경, 들을 청
공경하는 마음으로 들음.

傾聽 경청
기울 경, 들을 청
귀를 기울여 들음. ≒ 동청

災禍 재화
재앙 재, 재앙 화
재앙(災殃)과 화난(禍難)을 아울러 이르는 말

才華 재화
재주 재, 빛날 화
빛나는 재주. 또는 뛰어난 재능

財貨 재화
재물 재, 재물 화
사람이 바라는 바를 충족시켜 주는 모든 물건

載貨 재화
실을 재, 재물 화
화물을 차나 배에 실음. 또는 그 화물

志向 지향
뜻 지, 향할 향
어떤 목표로 뜻이 쏠리어 향함. 또는 그 방향이나 그쪽으로 쏠리는 의지

指向 지향
가리킬 지, 향할 향
작정하거나 지정한 방향으로 나아감. 또는 그 방향

非常 비상
아닐 비, 항상 상
1. 뜻밖의 긴급한 사태 2. 예사롭지 아니함.
3. 평범하지 아니하고 뛰어남.

飛上 비상
날 비, 위 상
높이 날아오름.

飛翔 비상
날 비, 날 상
공중을 낢.

感想 감상
느낄 감, 생각 상
마음속에서 일어나는 느낌이나 생각

感傷 감상
느낄 감, 다칠 상
하찮은 일에도 쓸쓸하고 슬퍼져서 마음이 상함. 또는 그런 마음

鑑賞 감상
거울 감, 상 줄 상
주로 예술 작품을 이해하여 즐기고 평가함.

한자 성어

日就月將 (일취월장)
날 일, 나아갈 취, 달 월, 장수 장
나날이 다달이 자라거나 발전함.

十日之菊 (십일지국)
열 십, 날 일, 갈 지, 국화 국
한창때인 9월 9일이 지난 9월 10일의 국화라는 뜻으로, 이미 때가 늦은 일을 이르는 말

風月主人 (풍월주인)
바람 풍, 달 월, 주인 주, 사람 인
맑은 바람과 밝은 달 따위의 아름다운 자연을 즐기는 사람

康衢煙月 (강구연월)
편안할 강, 네거리 구, 연기 연, 달 월
번화한 큰 길거리에서 달빛이 연기에 은은하게 비치는 모습, 태평한 세상의 평화로운 풍경

燈下不明 (등하불명)
등잔 등, 아래 하, 아닐 불, 밝을 명
등잔 밑이 어둡다는 뜻으로, 가까이에 있는 물건이나 사람을 잘 찾지 못함을 이르는 말

喪明之痛 (상명지통)
잃을 상, 밝을 명, 갈 지, 아플 통
눈이 멀 정도로 슬프다는 뜻으로, 이들이 죽은 슬픔을 비유적으로 이르는 말

三顧草廬 (삼고초려)
석 삼, 돌아볼 고, 풀 초, 농막집 려
인재를 맞아들이기 위하여 참을성 있게 노력함.

草根木皮 (초근목피)
풀 초, 뿌리 근, 나무 목, 가죽 피
1. 맛이나 영양 가치가 없는 거친 음식을 비유적으로 이르는 말 2. 한약의 재료를 이르는 말

綠楊芳草 (녹양방초)
푸를 녹(록), 버들 양, 꽃다울 방, 풀 초
푸른 버드나무와 향기로운 풀

朝變夕改 (조변석개)
아침 조, 변할 변, 저녁 석, 고칠 개
계획이나 결정 따위를 일관성이 없이 자주 고침을 이르는 말

朝令暮改 (조령모개)
아침 조, 하여금 령, 저물 모, 고칠 개
법령을 자꾸 고쳐서 갈피를 잡기가 어려움을 이르는 말

朝三暮四 (조삼모사)
아침 조, 석 삼, 저물 모, 넉 사
간사한 꾀로 남을 속여 희롱함을 이르는 말

朝名市利 (조명시리)
아침 조, 이름 명, 시장 시, 이로울 리
명예는 조정에서, 이익은 시장에서 다투라는 뜻으로, 무슨 일이든 알맞은 곳에서 하여야 함.

命在朝夕 (명재조석)
목숨 명, 있을 재, 아침 조, 저녁 석
거의 죽게 되어 곧 숨이 끊어질 지경에 이름.
= 명재경각(命在頃刻)

命在頃刻 (명재경각)
목숨 명, 있을 재, 잠깐 경, 새길 각
거의 죽게 되어 곧 숨이 끊어질 지경에 이름.

刻骨難忘 (각골난망)
새길 각, 뼈 골, 어려울 난, 잊을 망
남에게 입은 은혜가 뼈에 새길 만큼 커서 잊히지 아니함.

白骨難忘 (백골난망)
흰 백, 뼈 골, 어려울 난, 잊을 망
남에게 큰 은덕을 입었을 때 고마움의 뜻으로 이르는 말

換骨奪胎 (환골탈태)
바꿀 환, 뼈 골, 빼앗을 탈, 아이 밸 태
고인의 시문의 형식을 바꾸어서 그 짜임새와 수법이 먼저 것보다 잘되게 함을 이르는 말

粉骨碎身 (분골쇄신)
가루 분, 뼈 골, 부술 쇄, 몸 신
정성으로 노력함을 이르는 말. 또는 그렇게 하여 뼈가 가루가 되고 몸이 부서짐.

髀肉之嘆 (비육지탄)
넓적다리 비, 고기 육, 갈 지, 탄식할 탄
재능을 발휘할 때를 얻지 못하여 헛되이 세월만 보내는 것을 한탄함을 이르는 말

改過遷善 (개과천선)
고칠 개, 지날 과, 옮길 천, 착할 선
지난날의 잘못이나 허물을 고쳐 올바르고 착하게 됨.

改過不吝 (개과불린)
고칠 개, 지날 과, 아닐 불, 아낄 린
허물을 고침에 인색하지 않다는 뜻으로 잘못이 있으면 고치기를 주저하지 않음.

招搖過市 (초요과시)
부를 초, 흔들 요, 지날 과, 시장 시
남의 이목을 끌도록 요란스럽게 하며 저자거리를 지나감.

遠禍召福 (원화소복)
멀 원, 재앙 화, 부를 소, 복 복
화를 물리치고 복을 불러들임.

Day 35 필수 한자어·한자 성어 정복하기

한자어

有名 유명
있을 유, 이름 명
이름이 널리 알려져 있음.

幽明 유명
그윽할 유, 밝을 명
1. 어둠과 밝음을 아울러 이르는 말
2. 저승과 이승을 아울러 이르는 말

明文 명문
밝을 명, 글월 문
1. 글로 명백히 기록된 문구. 또는 그런 조문(條文)
2. 사리가 명백하고 뜻이 분명한 글

名文 명문
이름 명, 글월 문
뛰어나게 잘 지은 글

名門 명문
이름 명, 문 문
1. 이름 있는 문벌. 또는 훌륭한 집안
2. 이름난 좋은 학교

名聞 명문
이름 명, 들을 문
세상에 나 있는 좋은 소문

銘文 명문
새길 명, 글월 문
금석(金石)이나 기명(器皿) 따위에 새겨 놓은 글

門戶 문호
문 문, 집 호
1. 집으로 드나드는 문
2. 외부와 교류하기 위한 통로나 수단을 이르는 말

文豪 문호
글월 문, 호걸 호
뛰어난 문학 작품을 많이 써서 알려진 사람

拷問 고문
칠 고, 물을 문
숨기고 있는 사실을 강제로 알아내기 위하여 육체적·정신적 고통을 주며 신문함.

顧問 고문
돌아볼 고, 물을 문
1. 의견을 물음.
2. 자문에 응하여 의견을 제시하고 조언을 하는 직책

古文 고문
옛 고, 글월 문
갑오개혁 이전의 옛 글

開設 개설
열 개, 베풀 설
설비나 제도 따위를 새로 마련하고 그에 관한 일을 시작함.

改設 개설
고칠 개, 베풀 설
새로 수리하거나 기구(機構)를 바꾸어 설치함.

槪說 개설
대개 개, 말씀 설
내용을 줄거리만 잡아 대강 설명함. 또는 그런 글이나 책

閉止 폐지
닫을 폐, 그칠 지
어떤 작용이나 기능이 그침.

廢止 폐지
폐할 폐, 그칠 지
실시하여 오던 제도나 법규, 일 따위를 그만두거나 없앰.

廢紙 폐지
폐할 폐, 종이 지
쓰고 버린 종이

制約 제약
억제할 제, 맺을 약
1. 조건을 붙여 내용을 제한함. 또는 그 조건
2. 사물의 성립에 필요한 규정이나 조건

製藥 제약
지을 제, 약 약
약재를 섞어서 약을 만듦. 또는 그 약

한자 성어

杞憂 (기우)
소태나무 기, 근심 우
앞일에 대해 쓸데없는 걱정을 함. 또는 그 걱정

外柔內剛 (외유내강)
바깥 외, 부드러울 유, 안 내, 굳셀 강
겉으로는 부드럽고 순하게 보이나 속은 곧고 굳셈.

多多益善 (다다익선)
많을 다, 많을 다, 더할 익, 착할 선
많으면 많을수록 더욱 좋음.

愚公移山 (우공이산)
어리석을 우, 공평할 공, 옮길 이, 산 산
우공이 산을 옮긴다는 뜻으로, 어떤 일이든 계속 노력하면 반드시 이루어짐을 이르는 말

同牀異夢 (동상이몽)
같을 동, 평상 상, 다를 이, 꿈 몽
겉으로는 같이 행동하면서도 속으로는 각각 딴 생각을 하고 있음을 이르는 말

一場春夢 (일장춘몽)
하나 일, 마당 장, 봄 춘, 꿈 몽
한바탕의 봄꿈이라는 뜻으로, 헛된 영화나 덧없는 일을 비유적으로 이르는 말

南柯一夢 (남가일몽)
남녘 남, 가지 가, 하나 일, 꿈 몽
꿈과 같이 헛된 한때의 부귀영화를 이르는 말

胡蝶之夢 (호접지몽)
오랑캐 호, 나비 접, 갈 지, 꿈 몽
나비에 관한 꿈이라는 뜻으로, 인생의 덧없음을 이르는 말

盧生之夢 (노생지몽)
성씨 노(로), 날 생, 갈 지, 꿈 몽
인생과 영화의 덧없음을 이르는 말

錦衣夜行 (금의야행)
비단 금, 옷 의, 밤 야, 다닐 행
비단옷을 입고 밤길을 다닌다는 뜻으로, 자랑삼아 하지 않으면 생색이 나지 않음.

錦衣還鄕 (금의환향)
비단 금, 옷 의, 돌아올 환, 고향 향
비단옷을 입고 고향에 돌아온다는 뜻으로, 출세를 하여 고향에 돌아가거나 돌아옴.

以夷制夷 (이이제이)
써 이, 오랑캐 이, 억제할 제, 오랑캐 이
오랑캐로 오랑캐를 무찌른다는 뜻으로, 한 세력을 이용하여 다른 세력을 제어함.

沈魚落雁 (침어낙안)
잠길 침, 물고기 어, 떨어질 낙(락), 기러기 안
미인을 보고 물고기가 부끄러워서 물속 깊이 숨고 기러기가 부끄러워서 땅으로 떨어짐.

落膽喪魂 (낙담상혼)
떨어질 낙(락), 쓸개 담, 잃을 상, 넋 혼
몹시 놀라거나 마음이 상해서 넋을 잃음.

魂飛魄散 (혼비백산)
넋 혼, 날 비, 넋 백, 흩을 산
혼백이 어지러이 흩어진다는 뜻으로, 몹시 놀라 넋을 잃음을 이르는 말

風餐露宿 (풍찬노숙)
바람 풍, 먹을 찬, 이슬 노(로), 잘 숙
바람을 먹고 이슬에 잠잔다는 뜻으로, 객지에서 많은 고생을 겪음을 이르는 말

藏頭露尾 (장두노미)
감출 장, 머리 두, 드러낼 노(로), 꼬리 미
머리를 감추었으나 꼬리가 드러나 있다는 뜻으로, 진실은 감추려고 해도 모습을 드러냄.

沙上樓閣 (사상누각)
모래 사, 위 상, 다락 누(루), 집 각
모래 위에 세운 누각이라는 뜻으로, 기초가 튼튼하지 못하여 오래 견디지 못할 일이나 물건

空中樓閣 (공중누각)
빌 공, 가운데 중, 다락 누(루), 집 각
공중에 떠 있는 누각이라는 뜻으로, 아무런 근거나 토대가 없는 사물이나 생각을 이르는 말

門前成市 (문전성시)
문 문, 앞 전, 이룰 성, 시장 시
찾아오는 사람이 많아 집 문 앞이 시장을 이루다시피 함을 이르는 말

門前雀羅 (문전작라)
문 문, 앞 전, 참새 작, 그물 라
문 앞에 참새 그물을 친다는 뜻으로, 권력이나 재물을 잃으면 찾아오는 사람이 드물어짐.

耕當問奴 (경당문노)
밭 갈 경, 마땅할 당, 물을 문, 종 노
농사일은 머슴에게 물어보아야 한다는 뜻으로, 모르는 일은 잘 아는 사람에게 상의해야 함.

東問西答 (동문서답)
동녘 동, 물을 문, 서녘 서, 대답할 답
물음과는 전혀 상관없는 엉뚱한 대답

不問曲直 (불문곡직)
아닐 불, 물을 문, 굽을 곡, 곧을 직
옳고 그름을 따지지 아니함.

Day 36 필수 한자어·한자 성어 정복하기

한자어

火傷 (화상) — 불 화, 다칠 상
높은 온도의 기체, 액체, 고체, 화염 따위에 데었을 때에 일어나는 피부의 손상

化象 (화상) — 될 화, 코끼리 상
세상에 있는 모든 것. 또는 온갖 사물의 형상

畫像 (화상) — 그림 화, 모양 상
1. '얼굴'을 속되게 이르는 말
2. 어떤 사람을 마땅치 아니하게 여기어 낮잡아 이르는 말

畫商 (화상) — 그림 화, 장사 상
그림을 파는 장사. 또는 그런 장수

火葬 (화장) — 불 화, 장사 지낼 장
시체를 불에 살라 장사 지냄.

化粧 (화장) — 될 화, 단장할 장
1. 화장품을 바르거나 문질러 얼굴을 곱게 꾸밈.
2. 머리나 옷의 매무새를 매만져 맵시를 냄.

消火 (소화) — 꺼질 소, 불 화
불을 끔.

消化 (소화) — 꺼질 소, 될 화
섭취한 음식물을 분해하여 영양분을 흡수하기 쉬운 형태로 변화시키는 일. 또는 그런 작용

炎症 (염증) — 불꽃 염, 증세 증
생체 조직이 손상을 입었을 때에 체내에서 일어나는 방어적 반응

厭症 (염증) — 싫어할 염, 증세 증
싫은 생각이나 느낌. 또는 그런 반응

弄談 (농담) — 희롱할 농(롱), 말씀 담
실없이 놀리거나 장난으로 하는 말

濃淡 (농담) — 짙을 농, 맑을 담
색깔이나 명암 따위의 짙음과 옅음. 또는 그런 정도

鄕愁 (향수) — 고향 향, 시름 수
고향을 그리워하는 마음이나 시름

享壽 (향수) — 누릴 향, 목숨 수
오래 사는 복을 누림.

享受 (향수) — 누릴 향, 받을 수
1. 어떤 혜택을 받아 누림.
2. 예술적인 아름다움이나 감동 따위를 음미하고 즐김.

香水 (향수) — 향기 향, 물 수
액체 화장품의 하나. 향료를 알코올 따위에 풀어 만든다.

發展 (발전) — 필 발, 펼 전
1. 더 낫고 좋은 상태나 더 높은 단계로 나아감.
2. 일이 어떤 방향으로 전개됨.

發電 (발전) — 필 발, 번개 전
전기를 일으킴.

慶事 (경사) — 경사 경, 일 사
축하할 만한 기쁜 일

傾斜 (경사) — 기울 경, 비낄 사
비스듬히 기울어짐. 또는 그런 상태나 정도

한자 성어

風前燈火 (풍전등화)
바람 풍, 앞 전, 등잔 등, 불 화
바람 앞의 등불이라는 뜻으로, 사물이 매우 위태로운 처지에 놓여 있음을 이르는 말

燈火可親 (등화가친)
등잔 등, 불 화, 옳을 가, 친할 친
등불을 가까이할 만하다는 뜻으로, 서늘한 가을밤은 등불을 가까이 하여 글 읽기에 좋음.

炎凉世態 (염량세태)
불꽃 염, 서늘할 량, 세상 세, 모양 태
세력이 있을 때는 아첨하여 따르고 세력이 없어지면 푸대접하는 세상인심을 이르는 말

一日三秋 (일일삼추)
하나 일, 날 일, 석 삼, 가을 추
하루가 삼 년 같다는 뜻으로, 몹시 애태우며 기다림을 이르는 말

一葉知秋 (일엽지추)
하나 일, 나뭇잎 엽, 알 지, 가을 추
조그마한 일을 가지고 장차 올 일을 미리 짐작함.

桂玉之愁 (계옥지수)
계수나무 계, 구슬 옥, 갈 지, 시름 수
계수나무보다 비싼 장작과 옥보다 귀한 쌀로 생활하는 근심 = 타국 생활의 괴로움

金石盟約 (금석맹약)
쇠 금, 돌 석, 맹세할 맹, 맺을 약
쇠나 돌처럼 굳고 변함없는 약속

下石上臺 (하석상대)
아래 하, 돌 석, 위 상, 대 대
아랫돌 빼서 윗돌 괴고 윗돌 빼서 아랫돌 괸다는 뜻으로, 임시변통으로 이리저리 둘러맞춤.

玉石混淆 (옥석혼효)
구슬 옥, 돌 석, 섞일 혼, 뒤섞일 효
옥과 돌이 한데 섞여 있다는 뜻으로, 좋은 것과 나쁜 것이 한데 섞여 있음을 이르는 말

以卵擊石 (이란격석)
써 이, 알 란, 칠 격, 돌 석
아주 약한 것으로 강한 것에 대항하려는 어리석음을 비유적으로 이르는 말

家無擔石 (가무담석)
집 가, 없을 무, 멜 담, 돌 석
석(石)은 한 항아리, 담(擔)은 두 항아리의 뜻으로, 집에 재물의 여유가 조금도 없음.

浩然之氣 (호연지기)
넓을 호, 그럴 연, 갈 지, 기운 기
1. 하늘과 땅 사이에 가득 찬 넓고 큰 원기
2. 거침없이 넓고 큰 기개

茫然自失 (망연자실)
아득할 망, 그럴 연, 스스로 자, 잃을 실
멍하니 정신을 잃음.

啞然失色 (아연실색)
벙어리 아, 그럴 연, 잃을 실, 빛 색
뜻밖의 일에 얼굴빛이 변할 정도로 놀람.

泰然自若 (태연자약)
클 태, 그럴 연, 스스로 자, 같을 약
마음에 어떠한 충동을 받아도 움직임이 없이 천연스러움.

一目瞭然 (일목요연)
하나 일, 눈 목, 밝을 요(료), 그럴 연
한 번 보고 대번에 알 수 있을 만큼 분명하고 뚜렷함.

一望無際 (일망무제)
하나 일, 바랄 망, 없을 무, 사이 제
한눈에 바라볼 수 없을 정도로 아득하게 멀고 넓어서 끝이 없음.

一觸卽發 (일촉즉발)
하나 일, 닿을 촉, 곧 즉, 필 발
한 번 건드리기만 해도 폭발할 것같이 몹시 위급한 상태

夜行被繡 (야행피수)
밤 야, 다닐 행, 입을 피, 수놓을 수
수놓은 좋은 옷을 입고 밤길을 간다는 뜻으로, 공명이 세상에 알려지지 않아 아무 보람도 없음.

破竹之勢 (파죽지세)
깨뜨릴 파, 대나무 죽, 갈 지, 기세 세
대를 쪼개는 기세라는 뜻으로, 적을 거침없이 물리치고 쳐들어가는 기세를 이르는 말

波瀾萬丈 (파란만장)
물결 파, 물결 란, 일만 만, 어른 장
사람의 생활이나 일의 진행이 여러 가지 곡절과 시련이 많고 변화가 심함.

騎虎之勢 (기호지세)
말 탈 기, 범 호, 갈 지, 기세 세
호랑이를 타고 달리는 형세라는 뜻으로, 이미 시작한 일을 중도에서 그만둘 수 없는 경우

狐假虎威 (호가호위)
여우 호, 거짓 가, 범 호, 위엄 위
남의 권세를 빌려 위세를 부림.

三人成虎 (삼인성호)
석 삼, 사람 인, 이룰 성, 범 호
세 사람이 짜면 거리에 범이 나왔다는 거짓말도 꾸밀 수 있음.

Day 37 필수 한자어·한자 성어 정복하기

■ 한자어

方位 방위
모 방, 자리 위
공간의 어떤 점이나 방향이 한 기준의 방향에 대하여 나타내는 어떠한 쪽의 위치

防圍 방위
막을 방, 에워쌀 위
공격하는 적을 막아서 에워쌈.

防衛 방위
막을 방, 지킬 위
적의 공격이나 침략을 막아서 지킴.

防火 방화
막을 방, 불 화
불이 나는 것을 미리 막음.

放火 방화
놓을 방, 불 화
일부러 불을 지름.

校訂 교정
학교 교, 바로잡을 정
남의 문장 또는 출판물의 잘못된 글자나 글귀 따위를 바르게 고침. 수정.

校正 교정
교정할 교, 바를 정
교정쇄와 원고를 대조하여 오자, 오식, 배열, 색 따위를 바르게 고침. 교준.

校庭 교정
학교 교, 뜰 정
학교의 마당이나 운동장

矯正 교정
바로잡을 교, 바를 정
틀어지거나 잘못된 것을 바로잡음.

造作 조작
지을 조, 지을 작
어떤 일을 사실인 듯이 꾸며 만듦.

操作 조작
잡을 조, 지을 작
기계 따위를 일정한 방식에 따라 다루어 움직임.

詐欺 사기
속일 사, 속일 기
나쁜 꾀로 남을 속임.

士氣 사기
선비 사, 기운 기
1. 의욕이나 자신감으로 충만하여 굽힐 줄 모르는 기세
2. 선비의 꿋꿋한 기개

沙器 사기
모래 사, 그릇 기
고령토, 장석, 석영 따위의 가루를 빚어서 구워 만든, 희고 매끄러운 그릇. 또는 그 재료로 만든 물건

富裕 부유
넉넉할 부, 넉넉할 유
재물을 풍부하게 가지고 있음.

浮遊(浮游) 부유
뜰 부, 놀 유
(뜰 부, 헤엄칠 유)
1. 물 위나 물속, 또는 공기 중에 떠다님.
2. 행선지를 정하지 아니하고 이리저리 떠돌아다님.

造花 조화
지을 조, 꽃 화
종이, 천, 비닐 따위를 재료로 하여 인공적으로 만든 꽃

造化 조화
지을 조, 될 화
1. 만물을 창조하고 기르는 대자연의 이치
2. 어떻게 이루어진 것인지 알 수 없을 정도로 신통한 일

弔花 조화
조상할 조, 꽃 화
조의를 표하는 데 쓰는 꽃

調和 조화
고를 조, 화목할 화
서로 잘 어울림.

한자 성어

戀戀不忘 (연연불망)
사모할 연(련), 사모할 연(련), 아닐 불, 잊을 망
그리워서 잊지 못함.

發憤忘食 (발분망식)
필 발, 성낼 분, 잊을 망, 먹을 식
끼니까지도 잊을 정도로 어떤 일에 열중하여 노력함.

群盲撫象 (군맹무상)
무리 군, 눈멀 맹, 어루만질 무, 코끼리 상
맹인 여럿이 코끼리를 만진다는 뜻으로, 사물을 좁은 소견과 주관으로 잘못 판단함.

得隴望蜀 (득롱망촉)
얻을 득, 고개 이름 롱, 바랄 망, 촉나라 촉
농(隴)을 얻고서 촉(蜀)까지 취한다는 뜻으로, 만족할 줄을 모르고 계속 욕심을 부리는 경우

衆口難防 (중구난방)
무리 중, 입 구, 어려울 난, 막을 방
뭇사람의 말을 막기가 어렵다는 뜻으로, 막기 어렵게 여럿이 마구 지껄임을 이르는 말

凍足放尿 (동족방뇨)
얼 동, 발 족, 놓을 방, 오줌 뇨
언 발에 오줌 누기라는 뜻으로, 잠시 동안만 효력이 있고 바로 사라짐을 이르는 말

袖手傍觀 (수수방관)
소매 수, 손 수, 곁 방, 볼 관
팔짱을 끼고 보고만 있다는 뜻으로, 간섭하거나 거들지 않고 그대로 버려둠을 이르는 말

眼下無人 (안하무인)
눈 안, 아래 하, 없을 무, 사람 인
눈 아래에 사람이 없다는 뜻으로, 방자하고 교만하여 다른 사람을 업신여김을 이르는 말

管鮑之交 (관포지교)
대롱 관, 절인 물고기 포, 갈 지, 사귈 교
관중과 포숙의 사귐이란 뜻으로, 우정이 아주 돈독한 친구 관계를 이르는 말

刎頸之交 (문경지교)
목 벨 문, 목 경, 갈 지, 사귈 교
목이 잘린다 해도 후회하지 않을 정도의 아주 가까운 사이를 이르는 말

金蘭之交 (금란지교)
쇠 금, 난초 란, 갈 지, 사귈 교
친구 사이의 매우 두터운 정을 이르는 말
= 금란지계(金蘭之契)

芝蘭之交 (지란지교)
지초 지, 난초 란, 갈 지, 사귈 교
지초(芝草)와 난초(蘭草)의 교제라는 뜻으로, 벗 사이의 맑고도 고귀한 사귐을 이르는 말

膠漆之交 (교칠지교)
아교 교, 옻 칠, 갈 지, 사귈 교
아주 친밀하여 서로 떨어질 수 없는 교분을 이르는 말

斷金之交 (단금지교)
끊을 단, 쇠 금, 갈 지, 사귈 교
쇠라도 자를 만큼 강한 교분이라는 뜻으로, 매우 두터운 우정을 이르는 말

桑麻之交 (상마지교)
뽕나무 상, 삼 마, 갈 지, 사귈 교
전원에 은거하여 시골 사람들과 사귀며 지냄을 비유적으로 이르는 말

巧言令色 (교언영색)
공교할 교, 말씀 언, 하여금 영(령), 빛 색
아첨하는 말과 알랑거리는 태도

有口無言 (유구무언)
있을 유, 입 구, 없을 무, 말씀 언
입은 있어도 말은 없다는 뜻으로, 변명할 말이 없거나 변명을 못함을 이르는 말

言語道斷 (언어도단)
말씀 언, 말씀 어, 길 도, 끊을 단
말할 길이 끊어졌다는 뜻으로, 어이가 없어서 말하려 해도 말할 수 없음을 이르는 말

磨斧作針 (마부작침)
갈 마, 도끼 부, 지을 작, 바늘 침
아무리 어려운 일이라도 계속 노력하면 반드시 이룰 수 있음을 이르는 말 ≒ 마부위침(磨斧爲針)

橘化爲枳 (귤화위지)
귤나무 귤, 될 화, 할 위, 탱자나무 지
회남의 귤을 회북에 옮겨 심으면 탱자가 된다는 뜻으로, 환경에 따라 성질이 변함을 이르는 말

花朝月夕 (화조월석)
꽃 화, 아침 조, 달 월, 저녁 석
꽃 피는 아침과 달 밝은 밤이라는 뜻으로, 경치가 좋은 시절을 이르는 말

錦上添花 (금상첨화)
비단 금, 위 상, 더할 첨, 꽃 화
비단 위에 꽃을 더한다는 뜻으로, 좋은 일 위에 또 좋은 일이 더하여짐을 이르는 말

泰山北斗 (태산북두)
클 태, 산 산, 북녘 북, 말 두
1. 태산(泰山)과 북두칠성
2. 세상 사람들로부터 존경받는 사람

背水之陣 (배수지진)
등 배, 물 수, 갈 지, 진 칠 진
강, 바다를 등지고 치는 진이라는 뜻으로, 어떤 일을 위해 더 물러설 수 없음을 이르는 말

Day 38 필수 한자어·한자 성어 정복하기

한자어

中止 중지
가운데 중, 그칠 지
하던 일을 중도에서 그만둠.

中指 중지
가운데 중, 손가락 지
다섯 손가락 가운데 셋째 손가락

衆智 중지
무리 중, 지혜 지
여러 사람의 지혜

步調 보조
걸음 보, 고를 조
1. 걸음걸이의 속도나 모양 따위의 상태
2. 여럿이 함께 일을 할 때의 진행 속도나 조화(調和)

補助 보조
기울 보, 도울 조
보태어 도움.

正體 정체
바를 정, 몸 체
참된 본디의 형체

停滯 정체
머무를 정, 막힐 체
사물이 발전하거나 나아가지 못하고 한 자리에 머물러 그침.

不正 부정
아닐 부(불), 바를 정
올바르지 아니하거나 옳지 못함.

不定 부정
아닐 부(불), 정할 정
일정하지 아니함.

否定 부정
아닐 부, 정할 정
그렇지 아니하다고 단정하거나 옳지 아니하다고 반대함.

不淨 부정
아닐 부(불), 맑을 정
1. 깨끗하지 못함. 또는 더러운 것
2. 사람이 죽는 따위의 불길한 일

不貞 부정
아닐 부(불), 곧을 정
부부가 서로의 정조를 지키지 아니함.

提唱 제창
끌 제, 부를 창
어떤 일을 처음 내놓아 주장함.

齊唱 제창
가지런할 제, 부를 창
1. 여러 사람이 다 같이 큰 소리로 외침.
2. 음악 같은 가락을 두 사람 이상이 동시에 노래함.

告示 고시
알릴 고, 보일 시
글로 써서 게시하여 널리 알림.

考試 고시
생각할 고, 시험할 시
어떤 자격이나 면허를 주기 위하여 시행하는 여러 가지 시험

先發 선발
먼저 선, 필 발
남보다 먼저 어떤 일을 시작하거나 길을 떠남.

選拔 선발
가릴 선, 뽑을 발
많은 가운데서 골라 뽑음.

理解 이해
다스릴 이(리), 풀 해
사리를 분별하여 해석함.

利害 이해
이로울 이(리), 해로울 해
이익과 손해를 아울러 이르는 말

한자 성어

看雲步月 (간운보월)
볼 간, 구름 운, 걸음 보, 달 월
구름을 바라보거나 달빛 아래 거닌다는 뜻으로, 객지에서 집을 생각함을 이르는 말

邯鄲之步 (한단지보)
조나라 도읍 한, 조나라 도읍 단, 갈 지, 걸음 보
함부로 자기 본분을 버리고 남의 행위를 따라 하면 두 가지 모두 잃는다는 것을 이르는 말

邯鄲之夢 (한단지몽)
조나라 도읍 한, 조나라 도읍 단, 갈 지, 꿈 몽
인생과 영화의 덧없음을 이르는 말

渴而穿井 (갈이천정)
목마를 갈, 말 이을 이, 뚫을 천, 우물 정
목이 말라야 샘을 판다는 뜻으로, 일이 지나간 뒤에는 서둘러 봐도 소용이 없음을 이르는 말

井底之蛙 (정저지와)
우물 정, 밑 저, 갈 지, 개구리 와
우물 안 개구리라는 뜻으로, 견문이 좁고 세상 형편에 어두운 사람을 비유적으로 이르는 말

以管窺天 (이관규천)
써 이, 대롱 관, 엿볼 규, 하늘 천
대롱으로 하늘을 엿본다는 뜻으로, 사람의 견문(見聞)이 매우 좁음을 이르는 말

管中窺豹 (관중규표)
대롱 관, 가운데 중, 엿볼 규, 표범 표
대롱 구멍으로 표범을 보면 얼룩점 하나밖에 보이지 않는다는 뜻으로, 견문과 학식이 좁음.

事必歸正 (사필귀정)
일 사, 반드시 필, 돌아갈 귀, 바를 정
모든 일은 반드시 바른길로 돌아감.

公明正大 (공명정대)
공평할 공, 밝을 명, 바를 정, 큰 대
하는 일이나 태도가 사사로움이나 그릇됨이 없이 아주 정당하고 떳떳함.

破邪顯正 (파사현정)
깨뜨릴 파, 간사할 사, 나타날 현, 바를 정
사견(邪見)과 사도(邪道)를 깨고 정법(正法)을 드러내는 일

改善匡正 (개선광정)
고칠 개, 착할 선, 바를 광, 바를 정
새롭게 잘못을 고치고 바로잡음.

蓋棺事定 (개관사정)
덮을 개, 널 관, 일 사, 정할 정
사람이 죽은 후에야 그에 대한 평가가 제대로 됨을 이르는 말

是是非非 (시시비비)
옳을 시, 옳을 시, 아닐 비, 아닐 비
1. 여러 가지의 잘잘못
2. 옳고 그름을 따지며 다툼.

似是而非 (사시이비)
비슷할 사, 옳을 시, 말 이을 이, 아닐 비
겉으로는 비슷하나 속은 완전히 다름. 또는 그런 것 = 사이비(似而非)

是非曲直 (시비곡직)
옳을 시, 아닐 비, 굽을 곡, 곧을 직
옳고 그르고 굽고 곧음.

酒池肉林 (주지육림)
술 주, 못 지, 고기 육, 수풀 림
술로 연못을 이루고 고기로 숲을 이룬다는 뜻으로, 호사스러운 술잔치를 이르는 말

四面楚歌 (사면초가)
넉 사, 낯 면, 초나라 초, 노래 가
아무에게도 도움을 받지 못하는, 외롭고 곤란한 지경에 빠진 형편을 이르는 말

間於齊楚 (간어제초)
사이 간, 어조사 어, 제나라 제, 초나라 초
약자가 강자들 틈에 끼어서 괴로움을 겪음을 이르는 말

類類相從 (유유상종)
무리 유(류), 무리 유(류), 서로 상, 좇을 종
같은 무리끼리 서로 사귐.

九牛一毛 (구우일모)
아홉 구, 소 우, 하나 일, 털 모
아홉 마리의 소 가운데 박힌 하나의 털이란 뜻으로, 매우 많은 것 가운데 극히 적은 수

矯角殺牛 (교각살우)
바로잡을 교, 뿔 각, 죽일 살, 소 우
잘못된 점을 고치려다가 그 방법이나 정도가 지나쳐 오히려 일을 그르침을 이르는 말

矯枉過直 (교왕과직)
바로잡을 교, 굽을 왕, 지날 과, 곧을 직
잘못된 것을 바로잡으려다가 너무 지나쳐서 나쁘게 됨을 이르는 말

過猶不及 (과유불급)
지날 과, 오히려 유, 아닐 불, 미칠 급
정도를 지나침은 미치지 못함과 같다는 뜻으로, 중용(中庸)이 중요함을 이르는 말

吳牛喘月 (오우천월)
오나라 오, 소 우, 헐떡거릴 천, 달 월
간이 작아 공연한 일에도 허둥거리는 사람을 놀리는 말

Day 39 필수 한자어·한자 성어 정복하기

한자어

時期 시기
때 시, 때 기
어떤 일이나 현상이 진행되는 시점

時機 시기
때 시, 기회 기
적당한 때나 기회

猜忌 시기
시기할 시, 꺼릴 기
남이 잘되는 것을 샘하여 미워함.

起牀 기상
일어날 기, 평상 상
잠자리에서 일어남.

氣象 기상
기운 기, 코끼리 상
대기 중에서 일어나는 물리적인 현상을 통틀어 이르는 말

氣像 기상
기운 기, 모양 상
사람이 타고난 기개나 마음씨. 또는 그것이 겉으로 드러난 모양

奇想 기상
기이할 기, 생각 상
좀처럼 짐작할 수 없는 별난 생각

改善 개선
고칠 개, 착할 선
잘못된 것이나 부족한 것, 나쁜 것 따위를 고쳐 더 좋게 만듦.

改選 개선
고칠 개, 가릴 선
의원이나 임원 등이 사퇴하거나 그 임기가 다 되었을 때 새로 선출함.

凱旋 개선
이길 개, 돌 선
싸움에서 이기고 돌아옴.

强度 강도
강할 강, 법도 도
센 정도

剛度 강도
굳셀 강, 법도 도
금속의 단단하고 센 정도

强盜 강도
강할 강, 도둑 도
폭행이나 협박 따위로 남의 재물을 빼앗는 도둑. 또는 그런 행위

境地 경지
지경 경, 땅 지
1. 일정한 경계 안의 땅
2. 학문, 예술, 인품 따위에서 일정한 특성과 체계를 갖춘 독자적인 범주나 부분

耕地 경지
밭갈 경, 땅 지
경작하는 토지

不詳 불상
아닐 불, 자세할 상
자세하지 않음.

佛像 불상
부처 불, 모양 상
부처의 형상을 표현한 상. 나무·돌·쇠·흙 따위로 만든, 부처의 소상(塑像)이나 화상(畫像)을 통틀어 이르는 말

投棄 투기
던질 투, 버릴 기
내던져 버림.

投機 투기
던질 투, 틀 기
기회를 틈타 큰 이익을 보려고 함. 또는 그 일

妬忌 투기
샘낼 투, 꺼릴 기
부부 사이나 사랑하는 이성(異性) 사이에서 상대되는 이성이 다른 이성을 좋아할 경우에 지나치게 시기함.

한자 성어

知己之友 (지기지우)
알 지, 몸 기, 갈 지, 벗 우
자기의 속마음을 참되게 알아주는 친구

博覽強記 (박람강기)
넓을 박, 볼 람, 강할 강, 기록할 기
여러 가지의 책을 널리 많이 읽고 기억을 잘함.

護疾忌醫 (호질기의)
보호할 호, 병 질, 꺼릴 기, 의원 의
남에게 충고받기를 꺼려 자신의 잘못을 숨기려 함을 이르는 말

起死回生 (기사회생)
일어날 기, 죽을 사, 돌 회, 날 생
거의 죽을 뻔하다가 도로 살아남.

驚弓之鳥 (경궁지조)
놀랄 경, 활 궁, 갈 지, 새 조
한 번 화살에 맞은 새는 구부러진 나무만 보아도 놀람. = 상궁지조(傷弓之鳥)

弱肉強食 (약육강식)
약할 약, 고기 육, 강할 강, 먹을 식
강한 자가 약한 자를 희생시켜서 번영하거나, 약한 자가 강한 자에게 끝내는 멸망됨을 이르는 말

自強不息 (자강불식)
스스로 자, 강할 강, 아닐 불, 쉴 식
스스로 힘써 몸과 마음을 가다듬어 쉬지 아니함.

晝夜不息 (주야불식)
낮 주, 밤 야, 아닐 불, 쉴 식
밤낮으로 쉬지 아니함.

弱馬卜重 (약마복중)
약할 약, 말 마, 점 복, 무거울 중
재주와 힘이 넉넉하지 못한 사람이 능력에 벅찬 일을 맡음을 이르는 말

單刀直入 (단도직입)
홀 단, 칼 도, 곧을 직, 들 입
여러 말을 늘어놓지 아니하고 바로 요점을 말함을 이르는 말

對牛彈琴 (대우탄금)
대할 대, 소 우, 탄알 탄, 거문고 금
어리석은 사람에게는 깊은 이치를 말해 주어도 알아듣지 못해 소용이 없음을 이르는 말

明珠彈雀 (명주탄작)
밝을 명, 구슬 주, 탄알 탄, 참새 작
새를 잡는 데 구슬을 쓴다는 뜻으로, 작은 것을 탐내다가 큰 것을 손해 보게 됨을 이르는 말

山戰水戰 (산전수전)
산 산, 싸움 전, 물 수, 싸움 전
산에서도 싸우고 물에서도 싸웠다는 뜻으로, 세상의 온갖 어려움을 다 겪었음을 이르는 말

速戰速決 (속전속결)
빠를 속, 싸움 전, 빠를 속, 결정할 결
싸움을 오래 끌지 아니하고 빨리 몰아쳐 이기고 짐을 결정함.

戰戰兢兢 (전전긍긍)
싸움 전, 싸움 전, 삼갈 긍, 삼갈 긍
몹시 두려워서 벌벌 떨며 조심함.

臨戰無退 (임전무퇴)
임할 임(림), 싸움 전, 없을 무, 물러날 퇴
세속 오계의 하나. 전쟁에 나아가서 물러서지 않음을 이르는 말

鯨戰蝦死 (경전하사)
고래 경, 싸움 전, 새우 하, 죽을 사
강한 자끼리 서로 싸우는 통에 아무 상관도 없는 약한 자가 해를 입음을 비유적으로 이르는 말

汗牛充棟 (한우충동)
땀 한, 소 우, 채울 충, 마룻대 동
짐으로 실으면 소가 땀을 흘리고, 쌓으면 들보에까지 찬다는 뜻으로, 책이 매우 많다는 말

自暴自棄 (자포자기)
스스로 자, 사나울 포, 스스로 자, 버릴 기
절망에 빠져 자신을 스스로 포기하고 돌아보지 아니함.

語不成說 (어불성설)
말씀 어, 아닐 불, 이룰 성, 말씀 설
말이 조금도 사리에 맞지 아니함.

橫說竪說 (횡설수설)
가로 횡, 말씀 설, 세울 수, 말씀 설
조리가 없이 말을 이러쿵저러쿵 지껄임.

名論卓說 (명론탁설)
밝을 명, 논할 론, 높을 탁, 말씀 설
훌륭하고 이름난 이론이나 학설

甘言利說 (감언이설)
달 감, 말씀 언, 이로울 이(리), 말씀 설
귀가 솔깃하도록 남의 비위를 맞추거나 이로운 조건을 내세워 꾀는 말

他尙何說 (타상하설)
다를 타, 오히려 상, 어찌 하, 말씀 설
다른 무엇을 말할 필요가 있겠느냐는 뜻으로, 하나를 보면 다른 것은 안 봐도 헤아릴 수 있음.

Day 40 필수 한자어·한자 성어 정복하기

한자어

近間 근간
가까울 근, 사이 간
이제까지의 매우 짧은 동안

近刊 근간
가까울 근, 책 펴낼 간
최근에 출판함. 또는 그런 간행물

根幹 근간
뿌리 근, 줄기 간
1. 뿌리와 줄기를 아울러 이르는 말
2. 사물의 바탕이나 중심이 되는 중요한 것

折衷 절충
꺾을 절, 속마음 충
서로 다른 사물이나 의견, 관점 따위를 알맞게 조절하여 서로 잘 어울리게 함.

折衝 절충
꺾을 절, 부딪칠 충
적의 전차(戰車)를 후퇴시킨다는 뜻으로, 이해관계가 서로 다른 상대와 교섭하거나 담판함을 이르는 말

報償 보상
갚을 보, 갚을 상
1. 남에게 진 빚 또는 받은 물건을 갚음.
2. 어떤 것에 대한 대가로 갚음.

補償 보상
기울 보, 갚을 상
남에게 끼친 손해를 갚음.

斷定 단정
끊을 단, 정할 정
딱 잘라서 판단하고 결정함.

端正 단정
끝 단, 바를 정
옷차림새나 몸가짐 따위가 얌전하고 바름.

端整 단정
끝 단, 가지런할 정
깨끗이 정리되어 가지런함.

所願 소원
바 소, 원할 원
어떤 일이 이루어지기를 바람. 또는 그런 일

訴願 소원
하소연할 소, 원할 원
행정 관청의 위법·부당한 처분으로 권리와 이익을 침해받을 때, 상급 관청 처분의 취소·변경을 청구하는 일

疏遠 소원
성길 소, 멀 원
지내는 사이가 두텁지 아니하고 거리가 있어서 서먹서먹함.

長官 장관
길 장, 벼슬 관
국무를 나누어 맡아 처리하는 행정 각 부의 우두머리

將官 장관
장수 장, 벼슬 관
군사를 거느리는 우두머리. 장수(將帥)

壯觀 장관
씩씩할 장, 볼 관
훌륭하고 장대한 광경

家庭 가정
집 가, 뜰 정
1. 한 가족이 생활하는 집
2. 가까운 혈연관계에 있는 사람들의 생활 공동체

家政 가정
집 가, 정사 정
집안을 다스리는 일

假定 가정
거짓 가, 정할 정
사실이 아니거나 또는 사실인지 아닌지 분명하지 않은 것을 임시로 인정함.

苛政 가정
가혹할 가, 정사 정
가혹한 정치

한자 성어

尾生之信 (미생지신)
꼬리 미, 날 생, 갈 지, 믿을 신
우직하여 융통성이 없이 약속만을 굳게 지킴을 비유적으로 이르는 말

千篇一律 (천편일률)
일천 천, 책 편, 하나 일, 법 률
여럿이 개별적 특성이 없이 모두 엇비슷한 현상을 비유적으로 이르는 말

韋編三絶 (위편삼절)
가죽 위, 엮을 편, 석 삼, 끊을 절
공자가 주역을 즐겨 읽어 책의 가죽끈이 세 번이나 끊어졌다는 뜻으로, 책을 열심히 읽음.

手不釋卷 (수불석권)
손 수, 아닐 불, 풀 석, 책 권
손에서 책을 놓지 아니하고 늘 글을 읽음.

不偏不黨 (불편부당)
아닐 불, 치우칠 편, 아닐 부(불), 무리 당
아주 공평하여 어느 쪽으로도 치우침이 없음.

近墨者黑 (근묵자흑)
가까울 근, 먹 묵, 놈 자, 검을 흑
나쁜 사람과 가까이 지내면 나쁜 버릇에 물들기 쉬움을 비유적으로 이르는 말

麻中之蓬 (마중지봉)
삼 마, 가운데 중, 갈 지, 쑥 봉
곧은 삼밭 속에서 자란 쑥은 곧게 자라는 것처럼 선한 사람과 사귀면 자연히 선해짐.

九折羊腸 (구절양장)
아홉 구, 꺾을 절, 양 양, 창자 장
아홉 번 꼬부라진 양의 창자라는 뜻으로, 꼬불꼬불하며 험한 산길을 이르는 말

百折不屈 (백절불굴)
일백 백, 꺾을 절, 아닐 불, 굽을 굴
어떠한 난관에도 결코 굽히지 않음.

泣斬馬謖 (읍참마속)
울 읍, 벨 참, 말 마, 일어날 속
큰 목적을 위하여 자기가 아끼는 사람을 버림을 이르는 말

臥薪嘗膽 (와신상담)
누울 와, 섶 신, 맛볼 상, 쓸개 담
원수를 갚거나 마음먹은 일을 이루기 위하여 온갖 어려움을 참고 견딤을 이르는 말

肝膽相照 (간담상조)
간 간, 쓸개 담, 서로 상, 비출 조
서로 속마음을 털어놓고 친하게 사귐.

四顧無親 (사고무친)
넉 사, 돌아볼 고, 없을 무, 친할 친
의지할 만한 사람이 아무도 없음.

優柔不斷 (우유부단)
넉넉할 우, 부드러울 유, 아닐 부(불), 끊을 단
어물어물 망설이기만 하고 결단성이 없음.

一刀兩斷 (일도양단)
하나 일, 칼 도, 두 양(량), 끊을 단
1. 칼로 무엇을 대번에 쳐서 두 도막을 냄.
2. 어떤 일을 머뭇거리지 아니하고 선뜻 결정함.

斷機之戒 (단기지계)
끊을 단, 틀 기, 갈 지, 경계할 계
학문을 중도에서 그만두면 짜던 베의 날을 끊는 것처럼 쓸모가 없음을 경계한 말

罔知所措 (망지소조)
없을 망, 알 지, 바 소, 둘 조
너무 당황하거나 급하여 어찌할 줄을 모르고 갈팡질팡함.

十目所視 (십목소시)
열 십, 눈 목, 바 소, 볼 시
여러 사람이 다 보고 있다는 뜻으로, 세상 사람을 속일 수 없음을 비유적으로 이르는 말

衆人環視 (중인환시)
무리 중, 사람 인, 고리 환, 볼 시
여러 사람이 둘러싸고 지켜봄.

敎學相長 (교학상장)
가르칠 교, 배울 학, 서로 상, 길 장
가르치고 배우는 과정에서 스승과 제자가 함께 성장함.

長幼有序 (장유유서)
길 장, 어릴 유, 있을 유, 차례 서
어른과 어린이 사이의 도리는 엄격한 차례가 있고 복종해야 할 질서가 있음을 이르는 말

乘勝長驅 (승승장구)
탈 승, 이길 승, 길 장, 몰 구
싸움에 이긴 형세를 타고 계속 몰아침.

聲東擊西 (성동격서)
소리 성, 동녘 동, 칠 격, 서녘 서
적을 유인하여 이쪽을 공격하는 체하다가 그 반대쪽을 치는 전술을 이르는 말

虛張聲勢 (허장성세)
빌 허, 베풀 장, 소리 성, 기세 세
실속은 없으면서 큰소리치거나 허세를 부림.
허세(虛勢)

공무원 시험 전문 해커스공무원
gosi.Hackers.com

해커스공무원 혜원국어 적중 여신의 체계적 어휘

부록
유형별 어휘 실전문제

출제 유형 01 문맥적 의미 파악
출제 유형 02 바꿔 쓸 수 있는 유사한 표현

출제 유형 01 문맥적 의미 파악

01 문맥상 ㉠의 의미와 가장 가까운 것은? 2026학년도 대학수학능력시험 6월 모의평가 변형

> 단어 중에는 다른 단어들보다 자주 ㉠ 쓰이는 '고빈도 단어'가 있다. 동형이의어도 마찬가지로, 일반적인 언어생활에서 표기가 같은 단어들끼리 사용 빈도를 비교해 보면 그중에 다른 단어들보다 사용 빈도가 높은 고빈도 단어가 있는 경우가 대부분이다. 독자가 동형이의어를 읽으면 고빈도 단어가 지닌 의미를 떠올릴 가능성이 높고, 의미 확정을 위해 그것이 문장이나 문맥에 어울리는지부터 확인하게 된다. 그런데 독자가 떠올린 고빈도 단어가 지닌 의미가 문장이나 문맥에 어울리지 않는 경우가 있다. 이때 독자는 그 동형이의어 중에서 다른 단어를 떠올린 후 그 단어의 의미가 문장이나 문맥에 어울리는지 확인한다.

① 하수도 공사에 인부 열 사람이 쓰였다.
② 수익금은 이웃을 돕는 기금으로 쓰입니다.
③ 캐나다에서는 영어와 불어가 공용어로 쓰인다.
④ 정문에 '축 입학'이라고 쓰인 플래카드가 걸렸다.

01

정답 설명

③ '단어가 쓰이다'라는 문맥을 고려할 때, ㉠과 의미가 유사한 것은 '언어가 쓰이다'의 의미인 ③의 '쓰이다'이다.

오답 정리

① '사람이 일정한 돈을 받고 어떤 일을 하도록 부려지다.'라는 의미이다.
② '어떤 일을 하는 데 시간이나 돈이 들게 되다.'라는 의미이다.
④ '머릿속의 생각이 종이 혹은 이와 유사한 대상 따위에 글로 나타내지다.'라는 의미이다.

쓰이다 동

① 【…에】

「1」 붓, 펜, 연필과 같이 선을 그을 수 있는 도구로 종이 따위에 획이 그어져 일정한 글자의 모양이 이루어지다.
  예문 겉봉에 쓰인 주소는 맞지만 그런 사람은 살지 않습니다.
「2」 머릿속의 생각이 종이 혹은 이와 유사한 대상 따위에 글로 나타내지다.   예문 대자보에 학교를 비난하는 글이 쓰였다.

②

「1」 원서, 계약서 등과 같은 서류 따위가 작성되거나 일정한 양식을 갖춘 글을 쓰는 작업이 이루어지다.
  예문 요즘은 논문이 잘 안 쓰여서 괴롭다.
「2」 머릿속에 떠오른 곡이 일정한 기호로 악보 위에 나타내지다.
  예문 그는 곡이 잘 안 쓰이면 무작정 길을 떠나 영감을 얻어야만 돌아온다.

쓰이다² 동

【…에】

「1」 모자 따위가 머리에 얹어져 덮이다.   예문 모자가 작아서 머리에 잘 쓰이지 않는다.
「2」 얼굴에 어떤 물건이 걸리거나 덮어써지다.   예문 가면이 작아서 얼굴에 잘 쓰이지 않는다.

쓰이다³ 동

① 【…에】

「1」 어떤 일을 하는 데에 재료나 도구, 수단이 이용되다.   예문 요즘엔 농사에 기계가 많이 쓰인다.
「2」 사람이 일정한 돈을 받고 어떤 일을 하도록 부려지다.   예문 그 자리에는 경험자가 쓰여야 일이 원만하게 돌아간다.

② 【…에/에게】

「1」 어떤 일에 마음이나 관심이 기울여지다.   예문 자꾸 아내에게 신경이 쓰여 회사에서도 일에 집중할 수가 없었다.
「2」 어떤 일을 하는 데 시간이나 돈이 들게 되다.   예문 요즘은 아이들에게 너무 많은 돈이 쓰여서 생활이 조금 어렵다.
「3」 어떤 말이나 언어가 사용되다.   예문 예전에는 그러한 문맥에는 외래어가 쓰였으나 요즈음은 고유어로 바뀐 경우가 많다.

쓰이다⁴ 동

【…에게 …을】

「1」 붓, 펜, 연필과 같이 선을 그을 수 있는 도구로 종이 따위에 획을 그어서 일정한 글자의 모양을 이루게 시키다.
  예문 아이들에게 붓글씨를 쓰여 보았는데 너무 엉망이었다.
「2」 머릿속의 생각을 종이 혹은 이와 유사한 대상 따위에 글로 나타내게 시키다.   예문 선생님은 학생들에게 숙제로 일기를 쓰였다.

출제 유형 01 문맥적 의미 파악

02 문맥상 ㉠의 의미와 가장 가까운 것은?

2025학년도 대학수학능력시험 변형

> 밑줄 긋기는 일상적으로 유용하게 활용할 수 있는 독서 전략이다. 밑줄 긋기는 정보를 머릿속에 저장하고 기억한 내용을 떠올리는 데 도움이 된다. 독자로 하여금 표시한 부분에 주의를 기울이도록 해 정보를 머릿속에 저장하도록 돕고, 표시한 부분이 독자에게 시각적 자극을 주어 기억한 내용을 떠올리는 데 단서가 되기 때문이다.
> 밑줄 긋기의 효과를 ㉠얻기 위한 방법에는 몇 가지가 있다. 우선 글을 읽는 중에는 문장이나 문단에 나타난 정보 간의 상대적 중요도를 결정할 때까지 밑줄 긋기를 잠시 늦추었다가 주요한 정보에 밑줄 긋기를 한다. 이때 주요한 정보는 독서 목적에 따라 달라질 수 있다는 점을 고려한다. 또한 자신만의 밑줄 긋기 표시 체계를 세워 밑줄 이외에 다른 기호도 사용할 수 있다. 밑줄 긋기 표시 체계는 밑줄 긋기가 필요한 부분에 특정 기호를 사용하여 표시하기로 독자가 미리 정해 놓는 것이다. 예를 들면 하나의 기준으로 묶을 수 있는 정보들에 동일한 기호를 붙이거나 순차적인 번호를 붙이기로 하는 것 등이다. 이는 기본적인 밑줄 긋기를 확장한 방식이라 할 수 있다.

① 거실에 놓을 의자 하나를 이웃집에서 얻었다.
② 나는 교통편이 좋은 지역에 집을 하나 얻었다.
③ 그녀는 자신이 하는 일에서 보람을 얻어 기뻤다.
④ 아버지는 성실한 사람을 사위로 얻고 싶어 하셨다.

02

정답 설명
③ 목적어가 '효과를'인 것을 볼 때, '긍정적인 태도·반응·상태 따위를 가지거나 누리게 되다.'라는 의미를 가진 ③의 '얻다'와 문맥적 의미가 가장 유사하다.

오답 정리
① '거저 주는 것을 받아 가지다.'라는 의미이다.
② '집이나 방 따위를 빌리다.'라는 의미이다.
④ '사위, 며느리, 자식, 남편, 아내 등을 맞다.'라는 의미이다.

얻다¹ 동

① 【…에서/에게서 …을】
「1」 거저 주는 것을 받아 가지다.　예문 친구에게서 얻어 두었던 신문을 포켓에서 꺼내 들었다.
「2」 긍정적인 태도·반응·상태 따위를 가지거나 누리게 되다.　예문 책에서 기쁨을 얻다.
「3」 구하거나 찾아서 가지다.　예문 시장에서 일자리를 얻다.
「4」 돈을 빌리다.　예문 은행에서 빚을 얻다.

② 【…에 …을】
집이나 방 따위를 빌리다.　예문 우리는 전에 알고 지내던 어르신네 집에 전세로 방을 얻어서 이사를 갔다.

③ 【…을】
「1」 권리나 결과·재산 따위를 차지하거나 획득하다.　예문 발언권을 얻다.
「2」 일꾼이나 일손 따위를 구하여 쓸 수 있게 되다.　예문 가정부를 얻다.
「3」 사위, 며느리, 자식, 남편, 아내 등을 맞다.　예문 김 노인은 늘그막에 아들을 얻게 되어서 매우 기뻤다.
「4」 병을 앓게 되다.　예문 병을 얻다.

얻다²

'어디에다가'가 줄어든 말.　예문 나는 할머니가 돈을 얻다 감춰 두는지 알고 있었다.

출제 유형 01 문맥적 의미 파악

03 문맥상 ⊙의 의미와 가장 가까운 것은?

2025학년도 3월 고3 전국연합학력평가 변형

> 체액량은 콩팥에서 ⊙ 일어나는 재흡수 과정에 의해서도 조절된다. 재흡수란 사구체 여과액에서 세뇨관 주위의 모세 혈관을 흐르는 혈액으로 물질이 이동하는 것을 말한다. 혈압이 하강하면 나트륨 재흡수가 증가한다. 이러한 기전에는 레닌-안지오텐신-알도스테론 시스템(RAAS)이라는 호르몬 체계가 중요한 역할을 한다. 혈압이 하강하면 콩팥에 있는 압력 수용기에서 이를 감지하여 레닌의 분비가 증가하고 레닌은 안지오텐신 I이 형성되도록 한다. 안지오텐신 I은 안지오텐신 변환 효소에 의해 분해되어 안지오텐신 II가 되며, 안지오텐신 II는 알도스테론의 합성을 증가시킨다. 알도스테론은 나트륨 재흡수를 증가시키고, 이에 따라 상승한 체내 염분 농도를 조정하기 위해 수분 재흡수도 증가한다. 그 결과 체액량이 증가하고 혈압이 상승한다. 이 과정에서 안지오텐신 변환 효소는 혈관 확장 물질인 브라디키닌을 분해함으로써, 안지오텐신 II는 혈관 근육인 평활근을 수축하게 하여 혈관의 저항을 증가시킴으로써 혈압상승에 관여한다.

① 축구 열기가 다시 <u>일어났다</u>.
② 감기로 오한과 두통이 <u>일어났다</u>.
③ 며칠 끙끙 앓더니 이내 훌훌 털고 <u>일어났다</u>.
④ 몸을 뒤척이다 방바닥에서 <u>일어나</u> 책상에 앉았다.

03

정답 설명
② 신체 부위인 '콩팥'에서 일어난다는 맥락을 고려할 때, ⊙과 의미가 유사한 것은 '(인간에게) 어떤 현상이 발생하다'의 의미인 ②의 '일어나다'이다.

오답 정리
① '약하거나 희미하던 것이 성하여지다.'라는 의미이다.
③ '병을 앓다가 낫다.'라는 의미이다.
④ '누웠다가 앉거나 앉았다가 서다.'라는 의미이다.

※ p.55 '(2) 일어나다' 참조

04 문맥상 ⊙의 의미와 가장 가까운 것은?

2025학년도 대학수학능력시험 9월 모의평가 변형

> 국어에는 품사 통용을 보이지 않는 하나의 단어가 둘 이상의 쓰임을 보이는 경우도 있다. 먼저 하나의 명사가 자립 명사와 의존 명사로 모두 쓰이는 경우가 있다. 예컨대 '바람이 분다.'의 '바람'은 관형어 없이도 문장에 쓰일 수 있는 자립 명사이고, '그는 늦잠을 자는 바람에 회사에 지각했다.'의 '바람'은 관형어의 수식을 받아야만 문장에 쓰일 수 있는 의존 명사이다. 다음으로 하나의 동사가 본동사와 보조 동사로 모두 쓰이는 경우가 있다. '나는 힘을 내었다.'의 '내다'는 보조 동사 없이도 문장의 서술어로 쓰일 수 있는 본동사이고, '나는 굶주림을 ⊙ 견뎌 내었다.'의 '내다'는 본동사 없이는 문장에 쓰일 수 없는 보조 동사이다. 이를 통해, '바람'과 '내다'는 그 쓰임에 따라 반드시 필요로 하는 말의 유무가 달라짐을 알 수 있다.

① 이 벼는 병충해에 잘 <u>견딘다</u>.
② 철수가 산 고물 차가 한 달은 <u>견딜까</u>?
③ 이 문은 화재를 잘 <u>견디는</u> 소재로 만들었다.
④ 노인은 등에 진 짐의 무게를 <u>견디지</u> 못하고 쓰러졌다.

04

정답 설명
① ⊙의 '견디다'는 '사람이나 생물이 어려운 환경에 굴복하거나 죽지 않고 계속해서 버티면서 살아 나가는 상태가 되다.'라는 의미이다. 이와 의미가 가장 유사한 것은 ①의 '견디다'이다.

오답 정리
② '물건이 열이나 압력 따위와 같은 외부의 작용을 받으면서도 일정 기간 동안 원래의 상태나 형태를 유지하다.'라는 의미이다.
③, ④ '물건이 열이나 압력 따위와 같은 외부의 작용을 받으면서도 원래의 상태나 형태를 유지하다.'라는 의미이다.

> **견디다** 동
> 1 ((기간을 나타내는 부사어와 함께 쓰여))
> 「1」 사람이나 생물이 일정 기간 동안 어려운 환경에 굴복하거나 죽지 않고 계속해서 버티면서 살아 나가는 상태가 되다.
>   예문 이 돈이면 며칠은 <u>견딜</u> 수 있겠어.
> 「2」 물건이 열이나 압력 따위와 같은 외부의 작용을 받으면서도 일정 기간 동안 원래의 상태나 형태를 유지하다.
>   예문 이 구두는 오래 <u>견디지</u> 못한다.
>
> 2 【…에】【…을】
> 「1」 사람이나 생물이 어려운 환경에 굴복하거나 죽지 않고 계속해서 버티면서 살아 나가는 상태가 되다.
>   예문 침엽수는 추위에 잘 <u>견딘다</u>.
> 「2」 물건이 열이나 압력 따위와 같은 외부의 작용을 받으면서도 원래의 상태나 형태를 유지하다.
>   예문 상자가 충격에 잘 <u>견딘다</u>.

출제 유형 01 문맥적 의미 파악

05 문맥상 ㉠의 의미와 가장 가까운 것은? 2025학년도 대학수학능력시험 9월 모의평가 변형

> '공정거래법'은 사업자의 재판매 가격 유지 행위를 원칙적으로 금지한다. 재판매 가격 유지 행위란 사업자가 상품·용역을 거래할 때 거래 상대방 사업자 또는 그다음 거래 단계별 사업자에게 거래 가격을 정해 그 가격대로 판매·제공할 것을 강제하거나 그 가격대로 판매·제공하도록 그 밖의 구속 조건을 ㉠ <u>붙여</u> 거래하는 행위이다. 이때 거래 가격에는 재판매 가격, 최고 가격, 최저 가격, 기준 가격이 포함된다. 권장 소비자 가격이라도 강제성이 있다면 재판매 가격 유지 행위에 해당한다.

① 인용을 하면 반드시 그곳에 각주를 <u>붙여야</u> 한다.
② 목숨을 <u>붙이기</u> 위하여 할 수 있는 일은 다 하였다.
③ 언니는 수영에 재미를 <u>붙여</u> 수영장에 다니기로 결정했다.
④ 그는 자기가 하는 일에 대해 이유를 꼭 <u>붙여야</u> 직성이 풀린다.

05

정답 설명
④ 목적어가 '구속 조건을'인 것을 볼 때, ㉠의 '붙이다'는 '조건, 이유, 구실 따위를 딸리게 하다.'라는 의미이다. 이와 의미가 유사한 것은 목적어가 '이유를'인 ④의 '붙이다'이다.

오답 정리
① '주가 되는 것에 달리게 하거나 딸리게 하다.'라는 의미이다.
② '목숨이나 생명 따위를 끊어지지 않게 하다.'라는 의미이다.
③ '어떤 감정이나 감각을 생기게 하다.'라는 의미이다.

더 알아보기

'붙이다'와 '부치다'
'붙이다'는 '부치다'와 구별하여 적어야 한다. '붙이다'는 '붙다'의 사동사로서 '붙게 하다'의 뜻을 나타내며, '봉투에 우표를 붙였다.'와 같이 쓴다. '부치다'는 '보내거나 넘기다'의 뜻을 나타내며, '우체국에 가서 편지를 부쳤다.'와 같이 쓴다.

※ p.145 (2) '부치다'와 관련하여 학습

붙이다 동

① 【…에 …을】
「1」 맞닿아 떨어지지 않게 하다. 예문 공책에 스티커를 붙이다.
「2」 불을 일으켜 타게 하다. 예문 연탄에 불을 붙이다.
「3」 조건, 이유, 구실 따위를 딸리게 하다. 예문 계약에 조건을 붙이다.
「4」 식물이 뿌리를 내리게 하다. 예문 땅에 뿌리를 붙이다.
「5」 주가 되는 것에 달리게 하거나 딸리게 하다. 예문 본문에 주석을 붙이다.
「6」 내기를 하는 데 돈을 태워 놓다. 예문 내기에 1,000원을 붙이다.
「7」 신체의 일부분을 어느 곳에 대다. 예문 키를 재야 하니까 등을 벽에 붙이고 가만히 서 계세요.
「8」 『민속』 윷놀이에서, 말을 밭에 달다.

② 【…에/에게 …을】
「1」 물체와 물체 또는 사람을 서로 바짝 가깝게 하다. 예문 가구를 벽에 붙이다.
「2」 바로 옆에서 돌보게 하다. 예문 중환자에게 간호사를 붙이다.
「3」 어떤 것을 더하게 하거나 생기게 하다. 예문 운동을 해서 다리에 힘을 붙였다.
「4」 이름이 생기게 하다. '붙다'의 사동사. 예문 순우리말 이름을 수출 상품에 붙이다.
「5」 어떤 감정이나 감각을 생기게 하다. 예문 공부에 흥미를 붙이다.
「6」 말을 걸거나 치근대며 가까이 다가서다. 예문 옆 사람에게 농담을 붙이다.
「7」 기대나 희망을 걸다. 예문 앞날에 대한 희망을 붙이다.
「8」 어떤 놀이나 일, 단체 따위에 참여하게 하다. 예문 너희들끼리만 놀지 말고 나를 좀 붙여 줘라.

③ 【…을】
「1」 목숨이나 생명 따위를 끊어지지 않게 하다. 예문 목숨을 붙이기 위해 할 수 있는 일은 다 하였다.
「2」 남의 뺨이나 볼기 따위를 세게 때리다. 예문 상대편의 따귀를 한 대 붙이다.
「3」 ((주로 '번호', '순서' 따위와 함께 쓰여)) 큰 소리로 구령을 외치다. 예문 번호를 붙여서 일렬로 들어간다.

④ 【…을 (…과) …을】
「1」 겨루는 일 따위를 서로 어울려 시작하게 하다. 예문 주인과 손님을 흥정을 붙이다.
「2」 암컷과 수컷을 교합시키다. 예문 암퇘지와 수퇘지를 교미를 붙이다.

⑤ 【…을 (…과)】
(속되게) 남녀를 가까이 지내게 하거나 성교(性交)하게 하다. 예문 누군가 그 남자를 모함하려고 그 남자를 다른 여자와 붙이려고 한 것 같다.

출제 유형 01 문맥적 의미 파악

06 문맥상 ㉠의 의미와 가장 가까운 것은?

2024학년도 7월 고3 전국연합학력평가 변형

> 책을 빨리 읽어 버리거나 대략적인 내용 파악 위주로 읽는 것은 시간을 아끼는 데에 도움을 줄 수 있다. 하지만 그렇게 책을 읽는다면 그 책에서 ㉠<u>다루는</u> 중요한 내용을 놓치거나 잘못 이해한 채로 넘어갈 수 있다. 따라서 시간이 걸리더라도 한 권의 책을 처음부터 끝까지 꼼꼼히 읽고 음미하며 사색하는 것이 필요하다.

① 이 병원은 피부병만을 <u>다루고</u> 있다.
② 농업 협동조합에서는 농산물을 <u>다룬다.</u>
③ 모든 신문에서 남북 회담을 특집으로 <u>다루고</u> 있다.
④ 미물이라 할지라도 생명이 있는 것은 소중히 <u>다루어야</u> 한다.

06

정답 설명
③ '책에서 다루는 중요한 내용'이라는 맥락을 고려할 때, ㉠의 '다루다'는 '소재나 대상으로 삼다.'라는 의미이다. 이와 의미가 유사한 것은 ③이다.

오답 정리
① '일거리를 처리하다.'라는 의미이다.
② '어떤 물건을 사고파는 일을 하다.'라는 의미이다.
④ '사람이나 짐승 따위를 부리거나 상대하다.'라는 의미이다.

다루다 동

Ⅰ 【…을】
「1」 일거리를 처리하다. 예문 무역 업무를 <u>다루다</u>.
「2」 어떤 물건을 사고파는 일을 하다. 예문 이 상점은 주로 전자 제품만을 <u>다룬다</u>.
「3」 기계나 기구 따위를 사용하다. 예문 악기를 <u>다루다</u>.
「4」 가죽 따위를 매만져서 부드럽게 하다. 예문 가죽을 <u>다루다</u>.

Ⅱ 【…을 …으로】【…을 -게】
「1」 어떤 물건이나 일거리 따위를 어떤 성격을 가진 대상 혹은 어떤 방법으로 취급하다.
    예문 그는 외과 수술을 전문으로 <u>다룬다</u>.
「2」 사람이나 짐승 따위를 부리거나 상대하다. 예문 무고한 사람을 범인으로 <u>다루다니</u> 가만있지 않겠다.
「3」 어떤 것을 소재나 대상으로 삼다. 예문 회의에서 물가 안정을 당면 과제로 <u>다루었다</u>.

07 문맥상 ㉠의 의미와 가장 가까운 것은?

2024학년도 7월 고3 전국연합학력평가 변형

> 신체에 해를 ㉠ 끼칠 수 있는 세포를 대상으로 세포자멸사의 유도가 일어나기도 한다. 면역세포의 일종인 세포독성 T세포는 바이러스에 감염된 세포가 자멸사하게 하여 우리 몸을 방어하는 역할을 한다. 세포가 바이러스에 감염되면 세포 표면에 바이러스 단백질이 나타난다. 이것을 비정상으로 인식한 세포 독성 T세포는 감염된 세포에 결합하여 세포막에 구멍을 뚫는 단백질을 분비한다. 세포독성 T세포는 세포막에 생긴 구멍을 통해 세포 안으로 실행 카스파제를 활성화하는 과립효소 B를 유입시키고, 이로 인해 활성화된 실행 카스파제가 DNA를 붕괴시킨다.

① 온몸에 소름이 쫙 끼쳤다.
② 찬 기운이 갑자기 끼쳐 들어왔다.
③ 선생님께 누를 끼친 것은 아닌지 심히 염려됩니다.
④ 그는 전기를 발명하여 인류의 발전에 지대한 영향을 끼쳤다.

07

정답 설명
③ 목적어가 '해(害)'를'인 것을 볼 때 ㉠의 '끼치다'는 '영향, 해, 은혜 따위를 당하거나 입게 하다.'의 뜻으로 쓰였다. 이와 문맥적 의미가 가까운 것은 목적어가 '누(累)를'인 ③이다.
※ 害(해로울 해), 累(묶을 누(루))

오답 정리
① '소름이 한꺼번에 돋아나다.'라는 의미이다.
② '기운이나 냄새, 생각, 느낌 따위가 덮치듯이 확 밀려들다.'라는 의미이다.
④ '어떠한 일을 후세에 남기다.'라는 의미이다.

끼치다¹ 동

「1」 소름이 한꺼번에 돋아나다. 예문 TV 속 귀신의 웃음 소리에 나는 몸에 소름이 쫙 끼쳤다.
「2」 기운이나 냄새, 생각, 느낌 따위가 덮치듯이 확 밀려들다. 예문 생선 비린내가 코에 끼쳤다.

끼치다² 동

「1」 영향, 해, 은혜 따위를 당하거나 입게 하다. 예문 심려를 끼치다.
「2」 어떠한 일을 후세에 남기다. 예문 우리 사회에 공적을 끼치다.

출제 유형 01 문맥적 의미 파악

08 문맥상 ㉠의 의미와 가장 가까운 것은?

2025학년도 3월 고2 전국연합학력평가 변형

> 발음하는 것이 원칙이나 [ㅔ]로 발음하는 것도 허용되므로 부사격 조사 '에'와 혼동되는 경우가 ㉠ 있다. 관형격 조사 '의'와 부사격 조사 '에'는 체언과 결합하여 각각 관형어와 부사어를 이룬다. 관형어는 체언만을 수식하는 반면, 부사어는 주로 용언을 수식하고 간혹 관형어나 다른 부사어 등을 수식한다. '의'와 '에'는 여러 의미를 나타낼 수 있다. 예컨대 '의'는 '동생의 가방'처럼 뒤 체언이 앞 체언에 소유되거나 소속됨을, '과학자의 연구'처럼 앞 체언이 뒤 체언이 나타내는 행동의 주체임을 나타낸다. 또 '에'는 '동생이 집에 갔다.'처럼 이동의 도착점을, '나는 저녁에 운동을 한다.'처럼 시간을, '형은 큰소리에 잠을 깼다.'처럼 원인을 나타낸다.

① 나는 신이 있다고 믿는다.
② 그가 범인이라는 증거가 있다.
③ 그는 내일 집에 있는다고 했다.
④ 나에게는 아내와 자식들이 있다.

08

정답 설명

② ㉠의 '있다'는 문맥상 혼동되는 상황이 현실로 존재하는 상태라는 의미로, '어떤 사실이나 현상이 현실로 존재하는 상태이다.'의 뜻으로 쓰였다. 이와 의미가 가장 유사한 것은 ②이다.

오답 정리

① '사람, 동물, 물체 따위가 실제로 존재하는 상태이다.'라는 의미이다.
③ '사람이나 동물이 어느 곳에서 떠나거나 벗어나지 아니하고 머물다.'라는 의미이다.
④ '일정한 관계를 가진 사람이 존재하는 상태이다.'라는 의미이다.

더 알아보기

'있다'의 품사와 높임말

'있다'는 동사와 형용사로 쓰인다. 동사 '있다'는 '있는다', '있어라', '있자'로 활용을 하며 높임말로는 '계시다'를 쓴다. 형용사 '있다'는 현재형, 명령형, 청유형으로 쓰일 수 없으며 높임말로 '있으시다'를 쓴다.

있다

[I] 동

① 【…에】

「1」 사람이나 동물이 어느 곳에서 떠나거나 벗어나지 아니하고 머물다. [예문] 내가 갈 테니 너는 학교에 있어라.

「2」 사람이 어떤 직장에 계속 다니다. [예문] 딴 데 한눈팔지 말고 그 직장에 그냥 있어라.

② 【-게】

사람이나 동물이 어떤 상태를 계속 유지하다. [예문] 떠들지 말고 얌전하게 있어라.

③
얼마의 시간이 경과하다. 예문 앞으로 사흘만 있으면 추석이다.

[Ⅱ] 형

①
「1」 사람, 동물, 물체 따위가 실제로 존재하는 상태이다.   예문 날지 못하는 새도 있다.
「2」 어떤 사실이나 현상이 현실로 존재하는 상태이다.   예문 기회가 있다.
「3」 어떤 일이 이루어지거나 벌어질 계획이다.   예문 모임이 있다.
「4」 (주로 '있는' 꼴로 쓰여) 재물이 넉넉하거나 많다.   예문 그는 아무것도 없으면서 있는 체한다.
「5」 어떤 일을 이루거나 어떤 일이 발생하는 것이 가능함을 나타내는 말.   예문 나는 무엇이든지 잘할 수 있다.
「6」 (구어체에서) 어떤 대상이나 사실을 강조·확인하는 뜻을 나타내는 말.   예문 그 사람 있잖아 엄청난 부자래.

② 【…에】
「1」 사람이나 사물 또는 어떤 사실이나 현상 따위가 어떤 곳에 자리나 공간을 차지하고 존재하는 상태이다.   예문 방 안에 사람이 있다.
「2」 사람이나 동물이 어느 곳에 머무르거나 사는 상태이다.   예문 그는 서울에 있다.
「3」 사람이 어떤 직장에 다니는 상태이다.   예문 그는 철도청에 있다.
「4」 어떤 처지나 상황, 수준, 단계에 놓이거나 처한 상태이다.   예문 난처한 처지에 있다.
「5」 개인이나 물체의 일부분이 일정한 범위나 전체에 포함된 상태이다.   예문 합격자 명단에는 내 이름도 있었다.

③ 【…에게】
「1」 어떤 물체를 소유하거나 자격이나 능력 따위를 가진 상태이다.   예문 나에게 1,000원이 있다.
「2」 일정한 관계를 가진 사람이 존재하는 상태이다.   예문 나에게는 아내와 자식들이 있다.
「3」 어떤 사람에게 무슨 일이 생긴 상태이다.   예문 어머니는 며느리에게 태기가 있다고 무척 기뻐하셨다.

④ 【…에/에게】(주로 '…에/에게 있어서' 구성으로 쓰여)
앞에 오는 명사를 화제나 논의의 대상으로 삼은 상태를 나타내는 말. 문어적 표현으로, '에', '에게', '에서'의 뜻을 나타낸다.
예문 인간에게 있어서 가장 중요한 것은 사랑이다.

⑤ 【…으로】
사람이 어떤 지위나 역할로 존재하는 상태이다.   예문 그는 지금 대기업의 과장으로 있다.

⑥ 【…이】(이유, 근거, 구실, 가능성 따위와 같은 단어와 함께 쓰여)
이유나 가능성 따위로 성립된 상태이다.   예문 아이의 투정은 이유가 있었다.

[Ⅲ] 보동
「1」 앞말이 뜻하는 행동이나 변화가 끝난 상태가 지속됨을 나타내는 말.   예문 깨어 있다.
「2」 앞말이 뜻하는 행동이 계속 진행되고 있거나 그 행동의 결과가 지속됨을 나타내는 말.   예문 듣고 있다.

있다² 부
→ 이따(조금 지난 뒤에)   예문 너 이따 나 좀 보자.

출제 유형 01 문맥적 의미 파악

09 문맥상 ㉠의 의미와 가장 가까운 것은? 2024학년도 10월 고2 전국연합학력평가 변형

> 민법에서 토지는 일정 범위의 지면과 정당한 이익이 있는 범위 내에서의 그 공중과 지하를 포함하는 것을 말한다. 토지 소유권자는 자신의 토지를 자유롭게 이용하면서 이를 통해 이익을 얻고, 매매, 상속 등의 처분을 할 수 있다. 그렇다면 건물을 ㉠ 짓거나 인공 구조물을 설치하는 등 토지를 이용하기 위해서는 반드시 그 토지에 대한 소유권이 필요할까? 한정된 자원인 토지를 효율적으로 이용하기 위해 민법에서는 다른 사람의 토지를 일정한 목적을 위해 이용하고, 이를 통해 이익을 얻을 수 있는 권리를 규정하고 있다. 지상권과 지역권 등이 이에 해당한다.

① 고향에 기와집을 짓고 있다.
② 억지로 미소를 지어서 웃고 있다.
③ 몸이 허한 것 같아서 보약을 지어 먹었다.
④ 나는 어느 누구에게도 죄를 짓고 살기는 싫다.

09

정답 설명
① ㉠의 경우 목적어가 '건물을'인 것을 볼 때 '재료를 들여 밥, 옷, 집 따위를 만들다.'의 뜻으로 쓰였다. 이와 문맥적 의미가 유사한 것은 목적어가 '기와집을'인 ①이다.

오답 정리
② '어떤 표정이나 태도 따위를 얼굴이나 몸에 나타내다.'라는 의미이다.
③ '여러 가지 재료를 섞어 약을 만들다.'라는 의미이다.
④ '죄를 저지르다.'라는 의미이다.

짓다¹ 동

① 【…을】

「1」 재료를 들여 밥, 옷, 집 따위를 만들다. 예문 밥을 짓다.

「2」 여러 가지 재료를 섞어 약을 만들다. 예문 약을 짓다.

「3」 시, 소설, 편지, 노래 가사 따위와 같은 글을 쓰다. 예문 그 시인이 요즘에는 소설을 짓고 있다는 소문을 들었다.

「4」 한데 모여 줄이나 대열 따위를 이루다. 예문 무리를 짓다.

「5」 논밭을 다루어 농사를 하다. 예문 부모님은 농사를 지어 우리를 대학까지 보냈다.

「6」 거짓으로 꾸미다. 예문 그런 식으로 말을 지어 하지 마라.

「7」 어떤 표정이나 태도 따위를 얼굴이나 몸에 나타내다. 예문 그는 혼자서 한숨을 짓고 무언가를 곰곰이 생각하고 있었다.

「8」 죄를 저지르다. 예문 건널목에서 신호등을 어기고 나서 죄를 지었다는 생각에 하루 종일 기분이 좋지 않았다.

「9」 묶거나 꽂거나 하여 매듭을 만들다. 예문 바느질을 하고 나서 실의 매듭을 잘 지어야 풀어지지 않는다.

「10」 이어져 온 일이나 말 따위의 결말이나 결정을 내다. 예문 나는 주위의 도움을 받지 않고 그 일을 마무리를 짓고 싶었다.

② 【…을 …으로】【…을 -고】

이름 따위를 정하다. 예문 할아버지께서 아이의 이름을 무엇으로 지어 주실지 궁금하다.

③ 【(…과) …을】【…을 …을】

관계를 맺거나 짝을 이루다. 예문 너는 그런 사람들과 동업 관계를 짓지는 마라.

출제 유형 01 문맥적 의미 파악

10 문맥상 ㉠의 의미와 가장 가까운 것은?

2024학년도 9월 고2 전국연합학력평가 변형

> 　미술 심리 상담사는 심리적 문제를 겪고 있는 사람들이 미술 활동을 통해 문제의 원인과 해결 방법을 ㉠ <u>찾을</u> 수 있도록 도움을 주는 전문가이다. 미술 심리 상담은 대화를 중심으로 하는 일반적인 상담과 달리 미술 활동이 중심이 되므로 어린아이를 비롯한 언어적 표현 능력이 발달하지 않은 사람에게도 유용한 상담 방법이다.
> 　미술 심리 상담 방법에는 집과 나무, 사람을 그리는 '집-나무-사람 검사', 강과 산, 길, 꽃 등을 그리는 '풍경 구성법', 원의 중심에 부모와 자신을 그리는 '동그라미 가족화' 등이 있다. 이러한 방법을 통해 내담자의 성장 과정뿐만 아니라 현재의 심리 상태나 고민 등 내담자의 특성을 파악할 수 있다. 특히 그림을 그리는 과정에서 내담자에 대한 많은 정보를 얻을 수 있어 효과적인 상담을 할 수 있기 때문에 내담자가 그린 그림뿐 아니라 그림을 그리는 과정을 관찰하는 것도 매우 중요하다.

① 어떤 손님들은 일부러 국산품을 <u>찾는</u>다.
② 지하철에 두고 내렸던 가방을 분실물 보관소에서 <u>찾았</u>다.
③ 그는 오랜만에 선발 투수로 나와 승을 거두면서 자신감을 <u>찾았</u>다.
④ 그 형사는 사건의 실마리를 <u>찾고</u> 있지만, 특별한 단서를 얻지는 못했다.

10

정답 설명
④ ㉠의 목적어가 '문제의 원인과 해결 방법을'인 것을 볼 때 '모르는 것을 알아내고 밝혀내려고 애쓰다. 또는 그것을 알아내고 밝혀내다.'의 뜻으로 쓰였다. 이와 의미가 가장 유사한 것은 목적어가 '실마리를'인 ④이다.

오답 정리
① '어떤 것을 구하다.'라는 의미이다.
② '잃거나 빼앗기거나 맡기거나 빌려주었던 것을 돌려받아 가지게 되다.'라는 의미이다.
③ '자신감, 명예, 긍지 따위를 회복하다.'라는 의미이다.

찾다 동

① 【…을】【…에서/에게서 …을】

「1」 현재 주변에 없는 것을 얻거나 사람을 만나려고 여기저기를 뒤지거나 살피다. 또는 그것을 얻거나 그 사람을 만나다.
  예문 길을 잃은 아이가 지금 가족을 찾고 있습니다.

「2」 모르는 것을 알아내고 밝혀내려고 애쓰다. 또는 그것을 알아내고 밝혀내다.
  예문 시민 단체들은 민족의 뿌리를 찾는 운동을 전개하고 있다.

「3」 모르는 것을 알아내기 위하여 책 따위를 뒤지거나 컴퓨터를 검색하다.   예문 모르는 단어는 사전을 찾아라.

② 【…에서/에게서 …을】

잃거나 빼앗기거나 맡기거나 빌려주었던 것을 돌려받아 가지게 되다.   예문 은행에서 저금했던 돈을 찾았다.

③ 【…을】

「1」 어떤 사람을 만나거나 어떤 곳을 보러 그와 관련된 장소로 옮겨 가다.   예문 오랜만에 벗을 찾다.

「2」 어떤 것을 구하다.   예문 그는 자기 이익과 안일만을 찾는다.

「3」 어떤 사람이나 기관 따위에 도움을 요청하다.   예문 감기로 병원을 찾는 환자가 부쩍 늘었다.

「4」 원상태를 회복하다.   예문 제정신을 찾다.

「5」 자신감, 명예, 긍지 따위를 회복하다.   예문 잃어버린 명예를 다시 찾기란 쉽지 않다.

출제 유형 02 바꿔 쓸 수 있는 유사한 표현

01 ㉠과 바꿔 쓸 수 있는 유사한 표현으로 가장 적절한 것은?

2025학년도 5월 고3 전국연합학력평가 변형

> 이성주의 철학자들은 인간이 세계를 인식하는 데 있어 이성이 가장 중요한 역할을 한다고 보고, 이성을 통해 세계의 본질을 이해할 수 있다고 주장한다. 이러한 주장에 대해 철학자 쇼펜하우어는 그들이 말하는 이성은 두뇌 작용에 불과하며, 인간은 세계의 본질을 이해할 수 없다고 주장한다. 쇼펜하우어는 이러한 자신의 주장을 '세계는 나의 표상이다.'라는 선언으로 집약한다. 그가 말하는 표상이란 인간이 어떤 사물을 인식할 때, 그 사물을 오감으로 지각하여 두뇌 속에 떠올린 이미지이다. 가령 '빨갛고 동그란 과일'을 보고 '사과'로 인식한 두뇌 작용이 표상이다. 이러한 표상은 충분 근거율에 ㉠따른다. 충분 근거율은 인간이 어떤 사물을 표상할 때, 다른 사물과 구분하게 하는 등 현실 세계를 이해하기 위해 두뇌에 작용하는 인간 개개인의 인식 원리이다. 쇼펜하우어는 이러한 충분 근거율에 입각한 표상이 현실 세계를 경험하게 하는 근거이기 때문에, 인간이 경험하는 세계는 충분 근거율에 한해서만 인식된 세계라고 말한다. 즉 우리가 경험하는 세계는 실재 세계가 아니고 충분 근거율에 입각하여 표상된 것일 뿐이며, 우리가 표상하는 세계는 단순히 두뇌 작용으로 경험하는 환영에 불과한 것이다.

① 의거(依據)한다 ② 수반(隨伴)한다 ③ 준수(遵守)한다 ④ 모방(模倣)한다

01

정답 설명

① 문맥상 표상은 충분 근거율이라는 원리에 '근거한다'는 의미이다. 따라서 ㉠과 바꿔 쓸 수 있는 유사한 표현은 '의거(依據)하다'이다.

※ p.122 '(1) 따르다' 참조

의거(依據)하다	의지할 의, 의거할 거 ① 【…에】 「1」 어떤 사실이나 원리 따위에 근거하다. [예문] 관습에 의거하다. 「2」 산수(山水)에 의지하여 웅거하다. [예문] 우리 군은 높은 산에 의거해서 적을 격퇴시켰다. ② 【…에】【…을】 어떤 힘을 빌려 의지하다. ≒의빙하다. [예문] 폭력적 수단에 의거하다.
수반(隨伴)하다	따를 수, 짝 반 「1」 붙좇아서 따르다. [예문] 힘든 길은 그만큼의 보람을 수반한다. 「2」 어떤 일과 더불어 생기다. 또는 그렇게 되게 하다. [예문] 경제의 고도성장에 수반하는 물가 상승.
준수(遵守)하다	좇을 준, 지킬 수 전례나 규칙, 명령 따위를 그대로 좇아서 지키다. ≒순수하다. [예문] 국민은 헌법을 준수해야 할 의무를 지닌다.
모방(模倣)하다	법 모, 본받을 방 다른 것을 본뜨거나 본받다. ≒모본하다, 모습하다. [예문] 남의 작품을 모방하다.

02 ㉠~㉣과 바꿔 쓸 수 있는 유사한 표현으로 적절하지 않은 것은?

2025학년도 5월 고3 전국연합학력평가 변형

> 섀플리 값은 연합의 경제주체들이 분담할 총비용을 각 경제 주체가 연합에 ㉠ 이바지한 정도에 따라 공정하게 분배할 수 있는 기준이다. 이 기준은 경제주체들이 연합을 형성할 수 있는 모든 경우의 수를 고려한다는 측면에서 기회 균등성을, 경제주체들이 연합에 참여함으로써 발생하는 총비용의 증가분에 비례하여 비용을 분담하게 한다는 측면에서 기여 공정성을 가진다.
>
> 섀플리 값을 구할 때는 먼저, 연합을 형성할 수 있는 모든 경우마다 연합에 참여하는 경제주체들의 한계기여도를 계산한다. 이때 한계기여도는 특정 경제주체가 연합에 참여하면서 연합에서 발생한 총비용의 증가분을 ㉡ 뜻하며, 이는 특정 경제 주체가 참여하면서 발생한 연합의 총비용에서 특정 경제주체가 참여하기 전에 발생한 연합의 총비용을 ㉢ 빼서 구한다. 다음으로 이렇게 구한 경제주체들의 한계기여도에 가중치를 곱한 값을 경제주체별로 모두 더하면 경제주체들의 섀플리 값이 결정된다. 이때 가중치란 연합을 형성할 수 있는 모든 경우 중 특정 순서로 형성된 연합이 나타날 확률을 뜻한다. 이렇게 가중치를 한계기여도에 곱하는 이유는 경제주체들이 연합에 참여하는 순서에 따라 한계기여도가 ㉣ 달라질 수 있기 때문이다. 즉 경제주체들이 연합에 참여하는 모든 순서가 동일한 중요성을 가질 수 있도록 하기 위한 것이다.

① ㉠: 기여(寄與)한
② ㉡: 의미(意味)하며
③ ㉢: 감소(減少)해서
④ ㉣: 변동(變動)될

02

정답 설명

③ '감소(減少)하다'는 '양이나 수치가 줄다. 또는 양이나 수치를 줄이다.'라는 의미이다. 총비용의 값을 줄인다는 것이 아니라 아예 덜어버린다는 의미이므로 ㉢을 '감소하다'와 바꿔 쓰기에 적절하지 않다.

기여(寄與)하다	부칠 기, 더불 여
	도움이 되도록 이바지하다. 예문 국가와 사회의 발전에 기여하다.
의미(意味)하다	뜻 의, 맛 미
	「1」 말이나 글이 무엇을 뜻하다. 예문 이 단어가 의미하는 바가 무엇인지 말해 보십시오.
	「2」 행위나 현상이 무엇을 뜻하다. 예문 패배란 내게 죽음을 의미한다.
감소(減少)하다	덜 감, 적을 소
	양이나 수치가 줄다. 또는 양이나 수치를 줄이다. 예문 수출이 감소하고 수입이 늘어서 나라 살림이 어려워지고 있다.
변동(變動)되다	변할 변, 움직일 동
	바뀌어 달라지게 되다. 예문 출발하기 하루 전에 계획이 변동되었다.

출제 유형 02 바꿔 쓸 수 있는 유사한 표현

03 ㉠~㉣과 바꿔 쓸 수 있는 유사한 표현으로 적절하지 않은 것은?

2026학년도 대학수학능력시험 6월 모의평가 변형

> 　근대 국가는 시민의 생명과 재산을 보호하는 것을 일차적인 존립 이유로 삼았다. 최소한의 금지 행위만을 법으로 정하고 이를 ㉠<u>어기는</u> 경우에만 개입함으로써 시민의 자유를 최대한 보장하고자 했다. 이러한 목적이 반영된 자유주의적 법 모델은 근대법의 근간을 이루었다. 그러나 이 모델은 자유를 실질적으로 누릴 사회·경제적 조건이 모두에게 동등하게 주어지지 않은 상황에서 갈등이나 분쟁에 대처하는 데 한계가 있었다. 이를 보완할 목적으로 ㉡<u>나타난</u> 것이 사회복지국가적 법 모델이다. 이 모델에서는 법이 삶의 세계에 더 깊숙이 개입한다. 개인의 권리 보장뿐 아니라 주거, 노동, 환경 등의 영역에서 평등과 연대의 가치를 구현하기 위한 제도의 구축 및 관리도 법의 역할이 되어, 그 역할 수행에 필요한 의무 규정들이 늘어난다. 가령 『대기환경 보전법』은 오염 물질의 배출을 규제하는 대기 환경 관리 체계의 기능을 강화함으로써, 깨끗한 환경에서 살 시민의 권리를 실현하기 위한 공적 토대를 만들고자 한다.
> 　그런데 법적 규제가 과도할 경우 삶의 세계를 구성해 온 고유한 직업윤리 등 문화적·도덕적 규범이 강행적 성격을 띤 법 규범에 의해 침범당하는 경우가 생긴다. 이로써 사회 각 영역의 자율적 조절 기능이 훼손되고 사회의 통합이 법에 의해 ㉢<u>무너진다</u>. 그럴수록 공동체는 갈등 상황에서 법적 해결에 의존하게 된다. 규제에 대한 요구량이 증가하면 법의 수행 능력은 한계에 부딪힌다. '문제가 발생할 때 법은 마지막 수단이어야 한다.' 등 근대법의 기본 원리가 유지되기도 어렵다. 결국 법의 규범 구조가 균열된 상태에서, 법으로 문제를 해결해야 한다는 당위만 남는다. 그로 인해 법 규범이 삶의 세계에 점점 더 깊숙이 개입하게 되어 사회의 자율적 조절 기능은 더욱 망가지는 과정이 반복된다. 이러한 악순환을 ㉣<u>막으면서</u> 사회복지 체계를 보완하고자 등장한 것이 절차주의적 법 모델이다.

① ㉠: 위반하는
② ㉡: 실현된
③ ㉢: 와해된다
④ ㉣: 방지하면서

03

정답 설명

② '실현(實現)되다'는 '꿈, 기대 따위가 실제로 이루어지다.'라는 의미이다. 그런데 보완할 목적으로 '나타난' 것이라는 맥락을 고려할 때, '실현되다'는 어울리지 않는다. '나타나다'라는 맥락을 고려할 때, '어떤 사건이나 분야에서 새로운 제품이나 현상, 인물 등이 세상에 처음으로 나오다.'라는 의미를 가진 '등장(登場)하다'로 바꿔 쓰는 것이 더 적절하다.

위반(違反)하다	어길 위, 돌이킬 반
	법률, 명령, 약속 따위를 지키지 않고 어기다. [예문] 상부의 지시를 위반하는 사람은 처벌을 받을 것이오.
실현(實現)되다	열매 실, 나타날 현
	꿈, 기대 따위가 실제로 이루어지다. [예문] 할아버지는 통일이 실현될 날을 손꼽아 기다리셨다.
등장(登場)하다	오를 등, 마당 장
	Ⅰ 「1」 무대나 연단 따위에 나오다. [예문] 교장 선생님께서 연단에 등장하시자 주위가 조용해졌다. 「2」 어떤 사건이나 분야에서 새로운 제품이나 현상, 인물 등이 세상에 처음으로 나오다. 　　　[예문] 새로운 상품이 백화점에 등장하였다. Ⅱ 연극, 영화, 소설 따위에 어떤 인물이 나타나다. [예문] 그의 소설에는 미치광이가 주인공으로 자주 등장한다.
와해(瓦解)되다	기와 와, 풀 해
	조직이나 계획 따위가 산산이 무너지고 흩어지게 되다. [예문] 봉건 왕조가 와해되다. ※ 기와가 깨진다는 뜻에서 나온 말이다.
방지(防止)하다	막을 방, 그칠 지
	어떤 일이나 현상이 일어나지 못하게 막다. [예문] 사고를 미연에 방지하려면 대비를 철저히 해야 한다.

출제 유형 02　바꿔 쓸 수 있는 유사한 표현

04 ⊙~㉣과 바꿔 쓸 수 있는 유사한 표현으로 적절하지 않은 것은?

　　추위가 누그러지고 야외 활동 시간이 늘어나면서 자외선 차단제의 사용량도 ⊙ 늘고 있다. 그런데 자외선 차단제는 여러 경로로 바다에 유입되어 해양 생태계에 악영향을 끼친다. 국제 자연 보전 연맹에 따르면 매년 바다로 유입되는 자외선 차단제의 양은 최대 1만 4천 톤에 달하는데, 이는 산호를 비롯한 해양 생물의 생존뿐 아니라 인간의 삶까지 위협한다. 자외선 차단제는 지구 온난화로 인해 발생하는 산호의 백화 현상을 가속화한다. 백화 현상이란 해수 온도 상승으로 산호와 공생하던 조류가 사라지면서 산호의 기저 골격인 흰색 석회질만 남는 현상이다. 백화 현상이 ⓒ 계속되면 산호를 죽음에 이르게 할 수 있다. 산호는 전체 해저 면적에서 차지하는 비중이 0.1% 정도에 ⓒ 지나지 않지만, 전 세계 해양 생물종 중 약 25%의 서식지 역할을 하므로 해양 생태계의 균형을 유지하는 데 핵심적인 역할을 한다. 또한 산호는 탄소를 흡수 및 저장하여 연안 지역의 온도와 해류를 조절한다. 따라서 백화 현상의 가속화로 산호가 멸종 위기에 처하면 식량 안보, 기후 안전 등 인간의 삶에 직결된 분야에서도 심각한 문제가 발생할 수 있다. 이와 관련하여 세계적인 해양 관광지인 하와이에서는 2021년부터 옥시벤존이나 옥티노세이트를 주성분으로 하는 자외선 차단제의 판매와 유통을 금지하였다. 이 두 성분이 산호의 백화 현상을 ㉣ 생겨나게 할 뿐만 아니라 해양 생물의 호르몬 체계를 교란하는 독성을 지니고 있어 해양 생태계에 심각한 영향을 미치기 때문이다.

① ⊙: 신장(伸張)하고
② ⓒ: 지속(持續)되면
③ ⓒ: 불과(不過)하지만
④ ㉣: 초래(招來)할

04

정답 설명

① '신장(伸張)하다'는 '세력이나 권리 따위가 늘어나다. 또는 늘어나게 하다.'라는 의미이므로, '늘어나다'라는 의미를 가진다. 그런데 '사용량'이 늘어나는 경우에는 어울리지 않는다. 사용량이 '늘고' 있다는 맥락을 고려할 때, '신장하다' 대신 '증가(增加)하다'와 바꿔 쓰는 것이 더 자연스럽다.

신장(伸張)하다	펼 신, 길 장
	세력이나 권리 따위가 늘어나다. 또는 늘어나게 하다. 예문 국민의 자유와 권리가 크게 신장하였다.
증가(增加)하다	더할 증, 더할 가
	양이나 수치가 늘다. 예문 소비가 증가하다.
지속(持續)되다	가질 지, 이을 속
	어떤 상태가 오래 계속되다. 예문 경제 성장이 지속되다.
불과(不過)하다	아닐 불, 지날 과
	「1」 그 수량에 지나지 아니한 상태이다. 예문 분교의 학생은 다섯 명에 불과하다.
	「2」 그 수준을 넘지 못한 상태이다. 예문 영원한 사랑이란 환상에 불과하다.
초래(招來)하다	부를 초, 올 래
	「1」 일의 결과로서 어떤 현상을 생겨나게 하다. 예문 파멸을 초래하다.
	「2」 불러서 오게 하다.

출제 유형 02 바꿔 쓸 수 있는 유사한 표현

05 ⊙~㉣과 바꿔 쓸 수 있는 유사한 표현으로 적절하지 않은 것은?

2025학년도 대학수학능력시험 9월 모의평가

바쟁은 영화감독을 '이미지를 믿는 감독'과 '현실을 믿는 감독'으로 분류했다. 영화의 형식을 중시한 '이미지를 믿는 감독'은 다양한 영화적 기법으로 현실을 변형하여 ⊙ 새로운 의미를 창조하는 데 주력한다. 몽타주의 대가인 예이젠시테인이 대표적이다. 몽타주는 추상적이거나 상징적인 이미지를 통해 관객이 익숙한 대상을 낯설게 받아들이게 한다. 또한 짧은 숏들을 불규칙적으로 편집해서 영화가 재현한 공간이 불연속적으로 연결된 듯한 느낌을 만들어 낸다. 바쟁은 몽타주가 현실의 연속성을 ㉡ 깨뜨릴 뿐만 아니라 감독의 의도에 따라 관객이 현실을 하나의 의미로만 해석하게 할 우려가 있는 연출 방식이라고 생각했다.

바쟁은 '현실을 믿는 감독'을 지지했다. 이들은 '이미지를 믿는 감독'과 달리 영화의 내용, 즉 현실을 더 중요하게 생각하기에 변형되지 않은 현실을 객관적으로 보여 주고자 한다. 디프포커스와 롱 테이크는 이를 가능하게 해 주는 영화적 기법이다. 디프 포커스는 근경에서 원경까지 숏 전체를 선명하게 초점을 맞춰 촬영하는 기법으로, 원근감이 느껴지도록 공간감을 표현할 수 있다. 롱 테이크는 하나의 숏이 1~2분 이상 끊김 없이 길게 진행되도록 촬영하는 기법이다. 영화 속 사건이 지속되는 시간과 관객의 영화 체험 시간이 일치하여 현실을 ㉢ 마주하는 듯한 효과를 낳는다. 바쟁에 따르면, 디프 포커스와 롱 테이크를 혼용하여 연출한 장면은 관객이 그 장면에 담긴 인물이나 사물을 자율적으로 선택하여 응시하면서 화면 속 공간 전체와 사건의 전개를 지켜볼 수 있게 해 준다.

바쟁은 현실의 공간에서 자연광을 이용해 촬영하거나, 연기 경험이 없는 일반인을 배우로 ㉣ 쓰는 등 다큐멘터리처럼 강한 현실감을 만들어 내는 연출 방식에 찬사를 보냈다. 또한 정교하게 구조화된 서사를 통해 의미를 명확하게 제시하는 영화보다는 열린 결말을 통해 의미를 확정적으로 제시하지 않는 영화를 선호했다. 이러한 영화가 미결정 상태의 현실을 있는 그대로 드러낸다고 생각했기 때문이다.

① ⊙: 개선(改善)된
② ㉡: 파괴(破壞)할
③ ㉢: 대면(對面)하는
④ ㉣: 기용(起用)하는

05
정답 설명

① ㉠은 '지금까지 있은 적이 없다.'라는 의미이다. 따라서 '잘못된 것이나 부족한 것, 나쁜 것 따위가 고쳐져 더 좋게 되다.'의 의미를 가진 '개선(改善)되다'와 바꿔 쓰기에 적절하지 않다.

개선(改善)되다	고칠 개, 착할 선
	잘못된 것이나 부족한 것, 나쁜 것 따위가 고쳐져 더 좋게 되다. 예문 무역 수지가 개선되다.
파괴(破壞)하다	깨뜨릴 파, 무너질 괴
	「1」 때려 부수거나 깨뜨려 헐어 버리다. 예문 기물을 파괴하다.
	「2」 조직, 질서, 관계 따위를 와해하거나 무너뜨리다. 예문 생태계를 파괴하다.
대면(對面)하다	대답할 대, 낯 면
	서로 얼굴을 마주 보고 대하다. 예문 그녀를 대면하자마자 첫눈에 반했다.
기용(起用)하다	일어날 기, 쓸 용
	「1」 인재를 높은 자리에 올려 쓰다. 예문 능력 있는 인재를 요직에 기용하다.
	「2」 면직되거나 휴직한 사람을 다시 관직에 불러 쓰다. 예문 3년 전에 사라지다시피 한 퇴물 여배우를 기용하다.

출제 유형 02 바꿔 쓸 수 있는 유사한 표현

06 ⊙~㉢과 바꿔 쓸 수 있는 유사한 표현으로 가장 적절한 것은? 2024학년도 7월 고3 전국연합학력평가 변형

'감정 미학'은 미의 본질이 감정에 있다고 보는 이론으로, 음악에서의 감정 미학은 바로크 시대에 본격화된 개념이다. 바로크 시대 이전에도 음악과 감정의 관계에 주목했던 때가 있었는데 바로 고대 그리스 시대이다. 고대 그리스 철학자들은 감정을 모방한 음악이 인간의 도덕적 속성에 미치는 강한 영향력에 주목하였다. 음악이 주는 감정적 흥분이 인간의 도덕적 성향인 에토스(ethos)에 영향을 미쳐 인간의 영혼을 변화시킬 수 있다고 믿었기에 음악을 교육을 위한 도구로 활용하였다. 음악이 인간의 윤리적 성향과 밀접하게 연결되어 있다고 ⊙ 여기는 이러한 사고는 음악에서의 감정 미학 발전에 중요한 토대가 되었다.

중세도 고대와 마찬가지로 음악의 윤리적 영향력을 중요시하여 음악의 교육적 기능을 강조하였지만, 르네상스 시대에 들어서 음악의 윤리적 작용보다는 감정적 효과에 관심을 갖기 시작했다. 특히 바로크 시대에 이르러 감정을 음악에 표현한다는 것이 매우 중요한 의미를 지니게 되었고, 이 시대의 음악가들은 적극적으로 감정을 음악과 연결시키기 위해 노력하였다. 그러나 이때의 감정은 일반적이고 객관화된 감정을 뜻하는 것으로, 작곡가 개인의 주관적 감정은 중요하지 않았다. 작곡가들은 감정을 객관적으로 분류한 후 리듬, 선율, 화성 등의 형식적 요소를 활용하여 음악을 각각의 감정들과 논리적으로 연결하였다. 청자들의 감상 역시 음악과 대응된 감정을 식별해 내는 것일 뿐, 가슴에 호소되는 바를 ⓒ 느끼는 것은 아니라고 보았다.

바로크 시대에 본격화된 음악에서의 감정 미학은 낭만주의 시대에 이르러 전성기를 맞게 된다. 낭만주의로의 이행이 진행되면서, 작곡가 자신이 느낀 주관적 감정이 음악을 통해 표현될 수 있다는 사고의 전환이 이루어졌다. 감정의 의미가 작곡가의 주관적인 감정으로 ⓒ 바뀌면서, 작곡가는 자신의 개성이나 독창성에 기초한 창작 활동을 할 수 있게 되었다. 또한 청자에게도 작곡가의 감정을 이해하기 위해 자신의 감정에 따라 음악을 능동적으로 수용하는 태도가 중요해졌다. 이렇게 낭만주의 음악에서 음악이 자율성과 개별성을 바탕으로 인간의 주관적인 감정을 ㉢ 담아내는 것이 중시되면서, 음악은 인간의 감정을 가장 잘 표현해 낼 수 있는 예술로 인정받게 되었다.

① ⊙: 간주(看做)하는
② ⓒ: 탐색(探索)하는
③ ⓒ: 호환(互換)되면서
④ ㉢: 도출(導出)하는

06

정답 설명

① '여기다'는 '그러하다고 생각하다'라는 의미이다. 따라서 '상태, 모양, 성질 따위가 그와 같다고 보거나 그렇다고 여기다.'라는 의미를 가진 '간주(看做)하다'와 바꿔 쓰기에 적절하다.

오답 정리

② ⓒ의 '느끼다'는 '마음속으로 어떤 감정 따위를 체험하고 맛보다.'의 의미이다. 따라서 '사라지거나 드러나지 않은 사물이나 현상 따위를 자세히 살펴 찾다.'의 의미인 '탐색하다'와 바꿔 쓰기에 적절하지 않다.

③ ⓒ의 '바뀌다'는 '다른 것으로 대신하게 되다.'라는 의미이다. 따라서 '서로 교환되다.'라는 의미를 가진 '호환되다'와 바꿔 쓰기에 적절하지 않다.

④ ⓒ의 '담아내다'는 '글, 말 따위에 어떤 내용을 나타내다.'의 의미이다. 따라서 '판단이나 결론 따위를 이끌어 내다.'의 의미인 '도출하다'와 바꿔 쓰기에 적절하지 않다.

간주(看做)하다	볼 간, 지을 주
	상태, 모양, 성질 따위가 그와 같다고 보거나 그렇다고 여기다.
	[예문] 형사들은 그를 도피 중인 범죄자로 간주하고 문초하기 시작했다.
탐색(探索)하다	찾을 탐, 찾을 색
	사라지거나 드러나지 않은 사물이나 현상 따위를 자세히 살펴 찾다. [예문] 지형을 탐색하다.
호환(互換)되다	서로 호, 바꿀 환
	서로 교환되다. [예문] 이 기기는 다른 회사 제품과 호환될 수 있도록 설계되었다.
도출(導出)하다	이끌 도, 날 출
	판단이나 결론 따위를 이끌어 내다. [예문] 추론이란 주어진 자료에서 결론을 도출하는 논리적 과정을 지칭하는 말이다.

출제 유형 02 바꿔 쓸 수 있는 유사한 표현

07 ㉠~㉢과 바꿔 쓸 수 있는 유사한 표현으로 적절하지 않은 것은?

2025학년도 3월 고2 전국연합학력평가 변형

생체 인식 정보는 생체 정보 중에서 특정 개인을 인증·식별하기 위한 목적으로 처리되는 정보로, 개인에 관한 특징을 확인하기 위해 사용되는 일반 생체 정보와는 구분된다. 이러한 생체 인식 정보는 휴대 전화의 잠금 해제나 은행 거래 등에 다양하게 활용되고 있어서 이에 대한 관심이 ㉠ 늘고 있다.

생체 인식 정보는 그 자체로 개인을 식별할 수 있고 그 내용을 변경하기 어렵다는 특성을 지닌다. 이러한 생체 인식 정보는 분실의 위험이 적고 타인이 쉽게 이용하기 어려워 안전하면서도, 비밀번호처럼 ㉡ 외울 필요가 없는 편리한 인증 수단이다. 하지만 유출될 경우 신원 도용 등에 악용될 수 있고 유출된 정보는 내용을 변경하여 사용하기 어려워서 피해가 크고 오래 지속된다. 또한 모 기업에서는 서비스 이용자의 동의 없이 얼굴 정보 등을 사용하여 분쟁이 발생한 경우도 있어서 생체 인식 정보 보호에 대한 인식이 강조되고 있다.

생체 인식 정보를 보호하기 위해서는 어떻게 해야 할까? 우선 정보 처리자는 생체 인식 정보 처리 단계별 보호 원칙에 따라 수집 단계에서 정보 주체인 이용자에게 수집 목적을 알리고 동의를 받아야 하고, 이용·제공 단계에서 동의를 받은 목적으로만 정보를 사용해야 한다. 그리고 보관 단계에서 생체 인식 정보가 ㉢ 새나더라도 위·변조로 인한 피해를 막기 위해 정보 처리자는 정보를 암호화하여 저장해야 한다. 정보 주체인 이용자의 노력도 필요하다. 정보 처리자가 생체 인식 정보를 과도하게 수집하거나, 동의한 목적으로만 이용하는지 꼼꼼하게 확인하고 불필요한 정보는 저장된 기기에서 삭제하도록 요청해야 한다. 생체 인식 정보는 안전하고 편리한 인증 수단이다. 하지만 유출되거나 동의를 받지 않은 수집·이용이 이루어질 수 있어서 정보를 보호하는 데 주의할 필요가 있다. 이를 위해 정보 처리자와 정보 주체인 이용자가 함께 ㉣ 애써야 할 것이다.

① ㉠: 증가(增加)하고
② ㉡: 기억(記憶)하다
③ ㉢: 배출(排出)되더라도
④ ㉣: 노력(努力)해야

07
정답 설명
③ '새나다'는 '비밀 따위가 밖으로 드러나다.'라는 의미이다. 그런데 '배출(排出)되다'는 '안에서 밖으로 밀려 내보내지다.'라는 의미이므로, ⓒ과 바꿔 쓰기에 적절하지 않다. 맥락을 고려할 때, '귀중한 물품이나 정보 따위가 불법적으로 나라나 조직의 밖으로 나가 버리다.'라는 의미를 가진 '유출(流出)되다'와 바꿔 써야 자연스럽다.

증가(增加)하다	더할 증, 더할 가
	양이나 수치가 늘다. 예문 소비가 증가하다.
기억(記憶)하다	기록할 기, 생각할 억
	이전의 인상이나 경험을 의식 속에 간직하거나 도로 생각해 내다. 예문 나를 기억하겠니?
배출(排出)되다	물리칠 배, 날 출
	「1」 안에서 밖으로 밀려 내보내지다. 예문 가정에서도 많은 생활 폐수가 하천에 배출되었다.
	「2」『수의』동물이 섭취한 음식물이 소화되어 항문으로 내보내지다.
유출(流出)되다	흐를 유(류), 날 출
	「1」 밖으로 흘러 나가다. 예문 산업 폐수가 강에 유출되다.
	「2」 귀중한 물품이나 정보 따위가 불법적으로 나라나 조직의 밖으로 나가 버리다.
	예문 시험을 이틀 앞두고 시험 문제지가 일부 수험생에게 유출되었다.
노력(努力)하다	힘쓸 노, 힘 력
	목적을 이루기 위하여 몸과 마음을 다하여 애를 쓰다. 예문 많은 과학자들이 첨단 기술 개발에 노력하고 있다.

출제 유형 02 바꿔 쓸 수 있는 유사한 표현

08 ㉠~㉢과 바꿔 쓸 수 있는 유사한 표현으로 가장 적절한 것은?

2025학년도 3월 고2 전국연합학력평가 변형

> 우리 법에서는 원칙적으로 패소자가 소송 비용을 부담하도록 하는 패소자 부담주의를 취하고 있으며 법원이 이를 적절하게 정할 수 있다. 소송에서 전부 패소하였다면 패소한 당사자가 소송 비용의 전부를 부담하는 것이 원칙이고, 일부 패소하였다면 패소한 비율에 따라 당사자 각각이 소송 비용을 분담하는 것이다. 이는 패소자의 고의나 과실 여부와 상관없이 패소자에게 소송이 제기된 상황의 법률상 책임을 부과함이 합당하다는 무과실 책임주의를 따르는 것이 대체로 정의의 관념에 ㉠ 들어맞다고 생각하기 때문이다. 또 부당하게 소송을 제기했을 경우 패소자가 소송 비용을 부담하여 승소자의 재산권을 보장할 수 있으며, 소송이 남발되는 것을 ㉡ 막아 법원의 부담을 덜 수도 있다. 그러나 패소자 부담주의는 소송 비용에 대한 부담감과 두려움을 일으켜 정당하게 재판받을 수 있는 권리를 제한하는 부작용이 있다.
> 이러한 부작용은 특히 공익 소송에서 두드러진다. 공익 소송은 불합리한 사회 문제를 개선하여 사회적 약자나 소수자의 권익을 보호하거나 국가 권력으로부터 침해된 국민의 권리를 회복하는 데 도움이 되는 소송을 통칭하는데, 그 성격상 불특정 다수를 피해에서 구제하려는 목적을 띠는 경우가 많다. 즉 공익 소송을 제기한 당사자가 승소할 경우 그 이익이 사회 전체로 ㉢ 돌아갈 수 있다. 하지만 패소할 경우에는 소송을 제기한 당사자가 경제적 부담을 지게 된다. 따라서 공익 소송에서 패소자 부담주의는 공익 활동 자체를 위축시키는 문제까지 ㉣ 일으킬 우려가 있다.

① ㉠: 협조(協助)한다고
② ㉡: 거절(拒絶)해
③ ㉢: 우회(迂廻)할
④ ㉣: 야기(惹起)할

08

정답 설명
④ '야기(惹起)하다'는 '일이나 사건 따위를 끌어 일으키다.'라는 의미이다. 따라서 ②의 '일으키다'를 바꿔 쓸 수 있는 표현으로 '야기하다'는 적절하다.

오답 정리
① '협조(協調)하다'는 '돕다'라는 의미이므로, '들어맞다'와 바꿔 쓰기에 적절하지 않다. 맥락을 고려할 때, '부합하다'와 바꿔 써야 자연스럽다.
② '거절(拒絶)하다'는 '상대편의 요구, 제안, 선물, 부탁 따위를 받아들이지 않고 물리치다.'라는 의미이다. 맥락상 소송이 남발되는 것을 '방지'한다는 의미이므로, '거절하다'와 바꿔 쓴 것은 적절하지 않다.
③ '우회(迂廻)하다'는 '돌아서 가다'라는 의미이므로, 맥락을 고려할 때 바꿔 쓰기에 적절하지 않다.

협조(協助)하다	도울 협, 도울 조
	힘을 보태어 돕다. 예문 수사에 협조하다.
부합(符合)하다	부신 부, 합할 합
	부신(符信)이 꼭 들어맞듯 사물이나 현상이 서로 꼭 들어맞다. 예문 오늘날 세계 대부분의 국가는 민주주의에 부합하는 정치를 하고 있다.
거절(拒絶)하다	막을 거, 끊을 절
	상대편의 요구, 제안, 선물, 부탁 따위를 받아들이지 않고 물리치다. 예문 제의를 거절하다.
우회(迂廻)하다	멀 우, 돌 회
	곧바로 가지 않고 멀리 돌아서 가다. 예문 북쪽으로 우회하다.
야기(惹起)하다	이끌 야, 일어날 기
	일이나 사건 따위를 끌어 일으키다. 예문 혼란을 야기하다.

출제 유형 02 바꿔 쓸 수 있는 유사한 표현

09 ⊙~㉣과 바꿔 쓸 수 있는 유사한 표현으로 적절하지 않은 것은?

2024학년도 9월 고2 전국연합학력평가 변형

전통적으로 철학자들은 인간이 대상에 대해 가진 생각과 느낌을 바탕으로 ㉠ 만들어진 인식이 언어의 의미를 구성한다고 보았다. 이렇게 언어의 의미가 인간의 의식에 내재된 생각과 느낌에 기반한다고 보는 관점을 의미 내재주의라고 한다. 이 관점에 따르면 우리는 대상에 대해 각자 가지고 있는 인식의 일부를 언어의 의미로 제시한다. 예를 들어 우리는 '레몬'에 대해 '노란색의 둥근 열매', '신맛이 나는 과일'과 같이 설명하는데, 레몬이라는 단어가 ㉡ 가리키는 대상을 '지시체', 지시체에 대한 인식을 기술한 설명을 '기술구'라고 한다. 의미 내재주의에 따르면 언어의 의미는 기술구에 의해 결정되고, 의미를 안다는 것은 곧 기술구를 아는 것이 된다.

그러나 분석 철학자 퍼트넘은 기술구가 결정하는 의미가 객관적이지 않다고 비판하며, 의미는 우리를 둘러싼 객관적인 외부 세계에 의해 결정된다는 관점에서 의미 외재주의를 ㉢ 내세웠다. 그는 인간의 생각이나 느낌이 아니라 외부 세계를 구성하는 대상으로서의 지시체, 그 자체가 의미를 결정한다는 것을 논증하고자 '쌍둥이 지구 사고 실험'을 제시하였다.

지구와 모든 것이 ㉣ 똑같다고 인식되는 쌍둥이 지구가 존재한다고 가정해 보자. 화학이 고도로 발전하기 전에 두 지구에는 모두 '물'이라고 부르는 무색무취의 액체가 있어 사람들은 물을 마시고, 수영이나 목욕 등 동일한 용도로 물을 사용한다. 그러므로 두 지구의 사람들이 물에 대해 가진 생각과 느낌은 동일하다. 그런데 화학식이 H_2O인 지구의 물과 달리, 쌍둥이 지구에서 물이라 불리는 대상은 화학식이 XYZ인 물질이라고 밝혀졌다면, 물에 대해 사람들이 제시하는 기술구는 동일할 수 있지만 두 지구의 '물'의 의미는 같지 않다. 퍼트넘은 사고 실험을 통해 어떤 대상에 대한 사람들의 생각과 느낌이 동일해도 대상 자체가 다를 수 있음을 보여 주어, 의미는 인간의 인식이 아닌 외부 세계를 구성하는 대상에 의해 결정된다는 것을 증명하려 하였다.

① ㉠: 형성(形成)된
② ㉡: 지시(指示)하는
③ ㉢: 비판(批判)하였다
④ ㉣: 동일(同一)하다고

09

정답 설명
③ '내세우다'는 '주장하거나 지지하다'라는 의미이다. 따라서 '잘못된 점을 지적하다.'라는 의미를 가진 '비판(批判)하다'와 바꿔 쓰기에 적절하지 않다. 맥락을 고려할 때도 '비판하다'가 어울리지 않는다. 맥락을 고려할 때, '주장(主張)하다'와 바꿔 쓰는 것이 자연스럽다.

형성(形成)되다	형상 형, 이룰 성
	어떤 형상이 이루어지다. [예문] 도시가 형성되다.
지시(指示)하다	가리킬 지, 보일 시
	「1」 가리켜 보게 하다. [예문] 그는 내가 걸어갈 길을 지시하여 주었다.
	「2」 일러서 시키다. [예문] 관계 기관에 대책 마련을 지시하다.
주장(主張)하다	주인 주, 베풀 장
	「1」 자기의 의견이나 주의를 굳게 내세우다. [예문] 남녀평등을 주장하다.
	「2」 어떤 일을 중심이 되어 맡아 처리하다. ≒ 주재하다 [예문] 토론회를 주장하다.
비판(批判)하다	비평할 비, 판가름할 판
	현상이나 사물의 옳고 그름을 판단하여 밝히거나 잘못된 점을 지적하다. [예문] 사회의 모순을 비판하는 소설이 많이 나왔다.
동일(同一)하다	같을 동, 하나 일
	「1」 어떤 것과 비교하여 똑같다. [예문] 내 생각은 당신 생각과 거의 동일하다.
	「2」 각각 다른 것이 아니라 하나이다. [예문] 그때 내가 본 사람이 범인과 동일한 사람이었다.

출제 유형 02 바꿔 쓸 수 있는 유사한 표현

10 ㉠~㉣과 바꿔 쓸 수 있는 유사한 표현으로 적절하지 않은 것은?

2024학년도 9월 고2 전국연합학력평가 변형

> 여러분, 견과류는 어떻게 보관하시나요? (대답을 듣고) 네, ㉠거의 구매한 상태 그대로 상온에 보관한다는 답변이네요. 그러나 견과류는 다량의 지방을 ㉡포함하고 있어 상온에 보관하면 산패될 위험이 높습니다. 산패란 지방이 변질되는 현상으로, (자료 제시) 그림에서 보시는 바와 같이 지방질이 공기 중에 노출되면 지방질의 사슬 구조가 끊어지면서 유해 성분이 ㉢만들어집니다. 이 과정에서 곰팡이 독소가 생기면 곰팡이 독 식중독이 발생하는데, 견과류가 산패될 때 발생하는 아플라톡신에 의한 식중독이 대표적입니다. 이 독소는 열에 강해 식품을 익히거나 튀겨도 사라지지 않아 더욱 ㉣조심해야 합니다. 따라서 견과류는 껍데기가 있는 생견과류를 소량으로 구매하는 것이 좋으며, 밀봉한 상태로 냉장 보관해야 합니다.

① ㉠: 대부분(大部分)
② ㉡: 함유(含有)하고
③ ㉢: 준비(準備)됩니다
④ ㉣: 주의(注意)해야

10

정답 설명

③ '준비(準備)되다'는 '미리 마련되어 갖추어지다.'라는 의미이므로, '만들어지다'와 바꿔 쓰기에 적절하지 않다.

대부분(大部分)	큰 대, 나눌 부, 나눌 분
	일반적인 경우에. 예문 그의 말은 대부분 거짓말이었다.
포함(包含)하다	쌀 포, 머금을 함
	어떤 사물이나 현상 가운데 함께 들어가게 하거나 함께 넣다. 예문 여러 의미를 포함하는 개념.
함유(含有)하다	머금을 함, 있을 유
	물질이 어떤 성분을 포함하고 있다. 예문 철분을 함유한 물.
준비(準備)되다	법도 준, 갖출 비
	미리 마련되어 갖추어지다. 예문 식사가 준비되다.
조심(操心)하다	잡을 조, 마음 심
	잘못이나 실수가 없도록 말이나 행동에 마음을 쓰다. 예문 건강에 조심하다.
주의(注意)하다	물댈 주, 뜻 의
	「1」 마음에 새겨 두고 조심하다. 예문 행동에 주의하다.
	「2」 어떤 한곳이나 일에 관심을 집중하여 기울이다. 예문 남이 하는 말에 주의하지 말고 하던 일을 계속해라.

2026 대비 최신개정판

해커스공무원
혜원국어
적중 여신의
체계적 어휘

개정 3판 1쇄 발행 2025년 9월 4일

지은이	고혜원
펴낸곳	해커스패스
펴낸이	해커스공무원 출판팀
주소	서울특별시 강남구 강남대로 428 해커스공무원
고객센터	1588-4055
교재 관련 문의	gosi@hackerspass.com
	해커스공무원 사이트(gosi.Hackers.com) 교재 Q&A 게시판
	카카오톡 채널 [해커스공무원 노량진캠퍼스]
학원 강의 및 동영상강의	gosi.Hackers.com
ISBN	979-11-7404-411-2 (13710)
Serial Number	03-01-01

저작권자 ⓒ 2025, 고혜원
이 책의 모든 내용, 이미지, 디자인, 편집 형태는 저작권법에 의해 보호받고 있습니다.
서면에 의한 저자와 출판사의 허락 없이 내용의 일부 혹은 전부를 인용, 발췌하거나 복제, 배포할 수 없습니다.

공무원 교육 1위,
해커스공무원 gosi.Hackers.com

해커스공무원

- **해커스공무원 학원 및 인강**(교재 내 인강 할인쿠폰 수록)
- 정확한 성적 분석으로 약점 극복이 가능한 **합격예측 온라인 모의고사**(교재 내 응시권 및 해설강의 수강권 수록)
- 해커스 스타강사의 **공무원 국어 무료 특강**
- 공무원 필수 한자 학습을 위한 **일일 한자 단어장**
- 필수어휘와 사자성어를 편리하게 학습할 수 있는 **해커스 매일국어 어플**

한경비즈니스 2024 한국품질만족도 교육(온·오프라인 공무원학원) 1위

공무원 교육 1위* 해커스공무원

* [공무원 교육 1위 해커스공무원] 한경비즈니스 2024 한국품질만족도 교육(온·오프라인 공무원학원) 1위

공무원 수강료 최대 200% 환급
합격할 때까지 평생 무제한 패스

| 영어 비비안 | 국어 신민숙 | 행정법 함수민 | 행정학 서현 |

9·7급 공무원 인강
합격할 때까지 평생수강

국어, 영어, 한국사
기본서 3권 제공

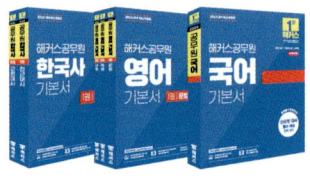

* 교재 포함형 패스 구매시 제공

해커스PSAT 합격패스
50% 할인쿠폰 제공

7급 응시자격 단기 달성
토익, 지텔프, 한능검 강좌 무료

실제 시험 유사성 100% 출제
합격예측 모의고사 무료 제공

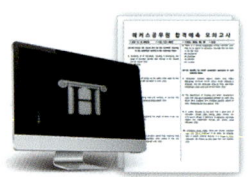

매일국어·기출보카
어플 무료 이용권 제공

---

* [최대 200% 환급] 미션 달성 시, 교재비 및 옵션가 제외, 제세공과금 본인 부담 / [평생] 불합격 인증 시 1년씩 연장

상담 및 문의전화
1588-4055

해커스공무원 gosi.Hackers.com
수강료 0원으로 공무원 전문강좌 무제한 수강하기 ▶